A Posição de Garantia no
DIREITO PENAL AMBIENTAL

**O dever de tutela do meio ambiente
na criminalidade de empresa**

R554p   Rieger, Renata Jardim da Cunha.
　　　　A posição de garantia no direito penal ambiental: o dever de tutela do meio ambiente na criminalidade de empresa / Renata Jardim da Cunha Rieger. – Porto Alegre : Livraria do Advogado Editora, 2011.
　　　　166 p. ; 23 cm.
　　　　Inclui bibliografia.
　　　　ISBN 978-85-7348-763-3

　　　　1. Direito penal - Meio ambiente. 2. Proteção ambiental - Direito ambiental. 3. Crime por omissão. 4. Garantia (Direito). 5. Brasil. Código Penal (1940). 6. Política criminal. 7. Responsabilidade penal -Empresas. I. Título

　　　　　　　　　　　　　　　　CDU 349.6:343.2
　　　　　　　　　　　　　　　　CDD 341.3474

　　　　Índice para catálogo sistemático:
　　　　1. Direito penal ambiental　　349.6:343.2

(Bibliotecária responsável: Sabrina Leal Araujo – CRB 10/1507)

RENATA JARDIM DA CUNHA RIEGER

A Posição de Garantia no DIREITO PENAL AMBIENTAL

O dever de tutela do meio ambiente na criminalidade de empresa

Porto Alegre, 2011

© Renata Jardim da Cunha Rieger, 2011

Capa, projeto gráfico e diagramação
Livraria do Advogado Editora

Revisão
Betina Denardin Szabo

Direitos desta edição reservados por
Livraria do Advogado Editora Ltda.
Rua Riachuelo, 1338
90010-273 Porto Alegre RS
Fone/fax: 0800-51-7522
editora@livrariadoadvogado.com.br
www.doadvogado.com.br

Impresso no Brasil / Printed in Brazil

Aos meus avós,
Hilsa Pagnoncelli Golin da Cunha e
Oswaldo da Cunha, por tudo.

Agradecimentos

A presente obra é fruto de minha dissertação de Mestrado, desenvolvida no Programa de Pos-Graduaçao em Ciências Criminais da PUC/RS. Muitas são as pessoas que merecem os meus agradecimentos pelo apoio e suporte no período de pesquisa e de escrita.

Minhas primeiras palavras são para o Professor Doutor Fabio Roberto D'Avila, a quem sou grata pela precisa, séria e paciente orientação. Sua dedicação incansável à Academia – que tem influenciado tantos alunos e leitores e que tem contribuído para o desenvolvimento das Ciências Criminais – representou uma importante inspiração em cada etapa do curso e em cada parte deste livro.

Ao meu marido, Alexandre Peixoto da Cunha Rieger, há tanto a agradecer que tenho vontade de dizer, simplesmente, muito obrigada por tudo. Teu amor, teu cuidado, teu apoio, teu estímulo, tua tolerância e tua compreensão foram fundamentais, e qualquer palavra para descrevê-los será uma frágil representação de tudo que de ti tenho recebido. Muito obrigada.

Também há tanto a agradecer que as palavras se tornam excessivamente redutoras quando penso nos meus avós, Hilsa Pagnoncelli Golin da Cunha e Oswaldo da Cunha, e nos meus pais, Renato Golin da Cunha e Raquel Jardim. Vocês foram indispensáveis para a minha formação pessoal, acadêmica e profissional e foram meu alicerce em todos os momentos. Enfim, vocês tornaram tudo possível. Muito obrigada.

Devo manifestar meus agradecimentos também aos meus sócios, que vejo e sinto como verdadeiros irmãos, Hella Isis Gottschefsky, Giovani Agostini Saavedra e Elton Somensi. A vocês, agradeço o apoio incondicional, o estímulo diário e, principalmente, a sólida amizade.

Agradeço, ainda, aos funcionários e aos Professores do Programa de Pós-Graduação em Ciências Criminais da PUC/RS por todo o apoio e incentivo. Sou grata, também, aos colegas, que tornaram o curso mais prazeroso e produtivo, especialmente aos queridos amigos Stephan Doering Darcie e Débora Poeta.

Por fim, agradeço aos queridos familiares e amigos que sempre se fizeram presentes. O cuidado e o amor de vocês são muito importantes.

Prefácio

É com grande gosto acadêmico e pessoal que atendo ao gentil convite da Profª Renata Jardim da Cunha Rieger em apresentar ao leitor a sua bela obra "A Posição de Garantia no Direito Penal Ambiental: o dever de tutela do meio ambiente na criminalidade de empresa", resultado de seus estudos em sede de mestrado no âmbito do Programa de Pós-Graduação em Ciências Criminais da PUCRS.

A autora, ao longo de dois anos de estudo e pesquisa, levou a cabo uma primorosa investigação científica marcada por destacado rigor técnico e comprometimento acadêmico, os quais se fazem notar do início ao fim da obra. Mas não só. A autora encontra-se efetivamente presente na apresentação e articulação de idéias, avançando, de forma responsável, propostas de solução que mais se aproximam de uma tese doutoral, do que propriamente de uma dissertação de mestrado. E isso, aliás, torna-se visível a partir da própria proposição central da investigação.

Ao leitor mais atento certamente não escapará que o objeto central do presente trabalho reside na controversa exigência de uma dimensão material a fundamentar a legitimidade dos deveres de garante em um Estado democrático de Direito, e, portanto, na controversa exigência de uma dimensão material a fundamentar o proprio desvalor da ação – para além de um já pressuposto desvalor de resultado –, incapaz de ser reconduzida a uma simples opção legislativa de acento político-criminal. Ou ainda, de modo muito simples, em saber se a simples previsão legal de um dever de agir basta para consubstanciar um dever de garantia ou se é preciso algo mais; se é preciso, ao lado da previsão legal, a efetiva existência de um lastro material capaz de elevá-lo, faticamente, ao patamar daquilo que em direito penal se denomina de *dever de garantia*, com todas as consequências que sabidamente daí advêm.

Em verdade, há muito tenho para mim que esta difícil e tão descuidada questão configura o verdadeiro *punctum dolens* da omissão imprópria no direito penal contemporâneo. E, muito particularmente, quando confrontada com o atual estado da arte.

A legislação penal brasileira, já há alguns anos, tem sido generosa na recepção de tipos penais omissivos e na imposição de novos deveres de agir. No seguimento de reconhecida tendência internacional, a crescente recorrência aos crimes omissivos faz-se perceber por todo lado, embora de forma muito especial no direito penal secundário. Fato, aliás, que tem valido à omissão, ao lado dos crimes de perigo e do ilícito culposo, o status não apenas de tipo de ilícito em franca ascensão, como, para alguns, até mesmo de paradigma da "nova" criminalidade.

Este interessante contexto legislativo e os correspondentes prognósticos da literatura penal estrangeira não se converteram, todavia, e lamentavelmente, em proporcional aumento do interesse da doutrina pátria pelo estudo dos crimes omissivos. A omissão penalmente relevante ainda permanece como uma das searas mais mal compreendidas da dogmática penal. Cenário em que se multiplicam as dificuldades práticas de acertamento e aplicação da lei penal e que, diante de um verdadeiro derrame de novos deveres, não raramente convida a inaceitáveis leituras do ilícito-típico em termos meramente formais.

Melhor contexto, por certo, não poderia haver para uma revisão crítica dos limites e fundamentos do dever de garantia. Revisão esta que é feita, não por acaso, no âmbito do direito penal secundário e tendo como ponto de chegada a criminalidade de empresa. Âmbitos especialmente sensíveis no que tange à recepção e imposição de novos deveres de agir.

Partindo de uma concepção onto-antropológica de direito penal e, assim, do desvalor do resultado como pedra angular do ilícito, a autora avança as suas reflexões sobre a legitimidade material do dever de garantia, sustentando que, embora a *expectativa comunitária* de que algumas pessoas devem agir para evitar o perigo consista em um importante elemento pré-jurídico, ela é ainda insuficiente para servir de fundamento ao dever de garantia. Para a autora, é apenas na conjugação dos elementos *responsabilidade pelo perigo penalmente relevante* e *domínio do resultado* que se pode efetivamente surpreender o fundamento material da posição de garantia em delitos ambientais empresariais.

Esta interessante conclusão, contudo, não se dá sem antes o cuidadoso enfrentamento de questões dogmáticas atinentes à legitimação da tutela penal ambiental e à delimitação da omissão e do dever de garantia, para o qual se vale a autora de ampla literatura nacional e estrangeira.

Mais não se poderia dizer sem retirar do leitor o prazer de acompanhar a autora nas linhas que perfazem esta tão bem-vinda obra. Obra que certamente ocupará, muito em breve, um merecido lugar de destaque na literatura penal brasileira. Referência obrigatória para todos aqueles que se dispuserem a refletir sobre os ainda tão pouco compreendidos meendros da omissão imprópria.

Por fim, uma breve palavra sobre a autora. Renata Jardim da Cunha Rieger é uma jovem professora de direito penal em Porto Alegre, que tem marcado a sua trajetória acadêmica e profissional pela excelência. A sua disciplina de trabalho, rigor e seriedade, associados a um caráter e personalidade exemplares permitem antever, sem riscos, os muitos e valiosos contributos com os quais ainda brindará o direito penal pátrio.

Prof. Dr. Fabio Roberto D'Avila
Professor do Programa de Pós-Graduação
em Ciências Criminais da PUCRS

Sumário

Introdução..15

Capítulo I – Reflexões sobre a tutela penal do meio ambiente 19
1. Excurso introdutório. A expansão da tutela penal, a fundamentação onto-antropológica do direito penal e o meio ambiente...................19
   1.1. O "Desconcerto" da natureza e a tomada de consciência da "crise ecológica"..25
2. Noções acerca do direito e do dever de proteção do meio ambiente...............27
   2.1. O direito e o dever de proteção do meio ambiente.................................27
      2.1.1. Os deveres no âmbito do direito ambiental....................................31
      2.1.2. Princípios do dever ambiental...34
3. A proteção do meio ambiente. Das teorias antropocêntricas ao reconhecimento de uma dimensão ecológica do objeto de tutela...36
   3.1. A concepção antropocêntrica...38
   3.2. A concepção ecocêntrica..39
      3.2.1. A natureza e a ética da alteridade...40
         3.2.1.1. Alteridade. O ser humano decisor e a exterioridade da natureza. Uma proposta de releitura da obra levinasiana........41
   3.3. A concepção ecológico-antropocêntrica 44
   3.4. Apontamentos sobre a proteção das gerações futuras. A solidariedade intergeracional..46

Capítulo II – Crimes omissivos..53
1. Crimes omissivos. Noções introdutórias...53
   1.1. Os delitos omissivos próprios e impróprios..56
   1.2. Critérios para aferição do vínculo de garantia.......................................60
      1.2.1. O critério formal...63
      1.2.2. O critério das funções..70
      1.2.3. O critério material-formal..76
      1.3.1. A concepção de José de Faria Costa...77
      1.3.2. A concepção de Hans-Heinrich Jescheck..80
      1.3.3. A concepção de Jorge de Figueiredo Dias.......................................82
      1.3.4. A concepção de André Leite...84
      1.3.5. Considerações acerca do art. 13, § 2º, do Código Penal brasileiro........87

2. O princípio da legalidade e os crimes omissivos impróprios..........................92
3. O desvalor da omissão e a atenuação especial da pena..................................99

Capítulo III – A posição de garantia na criminalidade de empresa....................103
1. Apontamentos sobre crimes omissivos e a política criminal........................103
   1.1. A compreensão onto-antropológica de direito penal e a relação matricial de cuidado. O "desvalor do resultado" (princípio da ofensividade) como ponto dado..106
   1.2. A conservação dos bens jurídicos tutelados: a dimensão negativa e a dimensão positiva..109
2. **Considerações sobre a fonte de perigo e sobre a "expectativa comunitária" de proteção com relação àquele que domina a fonte**....................................111
   2.1. A fonte de perigo..114
   2.2. A "expectativa comunitária" de proteção: a percepção comunitária como reforço ao "dever de garantia"..115
3. **Os fundamentos da responsabilidade penal do garantidor**..........................120
   3.1. O problema da ingerência no Direito Penal..123
   3.2. Foco de perigo e o risco (Enrique Gimbernat Ordeig)..............................130
   3.3. O domínio do garante sobre a causa do resultado (Bernd Schünemann)......133
4. **A posição adotada**..138
   4.1. Apontamentos sobre o reconhecimento da "responsabilidade do superior" em âmbito internacional...145
   4.2. Breves considerações sobre a "delegação de funções"..............................149

Considerações finais..155

Referências..159

Introdução

A dogmática penal tem sido tratada com algum descuido e tem sido associada a um "espaço formal-positivista", sem autocrítica. Na teoria geral do delito, evidencia-se um gradativo abandono de questões fundamentais da estrutura do ilícito, mormente daquelas atinentes ao fundamento e ao sentido da norma e da pena e daquelas ligadas ao fundamento e ao sentido da própria dogmática.[1] Como observa Fabio D'Avila, o afastamento de tais questões significa, também, o afastamento da discussão sobre os rumos do direito penal contemporâneo. Mais: extrai da ordem jurídica brasileira elementos para fundamentar a recepção ou a rejeição das mais diversas teorias.[2]

Parece que o caminho para um reposicionar crítico sobre tais assuntos passa pela dogmática. Vale dizer: não por uma dogmática acrítica, mas, sim, "por uma dogmática penal que, constitucionalmente orientada, desdobra-se, obrigatoriamente, em uma dimensão normativa também material, na qual o fundamento e o sentido que lhe forem atribuídos estarão sempre, invariavelmente, presentes".[3] E é por esse olhar, tendo-se como imprescindível um estudo sério e comprometido da dogmática penal, que se analisará o dever de tutela do meio ambiente na criminalidade de empresa.

A pesquisa será desenvolvida em três capítulos. No primeiro deles, será realizada uma breve contextualização do problema, analisando-se o tratamento que tem sido concedido ao meio ambiente pelo direito penal. Será necessária, ainda, uma tomada de posição – que permeará toda a pesquisa – pela necessidade de compreensão do direito penal por meio do ilícito e de afastamento das concepções funcionalistas.

Logo depois, serão estudados o direito fundamental ao meio ambiente e o conexo dever fundamental de tutelá-lo. Serão analisadas, então, as formas de manifestação desse dever, demonstrando-se a

---

[1] Nesse sentido: D'AVILA, Fabio Roberto. Meias reflexões sobre o estado atual do Direito penal brasileiro. *Boletim IBCCRIM*, São Paulo, ano 15, n. 179, p. 19, out. 2007.

[2] D'AVILA, 2007, p. 19.

[3] D'AVILA, 2007, p. 19.

existência de diversos estratos e identificando-se o "dever de garantia" com o mais "densificado" deles.

Ainda no capítulo introdutório, investigar-se-á se o dever de tutela do meio ambiente vincula-se à natureza, ao homem ou a ambos. Para tanto, serão analisadas as teorias antropocêntricas e aquelas que reconhecem uma dimensão ecológica do objeto de tutela. Por fim, serão feitos breves apontamentos sobre a proteção das gerações futuras, buscando-se compreender se cabe ao direito penal a sua tutela ou se isso transcende os limites desse ramo jurídico.

O segundo capítulo consistirá na análise da omissão e do crime omissivo. O *facere* implica uma alteração do mundo exterior; o *omittere*, por sua vez, é uma manifestação do "modo-de-ser humano" que não traz tais alterações.[4] Apesar disso, dessa não ocorrência de mudanças no mundo exterior, em algumas situações, compreende-se que a omissão é tão grave que deve ser equiparada a uma ação positiva. Isso ocorre quando há um "dever de garantia": reconhece-se a equivalência às condutas e, com a combinação de dispositivos legais, a pessoa é responsabilizada por um tipo comissivo por ter se omitido (crime comissivo por omissão ou crime omissivo impróprio).

No curso do segundo capítulo, buscar-se-á o fundamento desse "dever de garantia". Há uma forte tradição jurídica a dar-lhe conteúdo útil,[5] que passa pelas teorias formal, material e formal-material. Apesar disso (da busca de um conteúdo e da existência de diferentes teorias), ainda se está distante de um consenso acerca dos limites e dos fundamentos do "dever de garantia".

Logo depois, será analisada a compatibilidade entre o princípio da legalidade e os crimes omissivos impróprios. Esse princípio, como se sabe, é sustentáculo de um direito penal justo e democrático. No ordenamento jurídico brasileiro, está consagrado junto aos direitos fundamentais do art. 5º da Constituição Federal (inciso XXXIX) e, ainda, inaugura o Código Penal (art. 1º), o que evidencia sua importância. E é inegável que a responsabilização por um crime omissivo impróprio – advindo da combinação de dispositivos legais – levanta fundadas dúvidas acerca da compatibilidade com o referido princípio. Depois de tal discussão, para o fechamento do segundo capítulo, serão trazidas algumas palavras sobre o desvalor do crime omissivo quando

---

[4] COSTA, José de Faria. Omissão (reflexões em redor da omissão imprópria). *Boletim da Faculdade de Direito*, Coimbra, v. 72, p. 391-402, 1996. p. 392. Também: COSTA, José de Faria. Viagem ao Oriente através da dogmática: um passeio pela região da omissão. *Boletim da Faculdade de Direito de Macau*, Macau, ano 1, n. 3, p. 49, 1997.

[5] COSTA, 1996, p. 397. Também: COSTA, 1997.

comparado com um comissivo, investigando-se a possibilidade de atenuação da pena.

No capítulo terceiro, será possível adentrar no problema da posição de garantia na criminalidade de empresa. Antes disso, demonstrar-se-á que o "dever de garantia" é atinente ao "desvalor da ação". A sua análise pressupõe, portanto, o "desvalor do resultado" (ofensividade), cuja análise encontra sérios problemas no âmbito do direito penal ambiental e, também, nos crimes omissivos.

Ultrapassadas tais questões, será analisada a responsabilidade pelos delitos ambientais no âmbito da criminalidade de empresa. Parece que, em algumas situações, a responsabilidade não é da pessoa que age (ou, ao menos, não é só dela) e que se tem quase uma "segmentação" entre os conceitos de ação e de responsabilidade. Evidencia-se, assim, a fragilidade e a insuficiência do direito penal tradicional para tratar dessa "nova criminalidade", desses "novos problemas". E é nesse cenário – com mais fraturas do que certezas – que se buscarão critérios válidos para fundamentar o estrato mais densificado do dever de tutela do meio ambiente na criminalidade de empresa.

Capítulo I
Reflexões sobre a tutela penal do meio ambiente

1. Excurso introdutório. A expansão da tutela penal, a fundamentação onto-antropológica do direito penal e o meio ambiente

Pode-se afirmar que as significativas alterações nas relações sociais ocorridas nos últimos anos trouxeram novos espaços de preocupação jurídico-penal e determinaram o exaurimento de diversos critérios tradicionais. Com isso, faz-se imprescindível o estudo e o aprimoramento de variadas categorias do direito penal.[6]

Esse "aprimoramento" deve dar-se de forma parcimoniosa, sem que se ceda a discursos – cada vez mais comuns – que propõem o afastamento dos ideais iluministas e de cunho antropocêntrico. Deve-se ter claro que, se é importante um direito penal apto a lidar com novos bens jurídicos, com conglomerados econômicos, com a criminalidade transnacional e virtual,[7] é imprescindível que não se desnature o direito penal clássico, perdendo-se garantias tão duramente conquistadas.

Enfim, a leitura desses novos interesses jurídicos deve dar-se de forma criteriosa, fundamentando-se em concepções válidas, que partam da noção de ilícito penal. Sobre esse ponto, interessa lembrar as lições de Fabio D'Avila, ao referir que o direito penal pode ser com-

---

[6] Neste sentido: D'AVILA, Fabio Roberto. O direito e a legislação penal brasileiros no século XXI: entre a normatividade e a política criminal. In: CRIMINOLOGIA e sistema jurídico-penais contemporâneos. Porto Alegre: EDIPUCRS, 2008. p. 307-336. p. 307 e s.; e D'AVILA, Fabio Roberto. Funcionalismo "versus" normativismo no direito penal contemporâneo. In: D'AVILA, Fabio Roberto. *Ofensividade em direito penal*: escritos do crime como ofensa a bens jurídicos. Porto Alegre: Livraria do Advogado, 2009c. p. 15-39. p. 15 e s.

[7] POZZEBON, Fabrício Dreyer de Avila. Mídia, direito penal e garantias. In: GAUER, Ruth M. Chittó (Org.). *Criminologia e sistema jurídico-penais contemporâneos*. Porto Alegre: EDIPUCRS, 2008. p. 359-375. p. 369.

preendido de duas formas: partindo-se das consequências da norma (pena) ou partindo-se de seu objeto (ilícito penal).[8] [9]

Na primeira situação ("leitura consequencial"), estão as orientações funcionalistas, cujo principal representante é, atualmente, Günther Jakobs. Nesta concepção, o direito penal é pensado com base na "manutenção das expectativas normativas juridicamente fundadas" e não há espaço para a noção de bem jurídico.[10]

Nas palavras de Castanheira Neves, nessa forma de ver, "o direito passa a ser um 'instrumento' – um finalístico instrumento e um meio ao serviço de teleologias que de fora o convocam e condicionamente o submetem".[11] Assim, utiliza-se o direito para buscar o útil, o eficiente, a "performance", e não aquilo que é justo e válido.[12] Ou ainda: tem-se como corretas e boas aquelas decisões que melhor realizem determinados fins, que mais facilmente atinjam determinados objetivos sociais.[13]

Neste contexto, o direito assume toda a relatividade e contingência que estão, em regra, envolvidas na variação dos objetivos sociais.[14] Quer dizer: "a autonomia constitutiva do 'input' é sacrificada à optimização do 'output'."[15] E essa perda de autonomia e de identidade do direito pode servir, nas palavras de José de Faria Costa, "a mais brutal ordem de terror", o que já é suficiente para mostrar o equívoco da compreensão.[16]

---

[8] D'AVILA, Fabio Roberto. Filosofia e direito penal: sobre o contributo crítico de um direito penal de base onto-antropológica. In: D'AVILA, Fabio Roberto. *Ofensividade em direito penal*: escritos sobre a teoria do crime como ofensa a bens jurídicos. Porto Alegre: Livraria do Advogado, 2009b. p. 41-55. p. 45.

[9] Essas duas formas de compreender o direito penal correspondem às duas formas de pensar identificadas por Martin Heidegger, quais sejam, a do "pensamento que calcula" e a "reflexão" ("Nachdenken"). Aquele ("pensamento que calcula") faz cálculos com novas possibilidades, visando a novas, maiores e mais econômicas perspectivas. Mais: não comporta o "parar" e o "meditar". Já o "pensamento que reflete" exige, algumas vezes, esforço, treino e, ainda, precisa de cuidados, "tal como o lavrador, também de saber aguardar que a semente desponte e amadureça." (HEIDEGGER, Martin. *Serenidade*. Tradução de Maria Madalena Andrade e Olga Santos. Lisboa: Instituto Piaget, 1959. p. 13 e s.).

[10] D'AVILA, 2009b, p. 45 e s.

[11] NEVES, A. Castanheira. *Direito hoje e com que sentido? problema actual da autonomia do direito*. Lisboa: Instituto Piaget, 2002. p. 31.

[12] NEVES, A. Castanheira. "Entre o 'legislador', a 'sociedade' e o 'juiz' ou entre 'sistema', 'função' e 'problema' – modelos actualmente alternativos da realização jurisdicional do direito". *Boletim da Faculdade de Direito*, Coimbra, v. 74, p. 1-44, 1998. p. 24.

[13] NEVES, 1998, p. 28.

[14] NEVES, 2002, p. 40.

[15] NEVES, 2002, p. 41.

[16] COSTA, José de Faria. *O perigo no direito penal (contributo para a sua fundamentação e compreensão dogmáticas)*. Coimbra: Coimbra, 1992. p. 284.

Conforme referido, neste trabalho, parte-se do ilícito penal. Tem-se, portanto, enquanto adequada a segunda orientação, o que implica o afastamento do funcionalismo penal e a aproximação com fundamentações de base ontológica. Dar-se-á especial atenção à orientação onto-antropológica de direito penal, defendida por José de Faria Costa[17] e, entre nós, por Fabio D'Avila.[18] [19]

Essa compreensão – baseada no ilícito penal – reflete, na dogmática, uma concepção de ilícito vinculada à "ofensa de interesses objetivos" e, também, ao "desvalor" da lesão ou do perigo de lesão a bens jurídicos, indo de encontro à "simples violação subjetiva do dever".[20] Dessa forma, esse entendimento acaba por limitar, reduzir, o espaço de incidência do direito penal, estabelecendo limites rígidos e materiais ao "objeto de tutela" e às "técnicas de tutela"; compreende-se que o bem jurídico deve ser dotado de "dignidade penal" e, ainda, que é imprescindível um dano – ou perigo de dano – ao objeto de tutela da norma.[21]

Passa-se a analisar, ainda que de forma sucinta, estes dois elementos, o objeto de tutela e a técnica empregada. Quanto àquele (objeto de tutela), parece importante recordar que o direito penal não cria – ou, ao menos, não deve criar – bens jurídicos. A sua tarefa está no "reconhecimento de realidades que transcendem a ordem jurídico-penal e condicionam seu âmbito de tutela".[22] Assim sendo, o direito penal deve limitar-se a proteger apenas determinados bens: aqueles que

---

[17] COSTA, 1992, passim; COSTA, José de Faria. *Noções fundamentais de direito penal*: fragmenta iuris poenalis. Coimbra: Coimbra, 2007. p. 19 e ss.

[18] D'AVILA, 2009b, p. 41 e ss.

[19] A concepção aproxima-se, de certa forma, do modelo "jurisprudencialismo", citado e estudado por Castanheira Neves. Este modelo – diferentemente do "normativo legalista" e do "funcionalismo jurídico" – consubstancia-se em uma "[...] 'perspectiva do homem (do homem-pessoa), i.é, aquela perspectiva em que o direito, com uma sua normatividade axiologicamente fundada, é assumida por, e está directamente ao serviço de uma prática pessoalmente titulada e historicamente concreta, prática dinamizada pelas controvérsias também prático-concretas, mas cuja intencionalidade capital é a realização nessa prática e através dela, como básica condição mediadora, do homem-pessoa convivente e assim do homem no seu direito' e no 'seu dever ou na sua responsabilidade'." (NEVES, 1998, p. 18).

[20] D'AVILA, Fabio Roberto. *Ofensividade e crimes omissivos próprios*: contributo à compreensão do crime como ofensa a bens jurídicos. Coimbra: Coimbra, 2005. (Stvdia Ivridica; 85). p. 40.

[21] D'AVILA, Fabio Roberto. Ofensividade e ilícito penal ambiental. In: D'AVILA, Fabio Roberto. *Ofensividade em direito penal*: escritos sobre a teoria do crime como ofensa a bens jurídicos. Porto Alegre: Livraria do Advogado, 2009d. p. 105-127. p. 106.

[22] D'AVILA, Fabio Roberto. Aproximações à teoria da exclusiva proteção de bens jurídicos no direito penal contemporâneo. *Revista Brasileira de Ciências Criminais*, São Paulo, ano 17, n. 80, p. 7-30, set./out. 2009a. p. 21.

– em uma determinada comunidade – constituem o "mínimo ético", o núcleo de valores essenciais.[23]

Esses valores, reitera-se, não são e não devem ser "criados" pelo direito penal: aqueles preexistem a este e podem, apenas, ser reconhecidos. Justamente por isso, pode-se afirmar, com Fabio D'Avila, que a primeira dimensão do bem jurídico é de "signo positivo", pois é quando "a comunidade organizada, historicamente datada, reconhece a boa e desejada existência de determinadas realidades sociais, reunindo esforços em prol da sua continuidade".[24] O autor destaca que esta constatação não é subjetiva. Isso porque, apesar de ser possível afirmar que um determinado valor é sempre valor para alguém (Johannes Hessen),[25] [26] é aqui "valor construído", tendo uma "referência histórica comunitária".[27]

Atualmente, não há dúvidas de que o meio ambiente é um bem jurídico dotado de dignidade penal[28] e não é exagerada a afirmação de Edis Milaré no sentido de que preservar e restabelecer o equilíbrio ambiental são questões determinantes, de vida ou morte. Isso porque os riscos, a extinção de determinados animais e vegetais e a satisfação de outras necessidades escancaram que o fenômeno biológico está perigosamente alterado.[29]

Para Bernd Shünemann, o meio ambiente é o bem jurídico "mais fundamental", e, justamente por isso, a sua destruição representa o

---

[23] O mínimo ético, para José de Faria Costa, "[...] não pode ser, nem mais, nem menos, do que o núcleo duro dos valores que a comunidade assume como seus e cuja proteção permite que ela e todos os seus membros, de forma individual, encontrem pleno desenvolvimento em paz e tensão de equilíbrio instável." (COSTA, 1992, p. 302).

[24] D'AVILA, 2009a, p. 16.

[25] HESSEN, Johannes. *Filosofia dos valores*. Tradução e prefácios de Cabral de Moncada. Coimbra: Armênio Amado, 1980. p. 54.

[26] Parece necessário referir que, para Joahnnes Hessen, a expressão "subjetivismo dos valores" é exata se se quer com ela fazer referência ao sujeito. Contudo, na opinião do autor, é falsa se referida à validade dos valores. Isso porque o filósofo defende uma "validade objetiva" dos valores. Nas suas palavras: "Os valores não são algo de meramente subjetivo, algo que dependa apenas do arbítrio ou do capricho do sujeito a quem eles se revelam. Todo o seu mundo, o mundo espiritual, é, pelo contrário, um mundo essencialmente 'supra-individual' e 'objectivo'. Não existe só para este ou aquele homem, mas para todos os homens, para todos os seres que tenham um rosto humano, para todos os seres espirituais." (HESSEN, 1980, p. 51 e ss).

[27] D'AVILA, 2009a, p. 16.

[28] Para conhecimento da evolução histórica da tutela do meio ambiente, especialmente da legislação brasileira, conferir: SILVEIRA, Renato de Mello Jorge. *Direito Penal Supra-Individual: interesses difusos*. São Paulo: Editora Revista dos Tribunais, 2003. p. 134 e ss.

[29] MILARÉ, Edis. *Direito do ambiente*: doutrina, jurisprudência, glossário. 4. ed. São Paulo: Revista dos Tribunais, 2005. p. 844 e ss.

"protótipo de crime".[30] Também Jorge de Figueiredo Dias afirma a necessidade e a legitimidade da proteção do meio ambiente. Para o autor, trata-se de uma "obrigação político-criminal" e, também, de uma "obrigação moral" do jurista.[31] Entendimento contrário implicaria, na sua visão, a confissão de que ao direito penal não cabe nenhum papel na proteção das gerações futuras e, ainda, de sua inércia diante de riscos que podem gerar a extinção da vida. Nas palavras do autor português:[32]

> [...] não valerá a pena, nem será socialmente aceitável, o cultivo de um direito penal que, seja em nome de princípios que for, se desinteresse da sorte das gerações futuras e nada tenha para lhes oferecer diante do risco existencial que sobre elas pesa.

Ademais, a tutela está em perfeita harmonia com a ordem axiológica constitucional brasileira. No art. 225, *caput*, da Carta da República, consagra-se que todos têm direito ao meio ambiente ecologicamente equilibrado, impondo-se ao Poder Público e à coletividade o dever de defendê-lo e preservá-lo para a presente e as futuras gerações.

O § 3°, por sua vez, estabelece que estarão sujeitas a sanções penais e administrativas as pessoas físicas e jurídicas que praticarem condutas lesivas ao meio ambiente. Parece evidente que a Carta da República não faz uma declaração formal que possa ser seguida ou não conforme a discricionariedade do legislador. Pelo contrário: o legislador não é livre neste ponto, o constituinte determinou a sua intervenção, configurando-se o que Luiz Regis Prado[33] e Luciano Feldens[34] chamam de "mandado expresso de criminalização".[35]

---

[30] Nas exatas palavras do autor: "O meio ambiente, pressuposto da existência de toda a vida na Terra, é, dentre todos os bens jurídicos, a rigor, o mais fundamental, de modo que a sua destruição constitui nada menos do que o protótipo de crime." (SCHÜNEMANN, Bernd. Entrevista (Joao Paulo O. Martinelli, com o auxílio de Luis Greco, entrevista Bernd Shünemann): *Revista Liberdades*, São Paulo, n. 4. p. 9-13, 2010. p. 11 e s.).

[31] DIAS, Jorge de Figueiredo. *Sobre a tutela jurídico-penal do ambiente*: um quarto de século depois: estudos em homenagem a Cunha Rodrigues. Coimbra: Coimbra, 2001. v. 1, p. 371-392. p. 392.

[32] Sobre o assunto, conferir: DIAS, Jorge de Figueiredo. O direito penal entre a "sociedade industrial" e a "sociedade do risco". *Revista Brasileira de Ciências Criminais*, São Paulo, v. 9, p. 39-65, jan./mar. 2001a. p. 49. Também: DIAS, Jorge de Figueiredo. O papel do direito penal na proteção das gerações futuras. *Boletim da Faculdade de Direito*, Coimbra, v. 75, p. 1123-1138, 2003. passim.

[33] PRADO, Luiz Regis. *Crimes contra o ambiente*: anotações à Lei 9.605, de 12 de fevereiro de 1998. 2. ed. São Paulo: Revista dos Tribunais, 2001. p. 27.

[34] Luciano Feldens lembra que, além de legitimar a atividade do legislador penal, em determinadas situações, a Constituição exige a sua intervenção por meio de normas que designa de "mandados constitucionais de tutela penal". Nessa situação, a Constituição funcionaria como "fundamento normativo" do direito penal, transmitindo um "sinal verde" ao legislador, o qual, diante da disposição constitucional, não poderá lhe recusar passagem. Trata-se, então, de uma "zona obrigatória" de intervenção do legislador penal. O autor compreende que isso ocorre no âmbito do direito ambiental, devido à previsão do art. 225, *caput* e parágrafos, da Constituição Federal (FELDENS, Luciano. *Direitos fundamentais e direito penal*: garantismo, deveres de proteção, princípio da proporcionalidade; jurisprudência constitucional penal, jurisprudência dos tri-

Ultrapassado este primeiro momento (e considerada legítima a tutela do meio ambiente), deve-se perquirir a amplitude da tutela e as técnicas à sua implementação.[36] Inicialmente, deve-se ter claro que o fato de um bem ser digno de tutela penal não implica que seja tutelado em sua plenitude. Nem mesmo a vida[37] e o patrimônio[38] – bens de tradicional importância cuja legitimidade de intervenção penal ninguém discute de forma séria – são.

Enfim, o direito penal não protege – não deve e nem pode proteger – "toda" a economia, "todo" o patrimônio, "toda" a saúde pública: "ele tem que fragmentar essas grandes zonas do viver comunitário e eleger específicas relações que traduzem condutas humanas merecedoras de um juízo de desvalor".[39] Da mesma forma – exatamente como ocorre com todos os outros bens jurídicos – não é legítima e nem possível a tutela penal de "todo" o meio ambiente.[40] Essa conclusão, não é demais dizer, é decorrência lógica da própria fragmentariedade do direito penal e do reconhecimento dos "espaços livres de direito" ("Rechtsfreiraum"),[41][42] bem como da consciência de que o direito pe-

---

bunais de direitos humanos. Porto Alegre: Livraria do Advogado, 2008. p. 42 e 44, e FELDENS, Luciano. *A constituição penal*: a dupla face da proporcionalidade no controle de normas penais. Porto Alegre: Livraria do Advogado, 2005. p. 84).

[35] Ao observar que as constituições brasileira e espanhola estabeleceram como obrigatória a tutela do meio ambiente, Emilio Dolcini e Giorgio Marinucci ressaltam que isso reflete "uma nova e acrescida importância dos bens e a previsão de que no futuro poderão ser objecto de agressões sempre mais graves e frequentes." Acrescentam, ainda, que "é precisamente o possível intensificar destes fenômenos que tornam o bem cada vez mais valioso aos olhos da colectividade e do legislador constituinte, impondo a pena como instrumento irrenunciável de prevenção e repressão" (DOLCINI, Emilio; MARINUCCI, Giorgio. Constituição e escolha dos bens jurídicos. *Revista Portuguesa de Ciência Criminal*, Coimbra, v. 4, n. 2, p. 151-198, 1994. p. 166 e s.).

[36] D'AVILA, 2009a, p. 23.

[37] Neste sentido: MACHADO, Tomás Grings. *Ofensa de cuidado-de-perigo e legitimação dos crimes ambientais*: o princípio da ofensividade como limite à criminalização de condutas. 2008. Dissertação (Mestrado em Ciências Criminais) – Pontifícia Universidade Católica do Rio Grande do Sul, 2008. p. 142.

[38] Neste sentido: COSTA, José de Faria. Tentativa e dolo eventual. *Boletim da Faculdade de Direito da Universidade*, Coimbra, 1984. Número especial: Estudos em homenagem ao Prof. Doutor Eduardo Correa. p. 686.

[39] COSTA, José de Faria. O direito, a fragmentariedade e o nosso tempo. In: LINHAS de direito penal e de filosofia: alguns cruzamentos reflexivos. Coimbra: Coimbra, 2005b. p. 9-26. p. 22.

[40] MACHADO, 2008, p. 143.

[41] COSTA, 2005b, p. 21.

[42] Também Arthur Kaufmann utiliza a expressão "espaços livres de direito". Com o termo, designa aqueles comportamentos que não podem ser racionalmente valorados. Diz o autor: "Dos comportamentos lícitos e ilícitos distinguem-se os 'comportamentos juridicamente não valorados', o chamado 'espaço livre de direito'. Trata-se de formas de comportamento, a maioria dos quais em situações de necessidade, que são juridicamente relevantes, e também juridicamente reguladas, mas que não podem ser racionalmente valoradas o legislador estabelece aqui, o que é muitas vezes esquecido, uma regulamentação (em que porventura declara o comportamento em

nal deve se vincular – exclusivamente – ao essencial, e não ao acessório, da condição humana.[43]

Em outras palavras, o direito penal não pode ser visto como panaceia para resolução de todos os males sociais. Como observa José de Faria Costa, pedir isso a esse ramo jurídico é "[...] erro dogmático como é, do mesmo passo, miopia ou incapacidade político-legislativa, porque o emprego desvirtuado do instrumentarium penal conduz, quase que necessariamente, a efeitos político-legislativos perversos".[44] Justamente por isso, há limites – muitas vezes desrespeitados – para a tutela penal do meio ambiente.

1.1. O "DESCONCERTO" DA NATUREZA E A TOMADA DE CONSCIÊNCIA DA "CRISE ECOLÓGICA"

Pode-se afirmar, com alguma segurança, que, nos últimos anos, se verificaram as maiores transformações da vida humana na face da Terra. Como observa Marcelo Pelizzoli: "Nunca as mudanças foram tão velozes e nunca as transformações sociais, econômicas e culturais afetaram tanto o equilíbrio socioambiental e estiveram tão contraditoriamente fora do controle idealizado [...]".[45] Evidencia-se, assim, um verdadeiro "caos ecológico", o qual remete, segundo Ricardo Timm, a um específico modelo econômico que faz da natureza o seu "almoxarifado pretensamente inesgotável".[46] [47]

Pode-se afirmar, também, que essas alterações não passaram despercebidas. Pelo contrário: nos últimos anos, houve uma conscientização de todas essas alterações e dessa crise ecológica que se evidencia. Verifica-se, assim, uma crescente preocupação com a "questão ambiental".

---

causa como 'não punível'), mas abdica duma valoração – ele deixa-a aos interessados. Correcto seria por isso chamar-lhe espaço 'livre de valoração jurídica. [...]" (KAUFMANN, Arthur. *Filosofia do direito*. Lisboa: Fundação Calouste Gulbenkian, 2004. p. 153).

[43] COSTA, 2005b, p. 21.

[44] COSTA, 1992, p. 314.

[45] PELIZZOLI, M. L. *A emergência do paradigma ecológico*: reflexões ético-filosóficas para o século XXI. Petrópolis: Vozes, 1999. p. 13.

[46] SOUZA, Ricardo Timm. *Totalidade e desagregação*: sobre as fronteiras do pensamento e suas alternativas. Porto Alegre: EDIPUCRS, 1996. p. 151.

[47] É um reflexo do "pensamento que calcula" (Martin Heidegger), sobre o qual já se tratou. O mundo é compreendido como um objeto contra o qual o "pensamento que calcula" investe, "nada mais devendo resistir aos seus ataques", e a Natureza é vista como um "único posto de abastecimento gigantesco", uma "fonte de energia para a técnica e indústria modernas" (HEIDEGGER, 1959, p. 19).

Guilherme Figueiredo atribui essa preocupação a um movimento intelectual que, especialmente a partir da década de setenta, se opôs ao desenvolvimento produtivo industrial. O autor registra que a sociedade capitalista e industrial não observou que o uso exagerado dos recursos corromperia – como de fato o fez – o fruir natural, imprescindível à sua renovação.[48]

José de Faria Costa, em estudo mais detalhado, observa que o aproveitamento de recursos naturais e a descoberta e a utilização de novos produtos químicos fizeram com que começassem a aparecer as "rupturas de equilíbrio" na relação entre homem e natureza. O autor destaca que, atualmente, esse desequilíbrio deriva, especialmente, da deficiente gestão dos elementos poluentes de unidades industriais, mas não apenas delas. Assim, o problema que, aparentemente, se limitava a cada Estado torna-se uma questão mundial.[49]

O autor observa, ainda, que a projeção dos efeitos desse desequilíbrio entre o "ciclo de exploração dos recursos" e o "ciclo de remoçamento", bem como as enormes quantidades de poluentes, fizeram despertar uma "consciência ética" da comunidade para esta realidade.[50] Observa, ainda, que a consciência do "desconcerto da natureza" deixou de ser uma questão retórica e tornou-se um dos problemas fundamentais dos tempos de hoje, que exige um olhar do direito.[51]

Enfim, deve-se reconhecer a existência desse "desconcerto da natureza" e a imprescindibilidade de refletir sobre a "questão ambiental". Deve-se, da mesma forma, reconhecer que o direito não pode se afastar desta discussão; não há como manter-se inerte ao grave quadro de danos ambientais que se desenha. Essas premissas devem conviver com outra, qual seja, a de que a intervenção jurídica – e, especialmente, jurídico-penal – deve dar-se de forma criteriosa, evitando-se iniciativas de cunho funcionalista, preocupadas apenas com critérios de utilidade e de eficiência.

A premissa final (intervenção criteriosa) não está sendo respeitada: a realidade jurídica escancara uma excessiva expansão da tutela do meio ambiente que vai, sim, ao encontro do funcionalismo. Evidenciam-se muitos exageros, como a ampliação quase ilimitada do nexo causal, a excessiva antecipação de tutela, a utilização demasiada

---

[48] FIGUEIREDO, Guilherme Gouvêa de. *Crimes ambientais à luz do conceito de bem jurídico-penal*: (des)criminalização, redação típica e (in)ofensividade. São Paulo: IBCCRIM, 2008. p. 163.

[49] COSTA, 1992, p. 295.

[50] COSTA, 1992, p. 305.

[51] COSTA, 1992, p. 296.

da técnica legislativa da "norma penal em branco" e, até mesmo, o afastamento do princípio da ofensividade.

Faz-se, portanto, imprescindível a discussão sobre essas novas técnicas de proteção, verificando-se quando é juridicamente possível (entenda-se: legítima) a sua utilização e quais os seus limites. Dentre as categorias jurídico-penais mais problemáticas, está a "posição de garantia", que vem ganhando significativa exasperação e, por vezes, contornos artificiais. Pretende-se, aqui, buscar o substrato material necessário para lastrear o vínculo entre garante e meio ambiente. Antes disso, fazem-se necessárias breves considerações sobre o dever de tutela do meio ambiente.

2. Noções acerca do direito e do dever de proteção do meio ambiente

2.1. O DIREITO E O DEVER DE PROTEÇÃO DO MEIO AMBIENTE

O direito à proteção do meio ambiente[52] é um tema que tem recebido destaque na doutrina[53] e na jurisprudência.[54] Fernanda Medeiros

---

[52] A temática, apesar de extremamente atual, não é nova. O direito ao meio ambiente – e o respectivo dever de tutela – já estavam previstos no 2º da Declaração de Estocolmo, datada de 1972, da qual o Brasil é signatário: "1 – O homem tem o direito fundamental à liberdade, à igualdade e ao desfrute de condições de vida adequadas, em um meio ambiente de qualidade tal que lhe permita levar uma vida digna, gozar de bem-estar e é portador solene de obrigação de proteger e melhorar o meio ambiente, para as gerações presentes e futuras. A esse respeito, as políticas que promovem ou perpetuam o 'apartheid', a segregação racial, a discriminação, a opressão colonial e outras formas de opressão e de dominação estrangeira permanecem condenadas e devem ser eliminadas."

[53] A título meramente exemplificativo, no direito português, lembra-se: CANOTILHO, José Joaquim Gomes; MOREIRA, Vital. *Constituição da República Portuguesa anotada*. 3. ed. Coimbra: Coimbra, 1993. p. 348 e s. No direito brasileiro: BENJAMIM, Antônio Herman. Direito constitucional ambiental brasileiro. In: CANOTILHO, José Gomes; LEITE, José Rubens Morato (Org.). *Direito constitucional ambiental brasileiro*. São Paulo: Saraiva, 2007. p. 57-130. p. 96 e ss.; FENSTERSEIFER, Tiago. *Direitos fundamentais e proteção do ambiente*: a dimensão ecológica da dignidade humana no marco jurídico constitucional do estado socioambiental de direito. Porto Alegre: Livraria do Advogado, 2008. "passim"; MEDEIROS, Fernanda Luiza Fontoura de. *Meio ambiente*: direito e dever fundamental. Porto Alegre: Livraria do Advogado, 2004. "passim".

[54] Na jurisprudência portuguesa, ver: CANOTILHO, José Joaquim Gomes. *Proteção do ambiente e direito de propriedade (crítica de jurisprudência criminal)*. Coimbra: Coimbra, 1995. Na jurisprudência brasileira, são inúmeros os exemplos. Em conflito de competência, julgado em 2009 pelo Tribunal de Justiça do Rio Grande do Sul, referiu o relator Roque Miguel Frank: "[...] O direito

observa que – mesmo não constando no art. 5° da Constituição Federal – o direito à proteção do meio ambiente é um direito fundamental. Para embasar sua posição, a autora lembra que o § 2° do art. 5° revela a possibilidade de existência de direitos fundamentais para além daqueles previstos na Carta da República e observa, com acerto, que os direitos fundamentais podem estar fora do art. 5° e da própria Constituição formal.[55]

Essa parece ser, também, a posição de Ingo Sarlet. Ao tratar do catálogo dos direitos fundamentais, lembra que o "direito ao meio ambiente ecologicamente equilibrado" (art. 225 da Constituição) pode ser enquadrado na categoria de "direito de terceira dimensão",[56] apesar de não constar no título dos direitos fundamentais.[57] Por fim, não é demais dizer que Ana Maria Marchesan, Annelise Steigleder e Sílvia Capelli compartilham o entendimento, destacando que a abertura do art. 5°, §2°, da Constituição consagra o direito fundamental ao meio ambiente como "cláusula pétrea" e "sujeito à aplicabilidade direta".[58]

Fernanda Medeiros observa que a inclusão do direito fundamental ao meio ambiente na Carta da República representou a delimitação da "existência de uma nova dimensão do direito fundamental à vida

---

ao meio ambiente ecologicamente equilibrado, na perspectiva Constitucional (artigo 225), é um direito fundamental do homem, constituindo-se, assim, em um bem de interesse difuso, caracterizando-se pela indeterminação dos sujeitos, pela indivisibilidade do objeto, por sua intensa litigiosidade e por sua tendência à transição ou mutação no tempo e no espaço, cuja proteção jurídica pertence a toda coletividade. Observa-se, ainda, que o ramo do direito ambiental é regrado por princípios particulares, destacando-se, dentre outros, no que importa ao julgamento do presente conflito de competência, os princípios da Supremacia do Interesse Público na Proteção do Meio Ambiente e o da Indisponibilidade do Meio Ambiente. Como se vê, o direito ambiental é um ramo do direito público, cujo espoco é preservar o meio ambiente ecologicamente equilibrado, notadamente para as atuais e futuras gerações, não possuindo destinatário específico. [...]": RIO GRANDE DO SUL. TJRS, Conflito de Competência n° 70029849346, Tribunal Pleno, Relator: Roque Miguel Fank, Suscitante: 6 Câmara Cível. Suscitado: 1 Câmara Cível. Interessados: Ministério Público e Associação Comunitária dos Amigos da Morada da Colina (ASCAMC). Julgado em 13/5/2009. Disponível em: http://www.tjrs.jus.br. Acesso em: 10 maio 2010. No Supremo Tribunal Federal, referindo ser um direito de terceira geração: BRASIL, Supremo Tribunal Federal. ADIN 3540 MC / DF, rel. Ministro Celso de Mello, Tribunal Pleno, j. 01/9/05, Requerente: Procuradoria Geral da República, Requerido: Presidente da República, j. em 1°/ 9/2005, e BRASIL. Supremo Tribunal Federal. Mandado de Segurança n. 22164-0/ SP. Antônio de Andrada Ribeiro Junqueira "versus" Presidente da República. Relator: Ministro Celso de Mello. Julgado em 30/10/1995. Disponível em: http://www.stf.gov.br. Acesso em: 10 maio 2010.

[55] MEDEIROS, 2004, p. 110 e s.

[56] Os direitos de terceira dimensão caracterizam-se pelo desprendimento, em princípio, do "homem-indivíduo", destinando-se à tutela de interesses coletivos ou difusos. Para aprofundamento, ver: SARLET, Ingo Wolfgang. *A eficácia dos direitos fundamentais*. 5.ed. Porto Alegre: Livraria do Advogado, 2005. p. 57 e ss. Também: MARCHESAN, Ana Maria Moreira. STEIGLEDER, Annelise Monteiro. CAPELLI, Sílvia. *Direito ambiental*. Porto Alegre: Verbo Jurídico, 2010. p. 39.

[57] SARLET, 2005. p. 78.

[58] MARCHESAN, 2010. p. 37 e s.

e do próprio princípio da dignidade da pessoa humana, haja vista ser no meio ambiente o espaço em que se desenvolve a vida humana".[59] Trata-se, segundo a autora, de direito complexo, apresentando duas dimensões, uma prestacional e outra defensiva.[60] Nas palavras de Fernanda Medeiros:[61]

> Ao tratarmos do direito fundamental à proteção do meio ambiente, podemos classificá-lo como direito de defesa quando a norma expressamente proíbe que se afete, de qualquer forma, o meio ambiente, preservando e restaurando os processos ecológicos essenciais para prover o manejo ecológico das espécies e ecossistemas, como dispõem os incisos I e II do § 1° do art. 225 da Constituição Federal. Já no concernente aos direitos a prestações, salientamos que o direito fundamental à proteção ambiental se enquadra como direito a prestações no sentido de exigir do Estado e da Coletividade ações de proteção. [...]

José Joaquim Gomes Canotilho[62] e Pedro Marchão Marques,[63] analisando o ordenamento jurídico português, também registram que direito ao meio ambiente é negativo e positivo. Segundo os autores, o direito é negativo por determinar uma abstenção – tanto do Estado quanto de terceiros – de ações que venham a agredir a natureza; e é positivo ao comprometer uma ação do Estado, "no sentido de defender o ambiente e de controlar as ações poluidoras deste, impondo-lhe as correspondentes obrigações políticas, legislativas, administrativas e penais".[64]

Tão importante quanto o direito ao meio ambiente – mas bem menos explorados – são os deveres constitucionais de tutela ambiental.[65] A doutrina observa a existência de certa "alergia" ao deveres fundamentais, atribuindo-a a fatores históricos como os regimes totalitários

---

[59] MEDEIROS, 2004, p. 113.
[60] MEDEIROS, 2004, p. 114 e ss.
[61] MEDEIROS, 2004, p. 118.
[62] CANOTILHO; MOREIRA, 1993, p. 348.
[63] MARQUES, Pedro Marchão. Crimes ambientais e comportamento omissivo. *Revista do Ministério Público*, Lisboa, ano 20, n.77. p. 105-138, jan./mar. 1999. p. 107.
[64] CANOTILHO; MOREIRA, 1993, p. 348.
[65] É interessante a lição de José Joaquim Gomes Canotilho no sentido de que não há necessária correspondência entre os deveres fundamentais e os direitos fundamentais: aqueles recortam-se na ordem jurídica como categoria autônoma. Alguns deveres, contudo, são conexos com direitos fundamentais, e é o que acontece com o dever de defesa do meio ambiente, previsto no art. 66/1 da Constituição portuguesa, relacionado ao direito ao ambiente: CANOTILHO, José Joaquim Gomes. *Direito constitucional e teoria da constituição*. 7. ed. Coimbra: Almedina, 2003. p. 532 e s. No mesmo sentido, tratando do direito brasileiro e encontrando fundamento para o dever conexo no art. 225 da Constituição (FENSTERSEIFER, 2008, p. 202; MEDEIROS, 2004, p. 129).

de direita e de esquerda.⁶⁶ Nas palavras de Carla Amado Gomes,⁶⁷ os referidos regimes:

> [...] despiram a ideia de dever da dimensão da responsabilidade e investiram no colete da submissão: o indivíduo retoma, como no período do Absolutismo, o estatuto de objeto do poder e vê o propósito da sua existência totalmente funcionalizado ao interesse do Estado, da Nação, do povo.

Pode-se afirmar, com segurança, que as alterações sociais enfraqueceram a visão, a rejeição à noção de "deveres fundamentais". Os tempos de hoje estão, como observa José Joaquim Gomes Canotilho, "maduros para uma reproblematização desta importante categoria jurídica e política"⁶⁸ e vem ganhando espaço a noção de "dever fundamental" no âmbito de uma liberdade responsável.

Atualmente, não se concebe o homem como simples sujeito de direitos: ele é, simultaneamente, sujeito de deveres. Como observa José Casalta Nabais, o homem é uma pessoa solidária em termos sociais, não vive, portanto, isoladamente. E nisso, nessa referência social, está a compreensão de uma liberdade como ordem que se configura, ao mesmo tempo, de liberdade e responsabilidade, ou seja, "uma ordem de liberdade limitada pela responsabilidade".⁶⁹

Evidentemente, esses "deveres fundamentais", "limitações à liberdade", não podem estar ancorados em conceitos fluidos ou vazios, que dependam exclusivamente de manifestações formais do Estado e de seus fins políticos. Em um Estado Democrático de direito, é imprescindível que esses deveres encontrem um fundamento, um valor, que lhes confira legitimidade.

Como observa Castanheira Neves, assim como os direitos não são "simples reivindicações politicamente sustentadas", os deveres não são "exterioridades limitativas só pelo cogente cálculo dos interesses", "mas manifestações mesmas da axiologia responsável e responsabilizante de pessoa".⁷⁰ Justamente por isso, reitera-se, um dever – e uma eventual coerção – não são obrigatórios por si só, é imprescindível que encontrem fundamento em um valor.⁷¹ ⁷²

---

⁶⁶ Neste sentido: GOMES, Carla Amado. *Risco e modificação do acto autorizativo concretizador de deveres de proteção do ambiente*. Coimbra: Coimbra, 2007. p. 135 e ss.; CANOTILHO, 2003, p. 531; NABAIS, José Casalta. *O dever fundamental de pagar impostos*. Coimbra: Almedina, 1998. p. 15 e ss.

⁶⁷ GOMES, 2007, p. 137.

⁶⁸ CANOTILHO, 2003, p. 531.

⁶⁹ NABAIS, 1998, p. 31.

⁷⁰ NEVES, 1998, p. 33.

⁷¹ KAUFMANN, 2004, p. 325 e s.

Pretende-se discutir o dever de garantia com relação ao meio ambiente, que consiste no estrato mais densificado do dever de tutela da natureza. Para tanto, parece importante discorrer, previamente, sobre o dever de proteção ambiental e, logo depois, identificar se esse dever vincula-se ao homem (concepção antropocêntrica), ao meio ambiente (concepção ecocêntrica) ou, ainda, a ambos (concepção antropológica-ecocêntrica), bem como se abrange a tutela das gerações futuras.

2.1.1. Os deveres no âmbito do direito ambiental

Antônio Herman Benjamin classifica as obrigações com o meio ambiente em positivas ou negativas. Aquelas implicam um *facere*, e estas, um *non facere*. No art. 225, *caput*, o autor observa uma obrigação "explícita, genérica, substantiva e positiva defesa de preservação do meio ambiente" ("impondo-se ao Poder Público e à coletividade o dever de defendê-lo e preservá-lo"). Ainda no *caput*, observa uma obrigação "genérica, substantiva e negativa, mas implícita, de não degradar o meio ambiente". Compreende que, em ambos os casos, está-se diante de deveres *erga omnes*, sendo coobrigados o Poder Público, os indivíduos e a coletividade.[73]

O autor observa, ainda, existência de deveres explícitos e particulares do Poder Público – independentemente de ser o degradador ou não – dispostos no art. 225, *caput* e § 1°.[74] Segundo o autor:[75]

---

[72] Nas palavras de Arthur Kaufmann: "[...] na sua estrutura fundamental, a proposição jurídica não é um imperativo mas uma norma; o imperativo é apenas o meio de realizar o valor contido na norma." (KAUFMANN, 2004, p. 326).

[73] BENJAMIM, 2007, p. 114.

[74] "Art. 225. Todos têm direito ao meio ambiente ecologicamente equilibrado, bem de uso comum do povo e essencial à sadia qualidade de vida, impondo-se ao Poder Público e à coletividade o dever de defendê-lo e preservá-lo para as presentes e futuras gerações. § 1° – Para assegurar a efetividade desse direito, incumbe ao Poder Público: I – preservar e restaurar os processos ecológicos essenciais e prover o manejo ecológico das espécies e ecossistemas; (Regulamento) II – preservar a diversidade e a integridade do patrimônio genético do País e fiscalizar as entidades dedicadas à pesquisa e manipulação de material genético; (Regulamento) (Regulamento) III – definir, em todas as unidades da Federação, espaços territoriais e seus componentes a serem especialmente protegidos, sendo a alteração e a supressão permitidas somente através de lei, vedada qualquer utilização que comprometa a integridade dos atributos que justifiquem sua proteção; (Regulamento). IV – exigir, na forma da lei, para instalação de obra ou atividade potencialmente causadora de significativa degradação do meio ambiente, estudo prévio de impacto ambiental, a que se dará publicidade; (Regulamento) V – controlar a produção, a comercialização e o emprego de técnicas, métodos e substâncias que comportem risco para a vida, a qualidade de vida e o meio ambiente; (Regulamento) VI – promover a educação ambiental em todos os níveis de ensino e a conscientização pública para a preservação do meio ambiente; VII – proteger a fauna e a flora, vedadas, na forma da lei, as práticas que coloquem em risco sua função ecológica, provoquem a extinção de espécies ou submetam os animais a crueldade. (Regulamento). [...] "

[75] BENJAMIM, 2007, p. 114.

O intuito do constituinte, aqui, foi afastar qualquer dúvida sobre a índole cogente das determinações dirigidas a todo o Estado, na sua posição bifronte de legislador e de implementador administrativo e judicial do ordenamento. Do legislador, espera-se que aprove novas leis e aperfeiçoe as existentes, vedada a redução das garantias ambientais; do Poder Judiciário, uma enérgica e rápida aplicação da lei e interpretação conforme a melhor solução de proteção do meio ambiente.

Por último, o autor observa a existência de um conjunto de deveres explícitos e especiais, exigíveis de particulares ou do Estado (art. 225, §§ 2° e 3°).[76] Nessa situação, refere que o Estado está na posição de degradador potencial ou real.[77]

Também Fernanda Medeiros compreende que existe um dever de proteção do meio ambiente, pertencente ao Estado e à sociedade. Assim, observa a autora, "o zelo e o dever de preservar o meio ambiente é de toda a sociedade, 'todas as pessoas têm o dever de preservar o ambiente' de nosso planeta adequado para a sadia qualidade de vida das presentes e das futuras gerações".[78]

Na linha de Antônio Herman Benjamin, a autora identifica deveres de cunho positivo e negativo: são positivos quando impõem ao homem um determinado agir, seja por uma prestação de fato (fazer) ou de coisa (dar) e são negativos quando impõem uma privação de algo visando à proteção ambiental. Nesse contexto, o dever tem uma dupla função: de prestação e de abstenção, semelhante, segundo a autora, àquela de viver e de conviver em um ambiente saudável, inerente ao direito fundamental ao meio ambiente.[79]

José Joaquim Gomes Canotilho, analisando o ordenamento jurídico português, observa o art. 66 da Constituição e constata – também nesse sistema jurídico – a existência do dever de proteger o meio ambiente, consistente em abstenções e em ações.[80] Carla Amado Gomes, por sua vez, identifica, além das obrigações de *non facere* e de *facere*,[81]

---

[76] "[...] § 2° – Aquele que explorar recursos minerais fica obrigado a recuperar o meio ambiente degradado, de acordo com solução técnica exigida pelo órgão público competente, na forma da lei. § 3° – As condutas e atividades consideradas lesivas ao meio ambiente sujeitarão os infratores, pessoas físicas ou jurídicas, a sanções penais e administrativas, independentemente da obrigação de reparar os danos causados."

[77] BENJAMIM, 2007, p. 114.

[78] MEDEIROS, 2004, p. 124.

[79] MEDEIROS, 2004, p. 127.

[80] Nas palavras do autor: "Assim, o dever de defesa do ambiente pode comportar dois aspectos: (a) obrigação de 'não atentar' contra o meio ambiente (obrigação de não poluir); (b) dever de 'impedir os atentados de outrem ao meio ambiente." (CANOTILHO; MOREIRA, 1993, p. 349; GOMES, 2007).

[81] A autora explica que as obrigações de *non facere* consubstanciam o nível mínimo de "deverosidade ambiental", enquanto que as *de facere*, ao nível máximo. A referida "deverosidade am-

as chamadas obrigações de "pati": essas obrigações exigem do destinatário uma privação e, ainda, a necessidade de tolerar, suportar, a atividade de outrem na sua esfera, em uma situação na qual ele teria, em geral, o direito de se opor.[82]

Interessante, ainda, referir a observação da autora, no sentido de que as obrigações de *facere* não recebem, como regra, cominação contraordenacional ou penal no ordenamento jurídico português. Segundo a autora,

> A dificuldade de controlo, por um lado, a (aparente) insignificância, por outro lado, e ainda a possibilidade de reações sociais violentas à sua imposição coerciva – leia-se: susceptível de penalização – faz com que a sensibilização para a assunção de tais deveres opere mais através do recurso a recomendações administrativas e da atribuição de subvenções do que à cominação de sanções.[83]

Ressalva, contudo, que, no que tange aos deveres de *facere* relacionados com o controle da poluição, isso não ocorre, sendo comum a previsão de sanções quando do seu descumprimento.[84]

De fato, não é o desrespeito a qualquer dever que desafia a sanção criminal. Pelo contrário: como se referiu e reiterou neste trabalho, a incidência do direito penal deve dar-se, sempre, de forma parcimoniosa. Contudo não parecem adequados os fundamentos – consistentes na dificuldade de controle e no risco de reações sociais violentas – trazidos por Carla Amado Gomes.

Como se sabe, os deveres impostos por outros ramos do direito – que não o penal – são genéricos e pretendem impedir consequências simplesmente inconvenientes, não desejáveis, para a convivência social. Contudo essas consequências são de difícil, ou mesmo impossível, determinação,[85] transcendendo, muitas vezes, as barreiras, os limites, do direito penal.

Como observa José de Faria Costa, o direito penal vincula-se a valores essenciais de uma determinada comunidade, de um "determinado viver comunitário histórico-socialmente enquadrado", e, justa-

---

biental" não se vincula, segundo Carla Amado Gomes, ao dano e nem à irrelevância prática do comportamento proibido, mas sim à passividade exigida pelo sujeito (GOMES, 2007, p. 190).

[82] GOMES, 2007, p. 189 e s. Interessante referir que José Casalta Nabais não confere autonomia às obrigações *de pati*, abordando que "não configuram deveres fundamentais em sentido próprio, mas sim figuras próximas destes, seja na versão de deveres (correlativos) de direitos fundamentais, seja na versão de sujeições a poderes ou competências institucionais." (NABAIS, 1998, p. 112).

[83] GOMES, 2007, p. 191.

[84] GOMES, 2007, p. 191.

[85] BRITO, Teresa Quintela de. *A tentativa nos crimes comissivos por omissão*: um problema de delimitação da conduta típica. Coimbra: Coimbra, 2000. p. 225.

mente por isso, liga-se à regulamentação dos outros ramos jurídicos. Nas palavras do autor:[86]

> [...] o direito penal é o último reduto de proteção do viver comunitário regulado por outras regiões do direito, como sejam o direito civil, o direito administrativo, o direito internacional, etc. Neste sentido, o direito penal terá sempre de apresentar conexões com outras regiões do direito, pois constitui, repete-se, nesta perspectiva, o último passo do percurso normativo.

Neste contexto, nesta ordem jurídica global, o direito penal ocupa um espaço determinado e qualificado, devendo incidir com temperança. Quando se está diante das obrigações de fazer e dos crimes omissivos, a sua incidência deve ser ainda mais parcimoniosa, uma vez que, como se demonstrará no capítulo subsequente, há uma ampliada restrição da liberdade do cidadão.

Mais: quando se trabalha com crimes omissivos impróprios e com o dever de garantia, o cuidado deve ampliar-se ainda mais, pois o cidadão (garante) será responsabilizado criminalmente por uma ação positiva, em verdade, apenas se omitiu. Assim, à ampliada restrição de liberdade, soma-se a gravidade da sanção que pode ser imposta ao sujeito.

Justamente por isso, parece fundamental a busca do substrato material do dever de garantia, apto a legitimar a responsabilização por um crime omissivo impróprio contra a natureza. E esse substrato não se identifica com o genérico dever fundamental de tutela ambiental. Pelo contrário: é necessário um cuidadoso recorte do conteúdo jurídico-penalmente relevante desse dever, verificando-se de que forma e em que medida é apto para fundamentar validamente a posição de garantia.

2.1.2. Princípios do dever ambiental

Carla Amado Gomes faz, ainda, um breve e interessante estudo daqueles princípios que seriam aplicáveis no âmbito do dever de proteção do meio ambiente, a saber: universalidade, igualdade, proporcionalidade e reserva de lei. No que tange àquele princípio, a autora portuguesa aborda que todos – pessoas físicas e jurídicas – têm o dever de proteção do meio ambiente (art. 12/1[87] e 2°,[88] da Constitui-

---

[86] COSTA, 2007, p. 69.

[87] "1. Todos os cidadãos gozam dos direitos e estão sujeitos aos deveres consignados na Constituição. 2. As pessoas colectivas gozam dos direitos e estão sujeitas aos deveres compatíveis com a sua natureza."

[88] "A República Portuguesa é um Estado de direito democrático, baseado na soberania popular, no pluralismo de expressão e organização política democráticas, no respeito e na garantia de

ção Portuguesa).[89] Observa que, no âmbito do direito português, o art. 66/1, 2° parte,[90] constitui "o fundamento material de conformação legislativa e concretização administrativa das obrigações de todos e de cada um dos titulares do dever de proteção do meio ambiente".[91]

Pode-se afirmar a consagração desse princípio também no ordenamento jurídico brasileiro: também aqui, existe um dever geral – imposto a pessoas físicas e jurídicas – de tutela do meio ambiente. Essa obrigação universal está consagrada no já citado art. 225 da Constituição Federal.

Quanto ao princípio da igualdade, consagrado no art. 13 da Constituição portuguesa[92] (com equivalente no art. 5°, *caput*, da Constituição do Brasil), a autora observa que não visa a uma atribuição igualitária de direitos e deveres, "mas sim um investimento equitativo de cada um no estatuto constitucional que o conjunto das suas características, físicas, sociais, económicas, culturais, determinar".[93] Segundo a autora:

> [...] o princípio da igualdade obriga a tratar igual o que é igual e desigual o que é desigual, na medida da diferença. Ponto é que a diferença se funde em elementos objectivos e não em motivos arbitrários. Aplicada à matéria dos deveres, esta máxima corresponde a sublinhar, por um lado, que a oneração dos cidadãos com determinados deveres não se há-de traduzir na imposição de encargos arbitrários. Mas também permite inferir, por outro lado, que a titularidade de deveres pode não ser objecto de repartição igualitária.[94]

Diante disso, constata – com acerto – que o dever de proteção do meio ambiente tem conteúdos bastante diferenciados, alterando-se conforme as características dos destinatários e vinculando-se, especialmente, às atividades por estes desenvolvidas. Essa diferenciação, diz a autora, evidencia-se quando se trata daqueles que exploram atividades com alto potencial lesivo ao meio ambiente. Nas palavras de Carla Amado Gomes: "O agravamento da intensidade do dever de proteger o ambiente nestas situações, com a acumulação de obriga-

---

efectivação dos direitos e liberdades fundamentais e na separação e interdependência de poderes, visando a realização da democracia económica, social e cultural e o aprofundamento da democracia participativa."

[89] GOMES, 2007, p. 195 e s.

[90] "1. Todos têm direito a um ambiente de vida humano, sadio e ecologicamente equilibrado e o dever de o defender. [...]"

[91] GOMES, 2007, p. 195 e s.

[92] "1. Todos os cidadãos têm a mesma dignidade social e são iguais perante a lei. 2. Ninguém pode ser privilegiado, beneficiado, prejudicado, privado de qualquer direito ou isento de qualquer dever em razão de ascendência, sexo, raça, língua, território de origem, religião, convicções políticas ou ideológicas, instrução, situação económica, condição social ou orientação sexual."

[93] GOMES, 2007, p. 196 e s.

[94] GOMES, 2007, p. 196 e s.

ções positivas e negativas na esfera jurídica do empresário, é plenamente compreensível e justificável à luz de fatores objetivos".[95]

Deve-se reconhecer este princípio também no ordenamento jurídico brasileiro: também aqui, os deveres de proteção do meio ambiente variam conforme as características do destinatário. E, como se verá, nessa diferenciação, nessa densificação do dever de proteção, encontra-se o dever de garantia no direito penal ambiental: é porque o dever está densificado que é possível se falar de um crime omissivo impróprio.

Carla Amado Gomes fala, ainda, no princípio da proporcionalidade: considerando-se que a imposição de um dever consiste em uma restrição ao princípio geral da liberdade, a previsão de deveres fundamentais deve obedecer, em primeiro lugar, segundo a autora, a uma noção de essencialidade, "que se traduz na comprovação da necessidade do seu estabelecimento à luz da ordem valorativa subjacente ao sistema constitucional".[96] Evidentemente, esta leitura deve também ser feita no ordenamento jurídico brasileiro, sendo inadmissível, em qualquer Estado que se diga Democrático de Direito, a determinação de deveres fundamentais excessivamente amplos ou sem consonância com a ordem axiológica constitucional.

Por fim, Carla Amado Gomes fala do princípio da reserva de lei, referindo que a previsão de deveres deve ser reservada à lei formal.[97] Da mesma forma que os demais princípios, este deve ser reconhecido no ordenamento brasileiro, especialmente no âmbito jurídico-penal, em que não se pode prescindir do princípio da legalidade. Interessante referir que, como se demonstrará no segundo capítulo, no curso da história dogmática da omissão, foram travadas importantes discussões doutrinárias sobre a compatibilidade desse princípio com os crimes omissivos impróprios.

3. A proteção do meio ambiente. Das teorias antropocêntricas ao reconhecimento de uma dimensão ecológica do objeto de tutela

Fazem-se necessárias, ainda, algumas considerações sobre o objeto de tutela dos crimes ambientais, verificando-se se a compreensão

---
[95] GOMES, 2007, p 196 e s.
[96] GOMES, 2007, p. 197.
[97] GOMES, 2007, p. 197.

deve se dar por meio de concepções antropocêntricas ou por meio de teorias que reconheçam a dimensão ecológica do bem. A discussão é de incontestável importância e transcende, como observa Fabio D'Avila, a uma "disputa pontual" sobre o bem jurídico tutelado. Isso porque a mera colocação do problema representa o "esgotamento explicativo" de um modelo de direito penal baseado exclusivamente em um referencial antropocêntrico.[98]

Tem-se verificado um crescente enfraquecimento das teorias antropocêntricas em favor daquelas que efetuam uma leitura em termos ecológicos; e isso é resultado, como observa Fabio D'Avila, de uma nova forma de compreender o direito e o direito penal. Deve-se ter claro que essa mudança de concepção não configura uma "tímida e concessa fratura 'local'", "mas uma importante abertura de toda a ordem de valoração jurídico-criminal a novas fontes de informação axiológicas e, portanto, também assim, a um novo horizonte compreensivo".[99]

O autor aborda, ainda, que o reconhecimento de valor autônomo ao bem ambiental traz uma compreensão de "ser comunitário" que consubstancia um "passo definitivo em termos civilizacionais." Trata-se de uma nova forma de compreender a vida e a responsabilidade por ela.[100] Mais: este reconhecimento de valor ao objeto evidencia que a incriminação não está adstrita a noções de interesses individuais ou coletivos. Nas palavras do autor:[101]

> [...] ainda que a noção de interesse possa abranger também valores obtidos a partir de um processo de reconhecimento de informação não-antropocêntrica – eis que sempre que houver dignidade e carência de tutela pode-se falar em interesse –, o que se reconhece e o que se deve garantir será sempre não o interesse, mas o seu objeto, o bem em si, enquanto expressão do valor que lhe é ínsito.

---

[98] D'AVILA, Fabio Roberto. Breves notas sobre o Direito Penal Ambiental. *Boletim IBCCRIM*, São Paulo, ano 214, n. 18, p. 15-16, set. 2010b. p. 16.

[99] Nas precisas palavras do autor: "O contínuo enfraquecimento das orientações puramente antropocêntricas em prol de compreensões mistas, i.e., ecológico-antropocêntricas, seguido, no caso brasileiro, de significativos desdobramentos legislativos, não pode – e não deve – ser visto como uma concessão 'local' em termos de regulação criminal, uma vez que, se bem contextualizado, está não para causa, mas para resultado de uma precisa forma de perceber o direito e o direito penal. Admitir nos quadros da ciência penal o meio ambiente, em suas inúmeras projeções, enquanto objeto de tutela dotado não só de autonomia, mas também de uma dimensão verdadeiramente ecológica (embora não exclusivamente ecológica, o que é próprio das concepções mistas) não é, pois, uma tímida e concessa fratura 'local', mas uma importante abertura de toda a ordem de valoração jurídico-criminal a novas fontes de informação axiológicas e, portanto, também assim, a um novo horizonte compreensivo." (D'AVILA, 2010b, p. 16).

[100] D'AVILA, 2010b, p. 16.

[101] D'AVILA, 2010b, p. 16.

Ditas essas palavras introdutórias, evidencia-se que a compreensão dos crimes ambientais deve se vincular ao reconhecimento de uma dimensão ecológica. Passa-se, então, a fazer uma sucinta descrição da concepção antropocêntrica para, logo depois, realizar-se a análise das concepções ecocêntrica e ecológico-antropocêntrica. Far-se-á, ainda, uma releitura da obra levinasiana, demonstrando-se a validade dessa proposta para o reconhecimento de um valor autônomo – independente da relação com o homem, portanto – ao meio ambiente.

3.1. A CONCEPÇÃO ANTROPOCÊNTRICA

O antropocentrismo consiste em uma concepção que faz do homem o centro do Universo: ao redor dele estariam gravitando todos os outros seres, em um papel secundário, dependente e condicionado. Em outras palavras, trata-se de considerar o homem o "eixo principal" do mundo conhecido[102] e de pensar os outros seres como de somenos importância.

Edis Milaré e José de Ávila Aguiar Coimbra observam que essa corrente teve significativa força no mundo ocidental, em virtude das concepções racionalistas, que partiam da premissa de que "a razão (*ratio*) é atributo exclusivo do homem e se constitui no 'valor maior e determinante da finalidade das coisas".[103] O historiador Keith Thomas registra, contudo, que, no curso da história, se encontram muitos críticos dessa posição. Observa que, em fins do século XVII, houve um desgaste da concepção antropocêntrica, derivada da constatação de que o mundo não existe apenas para o homem. Para Keith Thomas, essa constatação é "uma das grandes revoluções no moderno pensamento ocidental", embora o fato não receba destaque da maioria dos historiadores.[104] [105]

---

[102] MILARÉ, Edis; COIMBRA, José de Ávila Aguiar. Antropocentrismo x ecocentrismo na ciência jurídica. *Revista Brasileira de Direito Ambiental*, São Paulo, ano 9, n. 36, p. 9-41, out./dez. 1994. p. 10.

[103] MILARÉ; COIMBRA, 1994, p. 11.

[104] THOMAS, Keith. *O homem e o mundo natural*: mudanças de atitude em relação às plantas e aos animais, 1500-1800. Tradução de João Roberto Martins Filho. São Paulo: Companhia das Letras, 1988. p. 197 e ss.

[105] Segundo Keith Thomas, no século XVII, tornou-se cada vez mais habitual defender que a natureza existia para a glória divina, bem como que Deus se preocupava também com o bem-estar das plantas e dos animais. O autor atribui esta nova forma de pensar à ampliação do mundo conhecido: "À medida que os astrônomos revelavam não apenas que a Terra não era o centro do universo, mas que havia uma infinidade de mundos, cada um deles possivelmente habitado por espécies desconhecidas, ia se tornando mais difícil defender que a criação existisse para uso exclusivo e benefício dos moradores humanos de um diminuto planeta. O velho mundo

Apesar disso e das significativas alterações que se deram na relação entre homem e natureza, o modo de pensar antropocêntrico predominou, como se evidenciou no debate sobre a evolução travado no século XIX.[106] Neste modo de pensar, o meio ambiente é visto pelo viés da "utilidade": importa enquanto útil para a vida, saúde ou interesses do homem e não possui valor em si.[107] [108] Isso implica que, no âmbito jurídico-penal, não se reconheça autonomia a bens jurídicos ambientais.

Como observa Tomás Grings Machado, esta leitura "não faz outra coisa se não reforçar as clássicas formas de proteção do homem, deixando de lado toda e qualquer proteção ao meio ambiente enquanto tal".[109] Paulo Vinicius Sporleder de Souza observa que, nesta forma de ver, os bens jurídicos são humanos, e não ambientais e ecológicos. Assim sendo: segundo essa concepção, "nos crimes cometidos contra o meio ambiente, são sujeitos passivos apenas o indivíduo – este titular de bens jurídicos individuais (por exemplo, vida, saúde, etc.) – e/ou a coletividade – esta titular de bens jurídicos supra-individuais (por exemplo, saúde pública, qualidade de vida comunitária, etc.)".[110]

3.2. A CONCEPÇÃO ECOCÊNTRICA

A concepção ecocêntrica foi influenciada pela cultura do *Deep Ecology*, afasta-se da compreensão antropocêntrica e parte do pressu-

---

sublunar era apenas uma ínfima fração do imenso universo celestial que agora se sabia existir." (THOMAS, 1988, p. 198 e ss.).

[106] THOMAS, 1988, p. 201.

[107] Esta forma de compreender a natureza é reflexo de uma forma de estar no mundo, que se identifica com o "pensamento que calcula" (Martin Heidegger), em que a natureza é transformada em um "posto de abastecimento" (HEIDEGGER, 1959, p. 19).

[108] Para exemplificar esta concepção, é elucidativa uma afirmação de Guilherme Costa Câmara, quando o autor fundamenta o porquê de os recursos naturais não portarem valor quando não estão vinculados ao homem: "Sabe-se que no planeta Marte existe um meio ambiente natural (aliás, há indícios de que exista água congelada em seus pólos), no entanto, enquanto o homem lá não se fizer presente, não existe sentido lógico-jurídico em pretender-se proteger aquele objeto sideral." (CÂMARA, Guilherme Costa. O direito penal secundário e a tutela das gerações futuras. In: D'AVILA, Fabio Roberto; SOUZA, Paulo Vinicius Sporleder de. *Direito penal secundário*: estudos sobre crimes econômicos, ambientais, informáticos e outras questões. São Paulo: Revista dos Tribunais, 2006. p. 215-243. p. 235).

[109] MACHADO, 2008, p. 150.

[110] SOUZA, Paulo Vinicius Sporleder. O meio ambiente (natural) como sujeito passivo de crimes ambientais. In: D'AVILA, Fabio Roberto; SOUZA, Paulo Vinicius Sporleder de. *Direito penal secundário*: estudos sobre crimes econômicos, ambientais, informáticos e outras questões. São Paulo: Revista dos Tribunais, 2006b. p. 245-280. p. 270 e s.

posto de que a natureza tem valor autônomo. Em outras palavras, a natureza é vista como um fim em si, e a sua proteção jurídico-penal justifica-se independentemente de qualquer relação com o homem.[111]

Em estudos recentes, Ricardo Timm promoveu uma releitura da obra de Emmanuel Levinas e inaugurou uma construção que parece fundamentar validamente as concepções que reconhecem uma dimensão ecológica. Na sua releitura, o autor propõe que a alteridade levinasiana seja reconhecida também na relação com a natureza (e não apenas nas "relações humanas"), compreendendo-se, assim, que ela – a natureza – tem valor em si. Diante da importância e da coerência da reconstrução de Ricardo Timm, passa-se a fazer uma sucinta análise.

3.2.1. A natureza e a ética da alteridade

Ricardo Timm observa que a natureza é vista, hodieramente, arraigada de "elementos romantizados e suavizadores" e é compreendida "destacada" do mundo concreto. E, segundo o autor, nesta lógica, a reflexão a tende a distanciar-se da realidade:

> [...] ela tende a criar um mundo mais suave para si, onde reine soberana, onde a Natureza "esteja contida na palavra que a designa" e onde, apesar de tudo, certos elementos incômodos – resquícios de um mundo "pré-ecológico", com as questões sociais – não reivindiquem um espaço demasiado.[112]

Essa compreensão gera uma visão totalizante da natureza: ela é entendida como um "todo igualitário", composta por elementos inanimados que teriam voz própria. Assim, ganha espaço um discurso que alivia a consciência e não permite perceber que se usa aquilo que Ricardo Timm denomina de "esquemas viciados de compreensão da própria ideia de Natureza".[113]

Inicialmente, o autor registra que a unidade entre a natureza e o homem foi entendida como algo positivo no curso da história. Compreendia-se – e ainda se verifica tal compreensão – que eles devem manter uma unidade original, que foi quebrada quando o homem reduziu a sua distância da natureza não humana, em termos de destrutividade, visando, exclusivamente, a satisfazer suas necessidades.[114]

Neste discurso de unidade, parte-se da premissa de que a natureza estaria no ser humano; e este, naquela, sem qualquer conflito

---

[111] SOUZA, 2006b, p. 271.
[112] SOUZA, 1996, p. 152.
[113] SOUZA, 1996, p. 153.
[114] SOUZA, 1996, p. 154.

ou diferenciação.¹¹⁵ Enfim, tem-se a repetição de um discurso antropocêntrico, mas, agora, como observa Marcelo Pelizzoli, "pela forma antropomórfica e diluidora de indiferenciação".¹¹⁶

Nessa forma de ver, compreende-se que só seria possível salvar a natureza se o homem a sentisse como a si mesmo: a destruição da natureza identifica-se, portanto, com a aniquilação do homem e das gerações que lhe sucedem.¹¹⁷ Passa-se, agora, a analisar as consequências de uma tal forma de compreender a relação entre o homem e a natureza, bem como a possibilidade de apreendê-la pelo viés da alteridade.

3.2.1.1. Alteridade. O ser humano decisor e a exterioridade da natureza. Uma proposta de releitura da obra levinasiana

Como se sabe, Emmanuel Levinas "reconstruiu" o sujeito, partindo do que ele denominou de ética primeira – radicada no outro, no seu rosto e na alteridade do eu. Analisando essa teoria, Moysés Pinto Neto observa que o filósofo foi de encontro à tradição que tentava resolver os conflitos entre o outro e o mesmo com a redução daquele a este. Pelo contrário: o autor propôs que o mesmo levasse em consideração, tivesse sempre em conta, a irredutibilidade do outro.¹¹⁸

Essa concepção significa estabelecer uma antropologia "não antropocêntrica", "não egoica", "não alérgica" ao outro, e funda-se na "responsabilidade" por esse outro.¹¹⁹ O outro é um estranho, é alheio, é um antirreflexo do mesmo, e a sua presença evidencia o seu não parentesco com o mesmo, bem como a impossibilidade de ser reduzido ao mesmo. Essa separação, essa "externidade" do outro, é sua "presença mesma", é o "conteúdo próprio de sua presença", a qual prescinde da ideia do mesmo para existir.¹²⁰ ¹²¹

---

¹¹⁵ PELIZZOLI, 1999, p. 154.

¹¹⁶ PELIZZOLI, 1999, p. 30.

¹¹⁷ SOUZA, 1996, p. 166 e s.

¹¹⁸ PINTO NETO, Moysés da Fontoura. *O rosto do inimigo*: uma desconstrução do direito penal do inimigo como racionalidade biopolítica. 2007. Dissertação (Mestrado em Direito) – Pontifícia Universidade Católica do Rio Grande do Sul, Porto Alegre, 2007. p. 164.

¹¹⁹ SOUZA, Ricardo Timm. *Sujeito, ética e história*: Lévinas, o traumatismo infinito e a crítica da filosofia ocidental. Porto Alegre: EDIPUCRS, 1999. p. 163-164.

¹²⁰ SOUZA, Ricardo Timm. *Razões plurais*: itinerários da racionalidade no século XX: Adorno, Bérgson, Derrida, Levinas, Rosenzweig. Porto Alegre: EDIPUCRS, 2004. p. 168 e s.

¹²¹ Nas palavras de Emmanuel Levinas: "A ruptura da totalidade não é um operação de pensamento, obtida por simples distinção entre termos que se atraem ou, pelo menos, se alinham. O vazio que a rompe só pode manter-se contra um pensamento, fatalmente totalizante e sinóptico, se o pensamento se encontra em face de um Outro, refractário à categoria. Em vez de constituir

No discurso de unidade entre ser humano e natureza, Ricardo Timm observa e denuncia que há uma contradição, que se evidencia com a própria compreensão de "alteridade". "Alteridade" significa a "absoluta intocabilidade ética da condição de 'outro' do Outro", daquele que não se reduz ao mesmo, que não se deixa totalizar. Assim, a totalidade vai de encontro à alteridade, negando-a.[122] Por isso, a unidade entre natureza e homem só pode ocorrer com o afastamento da alteridade, e a unidade acaba representando a própria destruição da natureza.

Neste contexto, Ricardo Timm registra que é necessário compreender o ser humano como um ser que não pertence à natureza. Isso porque "o Homem decisor decide a sorte da Natureza e, escolhendo a convergência unificante, escolhe também seu 'status' originário de "não inteiramente-natural".[123]

Mais, o autor ressalta a necessidade de reconhecer a exterioridade da natureza. "O núcleo da Exterioridade consiste na Concretude irredutível do Outro, ou seja, no fato de que, a se preservar o outro como Outro, este não pode de nenhuma forma se deixar abstrair, generalizar".[124] Isso porque "a essência da Alteridade do Outro é sua própria singularidade absoluta".[125] [126]

---

com ele, como um objeto, um total, o 'pensamento consiste em falar'. [...] Mas dizer que o Outro pode permanecer absolutamente Outro, que não entra na relação do discurso, é dizer que a própria história – identificação do Mesmo – não pode ter a pretensão de totalizar o Mesmo e o Outro. O absolutamente Outro – cuja alteridade, no plano pretensamente comum da história, a filosofia da imanência sobrepuja – conserva a sua transcendência no seio da história. O Mesmo é essencialmente identificação no diverso, ou história, ou sistema. Não sou eu que me recuso ao sistema, como pensava Kierkegaard, é o Outro." (LEVINAS, Emmanuel. *Totalidade e infinito*. 3. ed. Lisboa: Ed. 70, 2008. p. 26 e s.).

[122] SOUZA, 1996, p. 154 e s. SOUZA, 1996, p. 154.

[123] SOUZA, 1996, p. 157.

[124] SOUZA, 1996, p. 158.

[125] SOUZA, 1996, p. 158.

[126] Nas palavras de Levinas: "O ser é exterioridade: o próprio exercício do seu ser consiste na exterioridade, e nenhum pensamento poderia obedecer melhor ao ser do que deixando-se dominar pela exterioridade. A exterioridade é verdadeira, não num aspecto lateral que a capta na sua oposição à interioridade, mas num frente a frente que já não é inteiramente visão, mas vai mais longe do que visão; o frente a frente estabelece-se a partir de um ponto separado da exterioridade tão radicalmente que se aguenta por si próprio, é eu; de maneira que qualquer outra relação que não partisse desse ponto separado e, consequentemente, arbitrário (mas cuja arbitrariedade e separação se produzem de uma maneira positiva como eu)."[...] "O homem enquanto Outrem chega-nos de fora, separado – ou santo – rosto. A sua exterioridade – quer dizer, o seu apelo a mim – é a sua verdade. A minha resposta não se junta a um 'núcleo' da sua objectividade como um acidente, mas 'produz' apenas a sua verdade (que o seu 'ponto de vista' sobre mim não poderá abolir)." Por fim: "O frente a frente – relação última e irredutível que nenhum conceito pode abranger sem que o pensador que pensa tal conceito se encontre de imediato em face de um novo interlocutor – torna possível o pluralismo da sociedade." (LEVINAS, 2008, p. 287 e s.).

Ricardo Timm destaca, ainda, que alteridade do outro não pode ser encarada como uma categoria abstrata: ao contrário, deve ser vista e compreendida como "pura concreção" que convida, que chama, ao "encontro ético".[127] Essa concreção, explica o autor, constitui a existência do outro: "O Outro possui, apesar de tudo – apesar da Totalidade – 'realidade'; e essa realidade reluz desde 'fora de um centro de decisão'."[128]

E é necessário indagar onde está o outro, qual o seu lugar:

> Ele não está no espaço do Mesmo, ou seria o mesmo, de certo modo. Isso porque a realidade ontológica do Mesmo não pode suportar nada em si – "em seu lugar" – que não seja ele mesmo ou seus reflexos. O Mesmo, por sua natureza unificada, totalizada, não pode admitir o compartilhamento de espaços. No lugar do Mesmo, somente o Mesmo: este lugar não é mais, em última análise, do que a ordenação ou a determinação espacial da realidade do Mesmo. A Totalidade só pode, enquanto Totalidade, ocupar "totalitariamente" o seu espaço, o espaço original de seu desdobramento. "O espaço ocupado pela Totalidade é a conquista original da Totalidade em seu processo de totalização".[129]

E parece acertada a conclusão de Ricardo Timm de que a natureza não pertence ao mesmo; a sua concretude não está no mesmo. "Ela é um outro espaço, ainda que imediatamente próxima do centro energético do Mesmo e sujeita aos influxos deste".[130]

Ela pode – e provavelmente deva – ser compreendida como a "espacialidade original do outro enquanto Outro". Assim, "o Outro mora na Natureza", e ela é "substrato de sua concreção". Neste ponto, é possível, na esteira de Ricardo Timm, estabelecer certa (ou uma quase) "convertibilidade" entre natureza e alteridade, já que aquela é o espaço do outro.[131] Para o autor, esta "convertibilidade" faz-se imprescindível:

> A Natureza, portanto, na qual a Alteridade do Outro "é", é apenas concebível em sentido o mais profundo e completo, quando de nenhuma forma concebível como cúmplice da Totalidade, ou seja, quando também ela "é" Alteridade. O espaço do absolutamente Outro só pode ser assim concebido, em sentido estrito e de máxima coerência, como também absolutamente Outro. As relativizações, nesse caso, não fazem senão o jogo da totalização e da neutralização do diferente.[132]

Enfim, parece possível, adequada e legítima essa forma de ver a natureza, com um olhar ético sobre todos os seres, sejam humanos ou

---

[127] SOUZA, 1999, p. 169.
[128] SOUZA, 1999, p. 169.
[129] SOUZA, 1996, p. 158.
[130] SOUZA, 1996, p. 158 e s.
[131] SOUZA, 1996, p. 159.
[132] SOUZA, 1999, p. 170.

não. Ricardo Timm traz como exemplo a questão da água, abordando que, se as formas de administração, de uso e de cuidado não forem alteradas, verificar-se-ão situações graves, calamitosas. E isso deve atrair o homem para fora dele mesmo; trata-se de "concretude absoluta". E, destaca-se, esta argumentação, que prescinde da existência de qualquer outro ser humano e que se limita a um "elemento químico", é suficiente, como bem registra o autor, para constatar que a alteridade está "além das nossas representações".[133]

A conclusão de Ricardo Timm é feita fora do âmbito das ciências criminais e deve ser trazida de forma ponderada, sem considerações exageradas no sentido, por exemplo, de transformar todo e qualquer ser em sujeito passivo de todo e qualquer crime ecológico. Em um primeiro momento, parece que o reconhecimento da alteridade significará, apenas, a constatação de que o meio ambiente tem valor em si e de que o homem tem um dever de tutelá-lo, independentemente do reflexo ou utilidade que isso possa ter nas relações humanas.

3.3. A CONCEPÇÃO ECOLÓGICO-ANTROPOCÊNTRICA

A última concepção a ser analisada é a "ecológico-antropocêntrica", também denominada de "teoria mista". Como a própria nomenclatura indica, esta teoria afasta-se tanto de uma leitura puramente ecológica quanto de uma puramente antropocêntrica e parece ser a mais adequada para a leitura dos crimes ambientais.

No que tange a essa concepção, é importante lembrar o contributo de Lothar Kuhlen, descrito por Fabio D'Avila[134] e Tomás Grings Machado.[135] O autor alemão – tratando especificamente do delito de poluição de águas – compreende que uma concepção ecocêntrica acaba por igualar a "profanação da água" a um delito de lesão corporal. Optou, então, pela concepção ecológico-antropocêtrica.

De acordo com essa teoria, o bem protegido no delito de "contaminação das águas" deve ser analisado em dois momentos, sendo o primeiro vinculado ao antropocentrismo e o segundo ao ecocentrismo. Aquele consiste no "interesse, a longo prazo, da coletividade na conservação das águas como fundamento da vida ou 'Ressourcen do Homem'". Para a identificação da ofensa – de dano ou de perigo –,

---

[133] SOUZA, Ricardo Timm. Bases filosóficas da bioética e sua categoria fundamental: visão contemporânea. *Revista Bioética*, Juiz de Fora, v. 13, n. 2, 2005. Disponível em: <http://www.portalmedico.org.br/revista/bio13v2/artigos/artigo01.htm>. Acesso em: 10 nov. 2009.

[134] D'AVILA, 2005, p. 387, nota 232.

[135] MACHADO, 2008, p. 152 e s.

torna-se necessária a "concretização", que Lothar Kuhlen propõe que se dê por meio da "função" exercida pelo recurso natural (no caso, água) no momento da conduta.[136]

Passado o momento de cunho antropocêntrico, deve-se adentrar no segundo momento e deve-se fazer uma análise ecológica. O bem jurídico é, então, compreendido como "Biotop", "como espaço de vida, digno de proteção, para animais e plantas." Disso resulta, observa Fabio D'Avila:[137]

> [...] que as funções de determinadas águas deixam-se interpretar como bem jurídico concretamente protegido pelo §324 StGB, na concepção "fundamentos da vida de homens, animais ou plantas" ("Lebensgrundlagen für Menschen, Tiere oder Pflanzen"), que, assim entendidos, admitem sem qualquer problema, ser lesados ou concretamente postos-em-perigo, por condutas individualmente consideradas, como bem ilustram as hipóteses de morte de peixes ou inutilização de uma fonte de água potável.

Assim, por meio dessa concepção, tem-se, como explica Fabio D'Avila, uma compreensão "complexa e supraindividual do bem jurídico", tornando-se possível o reconhecimento da tutela do meio ambiente mesmo quando não referenciado ao homem.[138] O autor observa a dificuldade de ocorrência dessa situação, uma vez que, em geral, uma ofensa ao meio ambiente implica a afetação do interesse humano.[139] Lembra, então, um exemplo de Jorge de Figueiredo Dias, em que o autor português traz uma hipotética situação de extinção de uma espécie de ave,[140] sem que isso afete – direta ou indiretamente – o interesse do homem. E Fabio D'Avila conclui pelo reconhecimento de um "valor jurídico-penalmente tutelado" e por uma "autêntica ofensa de dano/violação",[141] mesmo que ausente a referência ao homem.

Tomás Grings Machado também chega a tais conclusões, posicionando-se, da mesma forma, pela possibilidade de valoração do

---

[136] D'AVILA, 2005, p. 387, nota 232.

[137] D'AVILA, 2005, p. 387, nota 232.

[138] D'AVILA, 2005, p. 387, nota 232.

[139] D'AVILA, 2005, p. 388, nota 235.

[140] Ao trazer o referido exemplo, Jorge de Figueiredo Dias também compreende que ocorreu uma lesão a um bem ecológico. Parece, contudo, buscar uma justificativa – deve-se dizer: indireta e distante – no homem, na medida em que o fundamento da tutela seria que a ave seria "patrimônio de todos", da geração presente e das futuras. Nas suas palavras: "[...] também aí se verifica a lesão de um bem jurídico ecológico merecedor e carente de tutela penal, ainda que tais aves sejam absolutamente insusceptíveis de utilização – por exemplo, para fins alimentares – por parte do homem. Não consigo descortinar aqui, ao menos em via de princípio, ofensa de um qualquer bem jurídico individual, possibilidade de referência a ele ou cadeia dedutiva que a ele conduza. E todavia, as aves referidas, se bem que não 'utilizáveis' por quem quer que seja, já nascido ou ainda não nascido, constituem um patrimônio de todos. Se as não protegermos, as gerações futuras não terão a possibilidade de as apreciar, apesar de que nós tenhamos podido fazê-lo!" (DIAS, 2001, v. 1, p. 383 e s.).

[141] D'AVILA, 2005, p. 388, nota 235.

meio ambiente independentemente dos interesses humanos.[142] Observa, ainda, que esta foi opção legislativa e lembra os art. 225, *caput*, da Constituição Federal[143] e o art. 3, III, da Lei 6.938/81.[144] [145]

Também Paulo Vinicius Sporleder de Souza posiciona-se pela concepção antropocêntrico-ecocêntrica (ou antropocêntrica relacional). Afirma que o meio ambiente é um "fim em si mesmo", mas que deve ter "em vista a ideia relacional de responsabilidade do homem não só para com a natureza, mas também para com as gerações futuras".[146] Interessante dizer que, para o autor, o meio ambiente deve ser compreendido como "objeto material" e "sujeito passivo" de delitos.[147] Diante disso, compreende que o meio ambiente, a coletividade e a humanidade são "cotitulares" ou "coportadores" de valores ecológicos (ex. a vida dos animais e a pureza das águas).[148]

3.4. APONTAMENTOS SOBRE A PROTEÇÃO DAS GERAÇÕES FUTURAS. A SOLIDARIEDADE INTERGERACIONAL.

No âmbito doutrinário[149] e, com menor intensidade, no jurisprudencial,[150] tem-se verificado uma crescente preocupação com a tutela

---

[142] O que não significa dizer, destaca o autor, que o meio ambiente não se encontre referenciado ao homem. Em suas palavras: "Significa apenas que essa sua autonomia independe de qualquer apreciação ou importância previamente realizada pelo ser humano ou por seus interesses." (MACHADO, 2008, p. 155).

[143] "Art. 225. Todos têm direito ao meio ambiente ecologicamente equilibrado, bem de uso comum do povo e essencial à sadia qualidade de vida, impondo-se ao Poder Público e à coletividade o dever de defendê-lo e preservá-lo para as presentes e futuras gerações."

[144] "Art 3º – Para os fins previstos nesta lei, entende-se por: [..] III – poluição, a degradação da qualidade ambiental resultante de atividades que direta ou indiretamente: a) prejudiquem a saúde, a segurança e o bem-estar da população; b) criem condições adversas às atividades sociais e econômicas; c) afetem desfavoravelmente a biota; d) afetem as condições estéticas ou sanitárias do meio ambiente; e) lancem matérias ou energia em desacordo com os padrões ambientais estabelecidos; [...]"

[145] MACHADO, 2008, p. 154.

[146] SOUZA, 2006b, p. 272.

[147] O autor, é importante dizer, vai de encontro ao posicionamento doutrinário majoritário, que compreende o meio ambiente como um bem jurídico-penal (SOUZA, 2006b, p. 246).

[148] SOUZA, 2006b, p. 273.

[149] Sobre as obrigações das gerações do presente com as do futuro, François Ost lembra que o filósofo americano Jonh Rawls foi o primeiro – em obra datada de 1971 – a abordar que as gerações do presente deveriam economizar recursos para aquelas vindouras. O autor relata que a questão surgiu no quadro de uma ambiciosa teoria da justiça, que visava a critérios "universalmente válidos" (OST, François. *A natureza à margem da lei*: ecologia à prova do direito. Tradução de Joana Chaves. Lisboa: Instituto Piaget, 1995. p. 320 e ss.). Compreendendo que existem deveres de proteção do meio ambiente que transcendem à geração presente, faz-se referência, a tí-

das gerações futuras. Partindo-se de um "princípio da solidariedade intergeracional", defende-se – com cada vez mais frequência – a observância de uma "justiça intergeracional", entre gerações distintas, portanto.[151] Para Francesco Lettera, esta tendência:

> [...] evidencia a preocupação com os usos atuais dos recursos e com os seus efeitos que podem se manifestar para além dos horizontes da presente geração; o dever de solidariedade pela conservação do patrimônio natural assume uma nova dimensão e é projetado no tempo.[152]

Arthur Kaufmann, por exemplo, destaca a importância de "criação de direitos judicialmente exigíveis das gerações futuras a condições dignas de vida".[153] O autor compreende que as dificuldades legislativas são superáveis e que o mais complicado será achar um ponto de consenso entre os Estados.[154]

---

tulo meramente exemplificativo (BORDIN, Fernando Lusa. Justiça entre gerações a proteção do meio ambiente: um estudo do conceito de equidade intergeracional em um direito internacional ambiental. *Revista de Direito Ambiental*, São Paulo, ano 13, n. 52, p. 38-61, out./dez. 2008. passim; CÂMARA, 2006; CARVALHO, Délton Winter de. A sociedade do risco global e o meio ambiente como um direito personalíssimo intergeracional. *Revista de Direito Ambiental*, São Paulo, n. 52, p. 27-35, out./dez. 2008. passim; FENSTERSEIFER, 2008, p. 206 e s.; MARCHESAN, 2010. p. 63 e s. MILARÉ, Edis; LOURES, Flavia Tavares Rocha. Meio ambiente e os direitos da personalidade. *Revista de Direito Ambiental*, São Paulo, ano 10, v. 37, p. 11-27, jan./mar. 2005. p. 18; SOUZA, 2006b, p. 272; TEIXEIRA, Orci Paulino Bretanha. *O direito ao meio ambiente ecologicamente equilibrado como direito fundamental*. Porto Alegre: Livraria do Advogado, 2006. p. 94).

[150] O Supremo Tribunal Federal já citou, em julgados, a necessidade de preservação do meio ambiente para as gerações futuras. No julgamento da ADIN 3540 MC/DF, o rel. Ministro Celso Mello referiu que esta obrigação de proteção do meio ambiente projeta-se para o Estado e para a coletividade "em benefício das presentes e futuras gerações, evitando-se, desse modo, que irrompam, no seio da comunhão social, os graves conflitos intergeracionais marcados pelo desrespeito ao 'dever de solidariedade' na proteção da integridade desse bem essencial de uso comum de todos quantos compõem o grupo social." Ainda: "A preocupação com o meio ambiente – que hoje transcende ao plano das presentes gerações, para também atuar em favor das futuras gerações [...] tem constituído, por isso mesmo, objeto de regulações normativas e de proclamações jurídicas, que, ultrapassando a província meramente doméstica do direito nacional de cada Estado soberano, projetam-se no plano das declarações internacionais, que refletem, em sua expressão concreta, o compromisso das Nações com o indeclinável respeito a este direito fundamental que assiste a toda Humanidade." ADIN 3540 MC / DF, rel. Ministro Celso de Mello, Tribunal Pleno, j. 01/9/05, Requerente: Procuradoria Geral da República, Requerido: Presidente da República, j. em 1º/ 9/2005. Disponível em www.stf.gov.br Acesso em 10 de maio de 2010. Também: BRASIL. Supremo Tribunal Federal. Mandado de Segurança n. 22164-0/ SP. Antônio de Andrada Ribeiro Junqueira "versus" Presidente da República. Relator: Ministro Celso de Mello. Julgado em 30/10/1995. Disponível em www.stf.gov.br Acesso em 10 de maio de 2010.

[151] FENSTERSEIFER, 2008, p. 206.

[152] Tradução livre. No original "[...] evidenzia l'inquietudine per gli usi attuali delle risorse e per i loro effetti che possono manifestarsi oltre l'orizzonte delle generazioni presente; il dovere di solidarietà per la conservazione del patrimonio naturale assume una nuova dimensione ed è proiettato nel tempo.": LETTERA, Francesco. *Lo Stato ambientale. Il nuovo regime delle risorse ambientali*. Paris: Giuffre, 1990. p. 4.

[153] KAUFMANN, 2004, p. 452.

[154] KAUFMANN, 2004, p. 452.

Carla Amado Gomes, por sua vez, em constatação menos otimista, destaca as dificuldades que surgem ao se tratar de uma "solidariedade intergeracional". Diz a autora que essa solidariedade:

> [...] não consegue ultrapassar o limiar da obrigação moral, em virtude dos obstáculos práticos [ausência de representatividade política (dos interesses) das gerações futuras], jurídicos (inexistência de mecanismo de imputação de responsabilidade das gerações futuras relativamente às anteriores), científicos (impossibilidade de atestar, com absoluta certeza, a inocuidade e irreversibilidade de certas intervenções ambientais), sociais (dificuldades: – de travar a introdução de inovações tecnológicas que constituem uma melhoria aos olhos da geração presente; – de explicar a necessidade de alteração ou mesmo eliminação de hábitos presentes em nome de hipotéticos interesses das gerações futuras) que reveste.[155]

Discorrendo sobre o tema especificamente no âmbito das ciências criminais, Jorge de Figueiredo Dias observa que a questão (tutela das gerações futuras) é atinente aos fundamentos e à legitimidade do direito penal e que se tornou, repentinamente, uma "questão do destino" desse espaço jurídico.[156] Partindo da ideia de risco da própria subsistência da vida, o autor diz ser necessário que a humanidade se torne "sujeito comum da responsabilidade pela vida"[157] e refere que o direito penal não deve se afastar dos graves problemas da atualidade, pois os outros ramos do direito não seriam suficientes. Nessa linha, registra que o direito penal tem uma "função diferenciadora" e que é "indiscutível que a força conformadora dos comportamentos do direito civil e do direito administrativo é 'menor' do que a do direito penal; como menor é, por isso, a força estabilizadora das expectativas comunitárias na manutenção da validade da norma violada, neste sentido, a sua força preventiva [...]".[158]

Jorge de Figueiredo Dias destaca que isso não deve implicar que se busque a solução de todos os problemas na intervenção penal: não é por meio do direito penal que se alcançará a resolução dos riscos globais e a "resolução" do problema da subsistência. O papel desse específico ramo jurídico está em tentar manter os riscos no "comunitariamente suportável", de forma que estes não coloquem em risco os "fundamentos naturais da vida".[159]

---

[155] Segundo Carla Amado Gomes, o que resta – no Ordenamento Jurídico português – é a bem intencionada alínea do n. 2 do art. 66º da Constituição, que prevê a promoção do "aproveitamento racional dos recursos naturais, salvaguardando a sua capacidade de renovação e a estabilidade ecológica." (GOMES, 2007, p. 162).

[156] DIAS, 2003, p. 1123.

[157] DIAS, 2003, p. 1124.

[158] DIAS, 2003, p. 1127.

[159] DIAS, 2003, p. 1128. Também: DIAS, 2001, v. 1, p. 376 e s.

Partindo de ideias semelhantes e buscando o fundamento axiológico da tutela das gerações futuras, Guilherme Costa Câmara afirma que, "também no plano jurídico-penal, a humanidade deve ser perspectivada como um anel ou um círculo formado por incontáveis elos existenciais, por gerações – passadas, presentes e futuras –, conexão genética sucessiva de que depende a 'continuidade' da nossa espécie".[160] O autor observa, ainda, que não se deve estabelecer qualquer escala axiológica entre a convivência das gerações atuais e daquelas que virão:

> Dentro do conceito de bem jurídico que adotamos ("bens vitais imprescindíveis para a convivência humana em sociedade"), tendo como certo e líquido que o homem só pode viver em sociedade, não se nos parece legítimo estabelecer um "desnível" ou "escalonamento axiológico" entre a convivência em sociedade desfrutada pelas presentes gerações, daquela convivência em sociedade que as gerações futuras merecem gozar – e necessariamente gozarão se projetarmos a humanidade como um "continuum" insuscetível de desvinculação da idéia de sociedade, "como uma realidade", "rectius" uma "entidade real excepcionalmente frágil", daí revelar-se plenamente factível empregar uma carga valorativa apta a hipostasiar a proteção das futuras gerações no cerne da categoria político-jurídica do bem jurídico penal, sob um ponto de vista funcional (necessidade de subsistência futura do sistema social) inclusive.[161]

A atitude de proteção das gerações futuras é, na visão de José de Faria Costa, nobre, todavia, diz o autor, faz-se necessário indagar: "proteger as gerações futuras à custa de quê?". Ainda: "poderá o direito penal proteger o futuro tão longínquo das gerações futuras? E qual ou quais gerações? A geração que vem imediatamente a seguir a nós ou aqueloutra que olimpicamente e com certo desdém nos olhará daqui a uns 100 ou 200 anos?".[162]

O autor acrescenta, ainda, que a tutela das gerações futuras implicaria que o direito penal deixasse de ser mínimo, de ser utilizado apenas em *ultima ratio*. Mais: "O ir procurar além, isto é, no futuro, uma âncora para produzir uma disciplina normativa como a que o direito penal representa tem consequências, impõe que se abandone, por exemplo, e através de uma única ilustração, para sermos breves, o princípio da causalidade".[163]

Posteriormente, o autor trabalha com o conceito de "presente aberto", "que não é outra coisa se não a admissão da importância que

---

[160] CÂMARA, 2006, p. 231.

[161] CÂMARA, 2006, p. 233 e s.

[162] COSTA, José de Faria. Apontamentos para umas reflexões mínimas e tempestivas sobre o direito penal hoje. *Revista Brasileira de Ciências Criminais*, São Paulo, ano 17, n. 81, p. 36-47, nov./dez. 2009. p. 40.

[163] COSTA, J., 2009, p. 40.

o futuro tem que ter ao direito penal".[164] Todavia, destaca o autor, o fundamento deve estar no "presente": não naquele presente dos instantes, da ocasião, mas, sim, naquele que evidencia os problemas do quotidiano.[165] Nas precisas palavras do autor:

> O que queremos é que o direito penal se preocupe com a criminalidade organizada, sobretudo com aquela de cariz transnacional; se preocupe com o terrorismo, também ele de matriz internacional ou mesmo transnacional e sem coloração – pelo menos aparente – ideológica; se preocupe com a efectiva e concreta punição de actos de corrupção de modo que um tal comportamento não se transforme em uma doença endêmica tolerada; se preocupe com as manifestas violações ambientais, visíveis – e elas são tantas – no presente; se preocupe a construir, em um sistema organizado dentro de um perfil mundial, novas normas de aplicação da lei penal no espaço; se preocupe a ser um direito penal de corpo inteiro e não um direito penal que admita, como boa ou até desejável, uma fissura nos seus objectivos e na definição das suas regras elementares; se preocupe em ter como referente inescapável a proteção de bens jurídicos que possam encontrar referência na Constituição ou em espaços normativos de igual dignidade; se preocupe com a hipertrofia insustentável da caracterização; se preocupe em ser defesa, uma cidadela, dos direitos fundamentais de todos, do argüido à vitima.[166]

Essas preocupações englobam tarefas que resguardam o futuro das gerações mais próximas, que são, para o autor, as únicas que estão racionalmente no âmbito do direito penal de hoje.[167] [168] Enfim, pela exposição, parece que José de Faria Costa compreende que o foco inicial e principal do direito penal deve ser o presente e, apenas indiretamente, as gerações do futuro; sendo que estas (gerações do futuro) não apresentam a consistência, densificação, daquele (presente).

Em suma, parece legítima a preocupação com as "gerações futuras", mas, no âmbito jurídico-criminal, essa tutela deve ocorrer, como bem observa José de Faria Costa, apenas como reflexo da preocupação

---

[164] COSTA, J., 2009, p. 47.
[165] COSTA, J., 2009, p. 47.
[166] COSTA, J., 2009, p. 47.
[167] COSTA, J., 2009, p. 47.
[168] Segundo José de Faria Costa, o "núcleo agregador" desta responsabilidade só pode ser encontrado na "projeção real" do que será vivido por pessoas concretas – homens e mulheres reais – que são "vítimas" daquilo que é feito pelas pessoas de hoje: "Não somos responsáveis pelas gerações futuras. Somos responsáveis pelos homens e mulheres reais, concretos, que o futuro há-de trazer dentro dessa categoria formal a que chamamos gerações. São estas pessoas de carne e osso que nos interrogam do futuro e não uma qualquer abstração, mesmo que densificada na categoria de 'geração futura'. São eles ou elas, homens e mulheres, de corpo inteiro, que exigem, hoje, de nós, respostas. Que nos interpelam. Que nos olham interrogativos. Que exigem de nós actos responsáveis em que o silêncio não é possível. Talvez ainda melhor: em que o silêncio é a forma mais violenta de decisão." (COSTA, José de Faria. A linha (algumas reflexões sobre a responsabilidade em um tempo de "técnica" e de "bio-ética"). In: LINHAS de direito penal e de filosofia: alguns cruzamentos reflexivos. Coimbra: Coimbra, 2005a. p. 27-42. p. 41 e s.).

com o presente. Mais uma vez, fazem-se pertinentes as palavras do autor, ao tratar do direito penal: "Sejamos humildes no pedir na medida em que só esta virtude pode racionalmente travar a soberba de o querermos transformar alquimicamente em coisa outra [...]".[169]

---

[169] COSTA, J., 2009, p. 47.

Capítulo II
Crimes omissivos

1. Crimes omissivos. Noções introdutórias

No estudo da teoria geral do delito, a "ação" sempre ocupou um lugar de destaque; a "omissão", por sua vez, foi relegada a um segundo plano. Justamente por isso, pela atribuição desse papel secundário à omissão, verificam-se sensíveis atrasos doutrinários na elaboração de uma "dogmática autônoma" dos crimes omissivos.[170] E esses atrasos fizeram com que tivessem espaço diversas tentativas de explicar o delito omissivo por meio das estruturas próprias do crime comissivo, ou, ainda, simplesmente considerando aquele como oposto deste.[171]

Com a ocorrência cada vez mais frequente dos delitos praticados na forma omissiva e com o aumento de sua importância, verificou-se, nos últimos anos, uma intensificação do interesse dogmático, e os crimes omissivos passaram a ser compreendidos como um "modelo específico" de crime, estruturalmente autônomo.[172] Em outras palavras: passou-se a reconhecer que a omissão "[...] não é uma forma que possa derivar do agir e nem de seu simples oposto"; trata-se "[...] simplesmente de algo diferente, algo diverso, e, como tal, deve ser estudado".[173]

Apesar de ser um espaço com muitas divergências e incertezas, a doutrina encontrou alguns (poucos) pontos de consenso em torno do crime omissivo. O primeiro deles é que essa espécie delitiva tem

---

[170] FIANDACA, Giovanni; MUSCO, Enzo. *Diritto penale*: parte generale. 3. ed. Bologna: Zanichelli, 2000. p. 524 e s

[171] Este trabalho não comporta o desenvolvimento de tais teorias, remetendo-se à análise feita por Fabio D'Avila (D'AVILA, Fabio Roberto. A ação como conceito compreensivo do agir e omitir (linhas críticas ao conceito de Ação como Oberbegriff). In: FAYET, Ney (Org.). *Ensaios em homenagem ao professor Alberto Rufino*. Porto Alegre: Ricardo Lenz, 2003. p. 279-304. p. 280-304). Especificamente sobre o "princípio da inversão", de Armin Kaufmann, segundo o qual à estrutura do crime omissivo corresponderia um efeito dogmático inverso ao que se depara no crime comissivo, ver: KAUFMANN, Armin. *Dogmática de los delitos de omisión*. Trad. da 2. ed. alemana por Joaquín Cuello Contreras e José Luis Serrano González de Murillo. Madrid: Marcial Pons, 2006. p. 103 e s.

[172] Também: MANTOVANI, Ferrando. Causalità, obbligo di garanzia e dolo nei reati omissivi. *Rivista Italiana di Diritto e Procedura Penale*, Milano, p. 984-1010, 2004. p. 985.

[173] D'AVILA, 2003, p. 301.

uma natureza meramente normativa.[174][175] Vincula-se, portanto, a uma realidade do "dever ser" jurídico-penal, e não do "ser".[176] Nesse sentido, José de Faria Costa identifica o "omitir" como alteração do "real construído" (diferentemente do "fazer", que implica uma alteração do "real verdadeiro"):[177]

> O fazer releva-se, sem dúvida, através de uma qualquer conduta, só que esta conduta arrasta, implacavelmente, uma mudança no mundo exterior do real verdadeiro. O "omittere" é de igual modo – desde que olhado pela óptica de uma apreensão global da vida enquanto "comunicatio" – uma manifestação inequívoca do modo-de-ser humano, um comportamento que, como tal, deve ser lido e valorado, mas que não desencadeia, não causa, só por si, alterações ao mundo exterior, alterações ao real verdadeiro.

Outro ponto de consenso é a ideia de que a omissão jurídico-penalmente relevante não é a simples inação, a inércia, a passividade. A ideia da omissão está, invariavelmente, vinculada a algo que deveria

---

[174] Como observa Fabio D'Avila, durante algum tempo, tiveram espaço teorias em prol de uma concepção naturalística da omissão, cujos principais doutrinadores foram Luden e Beling. Aquele referiu que a causa de uma hipótese omissiva deveria ser procurada em uma ação positiva. Isso porque, enquanto se omite, o sujeito pratica outra ação, como, por exemplo, um simples distanciamento do local. Já em Beling, a omissão era compreendida como um "processo físico interno do agente", consistente na "contenção dos nervos motores" (D'AVILA, 2005, p. 184 e ss.). Analisando o ordenamento jurídico brasileiro, Alcidez Munhoz Netto relata que, ao tempo do Brasil colônia, não foram feitos estudos doutrinários voltados à omissão, não se conhecendo a figura dos "crimes omissivos impróprios". Observa, ainda, que comentadores do Código Imperial não deram destaque à matéria e que, na vigência do Código Republicano, compreendia-se a omissão naturalisticamente (MUNHOZ NETTO, Alcidez. Os crimes omissivos no Brasil. *Revista de Direito Penal e Criminologia*, Rio de Janeiro, n. 33, p. 5-29, jun. 1982. p. 6 e s.).

[175] No âmbito do direito penal italiano, idêntica posição é adotada por Giovanni Findaca e Enzo Musco. Os autores referem que a disputa entre as teorias "ontológica" e "normativa" não é, atualmente, uma das que mais agita a doutrina, pois falharam os esforços para encontrar uma dimensão física: FIANDACA; MUSCO, 2000, p. 530. Ainda no direito penal italiano: BETTIOL, Giuseppe. *Diritto penale*: parte generale. 6. ed. Padova: CEDAM, 1966. p. 218 e ss.; CADOPPI, Alberto; VENEZIANI, Paolo. *Elementi di diritto penale*: parte generale. 2. ed. Padova: Cedam, 2004. p 190; MANTOVANI, Ferrando. *Principi di diritto penale*. Padova: CEDAM, 2002. p. 58. No direito penal português: DIAS, Jorge de Figueiredo. *Direito penal*: parte geral. 2. ed. São Paulo: Revista dos Tribunais, 2007. v. 1, p. 930. No direito penal argentino: TERRAGNI, Marco Antonio. Omisión impropia y posición de garante. *Revista de Derecho Penal y Criminología*, Madrid, p. 1227-1244, 1996. p. 1229. Discorrendo sobre o direito penal brasileiro: DOTTI, René Ariel. *Curso de direito penal*: parte geral. Rio de Janeiro: Forense, 2005. p. 304. FRAGOSO, Heleno Cláudio. *Lições de direito penal*: parte geral. 15. ed. rev. por Fernando Fragoso. Rio de Janeiro: Forense, 1995. p. 228. TAVARES, Juarez. *As controvérsias em torno dos crimes omissivos*. Rio de Janeiro: ILACP, 1996. p. 30. TOLEDO, Francisco de Assis. *Princípios básicos de direito penal*. 5. ed. São Paulo: Saraiva, 1994. p. 116). Também os Tribunais compreendem, há algum tempo, que a natureza do crime omissivo é meramente normativa. A título exemplificativo, lembra-se o *Habeas Corpus* n. 68.871, julgado pelo Superior Tribunal de Justiça: BRASIL, Superior Tribunal de Justiça, *Habeas Corpus* n. 68.871 – PR. Impetrante: Luiz Antônio Câmara e outro. Impetrado: Sétima Turma do Tribunal Regional Federal da 4 Região. Paciente: Bayard Maciel Monteiro Evangelho. Relator(a) Ministra Maria Thereza de Assis Moura, Relator(a) p/ Acórdão Ministro Og Fernandes, Sexta Turma, j. em 06/8/2009. Disponível em: http://www.stj.jus.br. Acesso em: 18 jan. 2010.

[176] D'AVILA, 2005, p. 186 e s.

[177] COSTA, 1996, p. 392.

ser feito. Ou ainda: como observa Franz von Liszt, omitir é como conjugar um "verbo transitivo";[178] [179] faz-se, sempre, necessário um complemento. Isso porque quem não faz não faz algo que deveria ter sido feito; e, evidentemente, é imprescindível conhecer esse "algo" para compreender se a omissão apresenta relevância jurídico-penal.

Essa ideia é bem sintetizada por Heleno Fragoso:[180] [181]

> [...] Omissão não é inércia, não é não-fato, não é inatividade corpórea, não é, em suma, o simples não fazer. Mas sim não fazer algo, que o sujeito podia e devia realizar. Em conseqüência, não se pode saber, contemplando a realidade fenomênica, se alguém omite alguma coisa. Só se pode saber se há omissão referindo a atividade ou inatividade corpórea a uma norma que impõe o dever de fazer algo que não está sendo feito e que o sujeito podia realizar.

Diante disso, evidencia-se que o surgimento de um delito omissivo está vinculado à normatividade jurídico-penal. Nas palavras de Fabio D'Avila: "A omissão, enfim, surge para assumir o papel do fenômeno jurídico-penalmente relevante, diante do 'descumprimen-

---

[178] Nas palavras de Franz von Liszt: "Omissão é, em geral, o não emprehendimento de uma ação determinada e esperada. Omittir é verbo transitivo: não significa deixar de fazer de um modo absoluto, mas deixar de fazer alguma cousa, e, na verdade, o que era esperado. Não dizemos de uma pessoa que nos deixou de saudar, de visitar, de convidar, se não devêssemos esperar por parte dessa pessoa a saudação, a visita, o convite. O direito só se occupa com a omissão injuridica. Ella é injuridica, quando ha um dever juridico que obriga a obrar." (LISZT, Franz von. *Tratado de direito penal allemão*. Traduzido e comentado por José Hygino Duarte Pereira. Local: Rio de Janeiro, 1899. t. 1, p. 208).

[179] Atualmente, André Leite faz considerações semelhantes. Nas palavras do autor: "Omitir' é conjugar sempre um verbo transitivo – não fazer 'algo'. Donde, só conhecendo esse 'algo' pode caracterizar-se o 'non facere' e, antes disso, saber se o mesmo comporta relevância criminal." (LEITE, André Lamas. *As posições de garantia na omissão impura*: em especial a questão da determinibilidade penal. Coimbra: Coimbra, 2007. p. 82).

[180] FRAGOSO. Heleno Cláudio. Crimes omissivos no direito brasileiro. *Revista de Direito Penal e Criminologia*, Rio de Janeiro, v. 33, p. 41-47, jan./jun. 1982b. p. 44.

[181] Como se referiu, esse é um ponto de consenso na doutrina. Dentre outros autores, vale lembrar: BOTREL, Alexandre Carlos. Concurso de pessoas nos delitos omissivos. *De Jure – Revista Jurídica do Ministério Público do Estado de Minas Gerais*, Belo Horizonte, n. 12, p. 152-179, jan./jun. 2009. p. 154. COSTA JÚNIOR, Paulo José da. *Código penal comentado*. 8. ed. São Paulo: DJP, 2005. p. 45. FRANCO, Alberto Silva; STOCO, Rui. *Código penal e sua interpretação jurisprudencial*. São Paulo: Revista dos Tribunais, 2001. v. 1, p. 226 e s.; HUNGRIA, Nelson. FRAGOSO, Heleno. *Comentários ao código penal*. 5. ed. Rio de Janeiro: Forense, 1978. v. 1, p. 11. MANZINI, Vicenzo. *Trattato di diritto penale italiano*. Torino: Unione Tipografico-Editrice Torinese, 1950. v. 1, p. 600 e s.; MUÑOZ CONDE, Francisco. *Teoria geral do delito*. Tradução e notas de Juareza Tavares e Luiz Regis Prado. Porto Alegre: Fabris, 1988. p. 29 e s.; ZAFFARONI, Eugênio Raúl; PIERANGELI, José Henrique. *Manual de direito penal brasileiro*. 7. ed. São Paulo: Revista dos Tribunais, 2007. v. 1, p. 464; WESSELS, Johannes. *Direito penal (aspectos fundamentais)*. Tradução do original alemão e notas por Juarez Tavares. Porto Alegre: Fabris, 1976. p. 161. Essa é, também, a compreensão dos Tribunais e, aqui, pode-se lembrar o Recurso em Habeas Corpus n. 67286, julgado há mais de vinte anos pelo Supremo Tribunal Federal, quando se afirmou que o omitir só tem importância se vinculado à norma penal (BRASIL, Supremo Tribunal Federal, Recorrente: Antônio Ferreira de Oliveira. Recorrido: Tribunal de Alçada Criminal de São Paulo. Segunda Turma, rel. Carlos Madeira, julgado em 31 de março de 1989).

to de um mandamento que, recepcionado em âmbito jurídico-penal, obrigava o sujeito a atuar'". [182]

Ainda nestas noções introdutórias, deve-se diferenciar o crime omissivo do comissivo; e o ponto distintivo é a "normatividade". Enquanto o delito omissivo deriva da violação de uma norma mandamental, preceptiva, o delito comissivo surge quando da violação de uma norma proibitiva.[183]

Deve-se ter claro, ainda, que o crime omissivo restringe muito mais a liberdade da pessoa do que o delito comissivo; e isso é consequência da própria diferença da norma violada. A norma proibitiva visa a impedir uma determinada ação; a norma mandamental, por sua vez, ordena uma específica conduta e proíbe todas as outras que dela se diferenciem.

Assim sendo: no delito omissivo, estão proibidos todos os comportamentos que se diferenciem daquele previsto na norma mandamental. O comportamento determinado, previsto, é o único admitido pelo ordenamento jurídico e o único a afastar a configuração da infração penal.[184] Em outras palavras, a norma mandamental eleva a delito qualquer conduta diferente daquela prevista como devida,[185] tornando-se irrelevante o que o omitente faça em vez da ação mandada.

1.1. OS DELITOS OMISSIVOS PRÓPRIOS E IMPRÓPRIOS

A doutrina observa que os delitos de omissão podem ser próprios e impróprios, mas diverge sobre como diferenciar um de outro. Atu-

---

[182] D'AVILA, 2005, p. 189. No mesmo sentido, ao tratar do crime omissivo e observar a deficiência do finalismo: "Sua natalidade está necessariamente condicionada a exigências axiológicas, 'in casu', pela norma penal, ou seja, somente haverá omissão, caso haja uma determinação de agir, caso o sujeito tenha deixado de praticar uma ação que era exigida dele. Não há como cogitar a omissão de uma ação, sem o dever de praticá-la. Assim, para a formulação de um qualquer juízo acerca da 'omissão de uma ação', é preciso uma referência típica prévia à consideração acerca da ação final, de forma a identificar a existência de um dever descumprido, o que, por conseguinte, como se percebe, subtrai totalmente a pretendida dimensão pré-típica do finalismo." (D'AVILA, 2003, p. 288).

[183] Atualmente, trata-se de ponto de consenso na doutrina. A título exemplificativo, ver: BITENCOURT, Cezar Roberto. *Tratado de direito penal*: parte geral. 3. ed. São Paulo: Saraiva, 2008. v. 1, p. 235; D'AVILA, 2005, p. 202; JESCHECK, Hans-Heinrich. *Tratado de derecho penal*: parte general. Traducción José Luis Manzanares Samaniego. 4. ed. Granada: Comares, 1993. p. 547.

[184] D'AVILA, 2005, p. 250 e s.

[185] ZAFFARONI, Eugênio Raúl. Panorama atual da problemática da omissão. Tradução de José Carlos Fragoso. *Revista de Direito Penal e Criminologia*, Rio de Janeiro, n. 33, p. 30-40, 1982. p. 38. Também: ZAFFARONI; PIERANGELI, 2007, v. 1, p. 463.

almente, os principais critérios são o do resultado e o do tipo legal.[186] Para aquele critério, o crime omissivo próprio configura-se como a "mera desobediência ao mandamento legal", independentemente da produção do resultado. O delito omissivo impróprio, por sua vez, tem sua existência ligada ao resultado típico, que o sujeito tem o dever de evitar.[187] Nas palavras de Marta Felinto:[188]

> Se é essencial a todos os crimes o evento jurídico, isto é, a lesão ou perigo de lesão do bem jurídico tutelado, só alguns crimes têm um evento material ou resultado exigível no momento consumativo do crime. O crime de omissão imprópria é, neste sentido, um crime material ou de resultado, porque é punido em função do desvalor do resultado. Resultado este entendido, nas omissões impróprias, como o não impedimento do evento lesivo pela ação devida e que foi omitida. Inversamente, nas omissões próprias, como contraponto dos crimes de mera actividade, o impedimento do resultado,

---

[186] Fabio D'Avila elenca e distingue alguns dos principais critérios classificatórios: o normológico, o de Rolf Dietrich Herzeberg, o do garante e o lógico objetivo de Bernd Shünemann. O primeiro deles, o critério normológico, vale-se da norma violada: sendo preceptiva, haveria delito omissivo próprio; sendo proibitiva, ter-se-ia um delito omissivo impróprio. O segundo critério, de Rolf Dietrich Herzberg, consiste na seguinte compreensão: os crimes omissivos próprios seriam os que o tipo admite a realização unicamente por meio de uma omissão, enquanto os impróprios ocorreriam, também, por meio de uma ação. Para o terceiro critério, o do garante, a distinção entre os delitos dar-se-ia em virtude do "dever de garante", imprescindível nos delitos omissivos impróprios e ausente nos omissivos próprios. O quarto critério, o lógico objetivo de Bernd Shünemann, trabalha com a equiparação dos delitos comissivos: impróprias são as omissões equiparáveis às ações, e próprias são aquelas não equiparáveis (D'AVILA, 2005, p. 217 e ss.). Sobre o critério de Bernd Shünemann: SCHÜNEMANN, Bernd. *Fundamentos y límites de los delitos de omisión impropia:* con una aportación a la mitología del derecho penal. Tradução de Joaquín Cuello Contreras y José Luis Serrano González de Murillo. [S.l.]: Marcial Pons, 2009. p. 74 e s. Como se disse, esses são os principais critérios. Alguns doutrinadores mesclam essas formas de classificação e outros buscam novas formas. Francisco de Assis Toledo, por exemplo, parece mesclar os critérios do resultado e do tipo legal: "Estes crimes – os omissivos – se dividem em duas grandes classes: omissivos próprios e omissivos impróprios ou comissivos por omissão. Os primeiros, os omissivos próprios, são crimes de mera conduta (exemplo: omissão de socorro) para cuja configuração se prescinde do nexo causal. Já nos crimes omissivos impróprios ou comissivos por omissão, há sempre um resultado em consideração, atribuído à conduta do omitente, surgindo a questão de saber se se deve, ou não, exigir algum nexo causal – e de que tipo – entre essa conduta omissiva e o resultado. Note-se que os crimes omissivos próprios são necessariamente previstos em tipos específicos (arts. 135, 244, 246, 269, etc.), ao passo que os omissivos impróprios, ao contrário, se inserem na tipificação comum dos crimes de resultado, de que são exemplos o homicídio (art. 121), a lesão corporal (art. 129) etc., passíveis em bom número de serem cometidos por omissão." (TOLEDO, 1994, p. 116). Francisco Muñoz Conde, por sua vez, distingue três modalidades de delitos omissivos: os de pura omissão, de omissão e resultado e de comissão por omissão. Para o autor, aqueles representam a mera infração de um dever, como, por exemplo, o art. 135 do Código Penal. Esses vinculam a omissão a um resultado, como o art. 135, parágrafo único, do mesmo diploma legal, ao prever majoração de pena quando da ocorrência de superveniente lesão corporal ou morte. Estes, por sua vez, configuram-se quando a omissão se associa a um resultado, mas, no tipo concreto, não está prevista a comissão omissiva (MUÑOZ CONDE, 1988, p. 31 e s.). Sobre os critérios de diferenciação, ver também: LEITE, 2007, p. 56 e ss.

[187] D'AVILA, 2005, p. 219 e ss.

[188] RODRIGUES, Marta Felinto. *A teoria penal da omissão e a revisão crítica de Jakobs.* Coimbra: Almedina, 2000. p. 20.

apesar de ser, na maior parte dos casos, a "ratio" do preceito, não tem reflexo na descrição típica do delito consumado.

A autora compreende que esse é o melhor critério, pois apreende as "peculiaridades material-estruturais" da omissão imprópria.[189] E, vale dizer, esse critério conta importantes defensores no ordenamento jurídico dos mais diversos países, como Johannes Wessles, Hans-Heinrich Jescheck, Giuseppe Bettiol, Aníbal Bruno e Alcidez Munhoz Neto.[190]

O segundo critério referido, o do tipo legal, foi elaborado por Armin Kaufmann. Segundo o autor, a distinção entre os crimes omissivos próprios e os impróprios reside na própria tipificação legal. Aqueles estão diretamente tipificados; enquanto estes não têm um tipo específico.[191]

Hans-Heinrich Jescheck critica este critério, abordando ser formal e externo. Nas palavras do autor: "A ello procede replicar que de ese modo se borra la diferencia material entre los delitos propios e impropios de omisión y se prescinde del dato de que en la misma ley hay delitos impropios de omisión que deben tratarse de otra forma que los propios".[192] Também Bernd Shünemann critica o critério, afirmando que, com essa delimitação positivista, se encontra um conceito básico, mas insuficiente para o seu estudo, uma vez que alguns tipos expressamente previstos encontram a mesma estrutura (equiparação aos delitos comissivos) dos crimes omissivos impróprios.[193]

Apesar das críticas, parece que a classificação de Armin Kaufmann se apresenta como a mais adequada. Isso porque, como observa Fabio D'Avila, é simples e clara e, ainda, "não se compromete com o conteúdo material do objeto classificado".[194] Mais: confere flexibilidade para o desenvolvimento da estrutura dogmática do crime omissi-

---

[189] RODRIGUES, 2000, p. 20.

[190] Na doutrina alemã: WESSELS, 1976, p. 157 e s.; JESCHECK, 1993, p. 550 e s. Na doutrina italiana: BETTIOL, 1966, p. 218; MANTOVANI, 2002, p. 58 e s. Ainda na doutrina italiana, Alberto Cadoppi e Paolo Veneziani posicionam-se pelo critério do resultado. Identificam, além dos crimes omissivos próprios e impróprios, o que denominam de crimes de conduta mista, como, por exemplo, o delito de insolvência fraudulenta, quando o sujeito, em um primeiro momento, contrai uma obrigação (sem a intenção de cumpri-la) e, depois, efetivamente não a cumpre: CADOPPI; VENEZIANI, 2004, p. 191. Na doutrina portuguesa: MARQUES, 1999, p. 123. Na doutrina brasileira (BIERRENBACH, Sheila A. *Crimes omissivos impróprios*: uma análise à luz do Código Penal Brasileiro. 2. ed. Belo Horizonte: Del Rey, 2002. p. 60 e s.; BRUNO, Aníbal. *Direito penal*: parte geral. Rio de Janeiro: Forense, 1967. t. 2, p. 219; MUNHOZ NETO, 1982, p. 5 e s.).

[191] KAUFMANN, 2006, p. 284 e ss.

[192] JESCHECK, 1993, p. 552.

[193] SCHÜNEMANN, 2009, p. 74 e s.

[194] D'AVILA, 2005, p. 230

vo, o que é positivo em razão do estágio ainda principiante da matéria.[195]

Esta é, também, a compreensão de André Leite, que considera um critério operatório e facilitador para o magistrado. O autor observa, ainda, que a opção legislativa de prever expressamente um determinado delito omissivo encontra-se na esfera de disponibilidade do legislador, representando um "ato de soberania" democraticamente legitimado.[196]

Deve-se dizer que o critério do tipo legal também conta com diversos e importantes defensores em diferentes países: além de Fabio D'Avila e André Leite, adotam esse critério, por exemplo, Giovani Fiandaca, Enzo Musco, Jorge de Figueiredo Dias e Eduardo Novoa Monreal.[197] Mais: foi o critério adotado quando do Congresso de Direito no Cairo, em 1984, em que se afirmou:[198]

> Levando-se em consideração que o critério de distinção entre crimes omissivos "genuínos" e "não-genuínos" não é uniforme na doutrina, e para se evitar uma desnecessária parcialidade, levando-se em conta o fato de que, do ponto de vista da política criminal, é mais importante distinguir entre os casos em que há tipificação legal daqueles em que se depende de uma interpretação judicial de um tipo de crime por ação, nós adotamos a terminologia, "crimes omissivos legalmente tipificados"(conhecidos como crimes omissivos genuínos) e "crimes omissivos não legalmente tipificados"(conhecidos como crimes de comissão por omissão ou crimes omissivos não-genuínos).[199]

Armin Kaufmann – elaborador do critério ora em análise – observa que esta forma de distinção não resolve os problemas do delito

---

[195] D'AVILA, 2005, p. 230.

[196] LEITE, 2007, p. 74.

[197] Nas palavras de Jorge de Figueiredo Dias: "Crimes puros ou próprios de omissão seriam aqueles em que a PE referencia (expressamente) a omissão como forma de integração típica, descrevendo os pressupostos fácticos donde deriva o dever jurídico de actuar ou, em todo o caso, referindo aquele dever e tornando o agente garante do seu cumprimento. Diversamente, delitos impuros ou impróprios de omissão seriam os não especificamente descritos na lei como tais, mas em que a tipicidade resultante de uma cláusula geral de equiparação da omissão à ação, como tal legalmente prevista e punível na PG [...]" (DIAS, 2007, v. 1, p. 913 e s.). No mesmo sentido: FIANDACA; MUSCO, 2000, p. 528 e s. NOVOA MONREAL, Eduardo. *Fundamentos de los delitos de omisión*. Buenos Aires: Depalma, 1984. p. 129 e s.

[198] INTERNATIONAL CONGRESS OF PENAL LAW, 13. 1984, Cairo. *Resolutions of the Congresses of the International Association of Penal Law (1926-2004)*. Cairo: International Association of Penal Law, 2009. n. 21. p. 111-128. p. 112.

[199] Tradução livre. No original: "Given the fact that the criterion for distinguishing between genuine and non-genuine crimes of omission is not uniform in the doctrine, and in order to avoid an unnecessary partiality, taking into account the fact that in the view-point of criminal policy, it is more important to distinguish between cases of legal typification and cases where typification depends on judicial interpretation of a type of offence by action, we adopt the terminology, 'legally typified omissive offences' (known as genuine crimes of omission) and 'non-legally typified omissive offences' (known as crimes of commission by omission or non-genuine of omission).

de omissão imprópria, cuja concepção e delimitação seguem sendo político-criminalmente difíceis e problemáticas desde a perspectiva do princípio da legalidade.[200] Assiste razão ao autor e, justamente por isso, é imprescindível o estudo do fundamento e dos limites do "dever de garantia" (ponto central, verdadeira "pedra de toque",[201] da omissão impura"). E, neste domínio – lembra André Leite – foi Armin Kaufmann quem se destacou na busca pela "materialização" das posições de garantia.[202]

1.2. CRITÉRIOS PARA AFERIÇÃO DO VÍNCULO DE GARANTIA

A doutrina parece estar de acordo com esse instituto ("dever de garantia") ser um dos conceitos que mais dificuldades coloca ao jurista. Günter Jakobs, por exemplo, refere que "la determinación del garante es una de las tareas más difíciles de la Parte General".[203] André Leite, por sua vez, afirma que "o seu concreto preenchimento, ou seja, as específicas 'fontes' ou 'planos', é, não obstante o labor da doutrina e da jurisprudência, um dos mais inquietantes domínios de toda a ciência penal".[204] Por fim, nas palavras de Maria Angeles Cuadrado Ruiz: "[...] hasta hoy no se ha encontrado un único principio en el que fundamentar la posición de garante y que haya sido ampliamente aceptado".[205] [206]

No histórico da elaboração dos deveres de garantia, toda essa dificuldade evidencia-se: doutrina e jurisprudência sempre discutiram – e ainda discutem – uma série de tópicos sem conseguir precisar o fundamento e os limites do dever do garante. Fala-se muito da problemática da lei, do contrato, da ingerência, do monopólio, dos deve-

---

[200] KAUFMANN, 2006, p. 284 e ss.

[201] LEITE, 2007, p. 74.

[202] LEITE, 2007, p. 74.

[203] JAKOBS, Günter. *Derecho penal*: parte general: fundamentos y teoria de la imputación. Traducción: Joaquin Cuello Contreras e Jose Luis Serrano Gonzalez de Murillo. 2. ed. Marid: Marcial Pons, 1997. p. 968.

[204] LEITE, 2007, p.17 e s.

[205] RUIZ, M. Angeles Cuadrado. La Posición de Garante. *Revista de Derecho Penal y Criminología*, Buenos Aires, n. 6, p. 11-67, jul. 2000. p. 11-67. p. 21

[206] Interessante, ainda, lembrar as palavras de Enrique Gimbernat Ordeig ao referir que, depois de uma discussão de mais de um século sobre a omissão imprópria, "[..] apenas sabemos nada sobre su contenido e su alcance." Segundo autor, provavelmente, não há outro espaço no direito penal em que concorram tantas discrepâncias nas resoluções dos casos concretos: ORDEIG, Enrique Gimbernat. El Delito de Omisión Impropia. *Revista de Derecho Penal y Criminología*. Julio 1999. p. 525 – 553. p. 525 e ss.

res de solidariedade e da relação de proximidade, mas, em regra, não se busca o porquê, o "sentido social" dessa responsabilização. Mais: a preocupação com os limites resta em um segundo plano, verificando-se uma tendência em estender, cada vez mais, as obrigações do garantidor.

A importância da matéria é indiscutível, fazendo-se imprescindível um olhar cuidadoso sobre as discussões que têm sido travadas em torno do "vínculo de garantia". Isso porque, como bem observa José de Faria Costa, é ele – o "vínculo de garantia" – que dá fundamento à imputação sem que se verifique uma responsabilidade sem tipicidade ou mesmo uma tipicidade diminuída. Mais: é este vínculo que permite a equiparação axiológica do *non facere* ao *facere*.[207]

Em meio a tantas discussões, é possível identificar, atualmente, alguns poucos pontos de consenso; e um deles é que o "dever de garantia" deve ser jurídico.[208] Um "dever jurídico" não é o mesmo que um "dever legal": uma lei, isoladamente, não pode – ou, ao menos, não deveria – consubstanciar um "dever de garantia". Quando se fala em "dever jurídico", deve-se compreender que se pressupõe – para a existência de um "dever de garantia" – "juridicidade", uma "relação de confiança" apta a produzir efeitos jurídicos. Disso deriva a compreensão de que o direito penal não tutelará e nem imporá deveres meramente morais.[209]

---

[207] COSTA, 1996, p. 391.

[208] Neste sentido: BETTIOL, 1966, p. 241; BITENCOURT, 2008, v. 1, p. 235. CARVALHO, Américo Taipa. *Direito Penal*: parte geral: questões fundamentais: teoria geral do crime. 2. ed. Coimbra: Coimbra, 2008. p. 560 e ss.; FRAGOSO, 1995, p. 232; JESCHECK, 1993, p. 565; LEITE, 2007, p. 146 e 196; MANTOVANI, Ferrando. L'obbligo de garanzia ricostruito Alla luce dei principi di legalità, di solidarietà, di liberta e di responsabilità personale. *Rivista Italiana di Diritto e Procedura Penale*, Milano, p. 337-352, 2001. p. 340 e s.; MANTOVANI, 2002, p. 58; MUÑOZ CONDE, 1988, p. 30; MUNHOZ NETTO, 1982, p. 89; OLIVEIRA, José Luiz de. Delitos omissivos impróprios no novo Código Penal (projeto 1981). *Julgados do Tribunal de Alçada Criminal de São Paulo*, São Paulo, v. 77, p. 14-20, jan./mar. 1984. p. 16. SANTOS, André Teixeira dos. O dever de agir nos crimes omissivos impróprios (breve análise crítica de alguns casos). *Revista da Faculdade de Direito da Universidade de Lisboa*. Coimbra Editora, 2001. p. 1261 – 1328. p. 1283. SOUZA, Carmo de Antônio de. *Fundamentos dos crimes omissivos impróprios*. Rio de Janeiro: Forense, 2003. p. 87; WESSELS, 1976, p. 162. Deve-se ressalvar a opinião de Hans Welzel: o autor cita enquanto deveres de garantidor o dever de evitar atos desonestos e o dever de esclarecimento derivado de relações comerciais com especial confiança, nas quais uma das partes depende da honestidade da outra. Tais deveres são morais, mas o autor compreende que "não se deve entender que 'meros' deveres morais poderiam fundamentar a punibilidade por um delito de omissão: sempre entram em questão deveres ético-sociais, juridicamente relevantes, vale dizer, aqueles que são imprescindíveis para a vida em comum, estejam ou não regidos por normais legais." (WELZEL, Hans. *Direito penal*. Tradução de Afonso Celso Rezende. Campinas: Romana, 2003. p. 294 e s.).

[209] Nesse sentido: CUNHA, José M. de Damião. Algumas reflexões críticas sobre a omissão imprópria no sistema penal português. In: LÍBER discipulorum para Jorge de Figueiredo Dias. Coimbra: Coimbra, 2003. p. 481-539. p. 500.

Outro ponto de consenso é que "deveres genéricos" de agir, "deveres de comunidade", não são suficientes para configurar o "dever de garantia". Pelo contrário: a condição de garantidor surge de "deveres específicos".

Nesse sentido, estão, por exemplo, as colocações de Sheila Bierrenbach, ao afirmar que o dever de garante vai além de deveres gerais, característicos dos crimes omissivos próprios. Sobre o "dever específico", a autora afirma, acertadamente, que é vinculado apenas ao garante; "diverso daquele outro dever nascido, de forma imediata, da norma preceptiva, contida na Parte Especial do Código Penal, que obriga a todos, indistintamente".[210][211]

Na mesma linha, está Alcidez Munhoz Netto, exemplificando com a inexistência do dever de evitar crimes políticos:[212][213]

> Paralelamente, não há obrigação de evitar crimes pela circunstância de a lei atribuir responsabilidades genéricas a todos os cidadãos. Por isso, nenhum dever de evitar crimes políticos decorre do preceito da Constituição brasileira, de que toda pessoa é responsável pela Segurança Nacional (art. 86). Esta diluída responsabilidade programática não transforma cada cidadão em garante da ordem político-social, posto que isto implicaria convertê-lo em agente de organizações policiais, com infração à liberdade em agente de organizações policiais, com infração à liberdade de não ser obrigado a fazer parte de qualquer associação, consagrada na declaração universal dos direitos do homem (art. XX, 1).

---

[210] A autora continua: "Deste modo, à luz do art. 135 do estatuto penal, que tipifica a 'omissão de socorro', cabe a todos cumprir o mandamento legal, agindo para evitar ou tentar evitar que o perigo que ronda o bem jurídico protegido pela norma efetive-se, transformando-se em dano. Trata-se, pois, de 'dever genérico de proteção'. Nos crimes omissivos impróprios, entretanto, cabe somente aos garantes, diante de uma situação de perigo que paire sobre o bem jurídico de outrem, agir para conjurá-lo. 'Dever específico', portanto. 'Dever especial de proteção'." (BIERRENBACH, 2002, p. 91 e s.).

[211] Para Miguel Reale Júnior: "A simples referência a um genérico 'dever de comunidade' não pode ser elemento integrador do tipo penal comissivo por omissão. O 'dever de comunidade' tem validade no plano ético, tendo também indiscutível relevância jurídica como 'critério informador', no plano hermenêutico, mas não como 'dado integrante do tipo'. Quando se passa à perspectiva de que o dever de agir é dado constitutivo do tipo, a conclusão apenas pode ser no sentido de que seu significado amplo e aberto contraria a exigência também constitucional, da reserva legal [...]" (REALE JÚNIOR, Miguel. *Instituições de direito penal*. Rio de Janeiro: Renovar, 2002. p. 262. O autor já trouxera ideias semelhantes em obras mais antigas: REALE JÚNIOR, Miguel. *Parte geral do código penal (nova interpretação)*. São Paulo: Revista dos Tribunais, 1988. p. 46 e s.; REALE JÚNIOR, Miguel. *Teoria do delito*. 2. ed. São Paulo: Revista dos Tribunais, 2000. p. 187).

[212] MUNHOZ NETO, 1982, p. 23.

[213] O autor refere-se ao art. 86 da Constituição de 1967, que tinha a seguinte redação: "Art. 86. Tôda pessoa, natural ou jurídica, é responsável pela segurança nacional, nos limites definidos em lei." Atualmente, a previsão está no "caput" do art. 144 da Constituição: "Art. 144. A segurança pública, dever do Estado, direito e responsabilidade de todos, é exercida para a preservação da ordem pública e da incolumidade das pessoas e do patrimônio, através dos seguintes órgãos [...]".

Esses são pontos em que se identifica, atualmente, consenso. Fora deles, existem muitas dúvidas e divergências doutrinárias e jurisprudenciais sobre o fundamento e a extensão do dever de garantia. Passa-se, então, a fazer um breve excurso sobre os principais critérios, quais sejam, o formal, o material e o material-formal.

1.2.1. O critério formal

Inicialmente, Anselm Ritter von Feuerbach identificou a lei e o contrato como fontes do dever de garantia. Posteriormente, Stübel tratou de um terceiro elemento, qual seja, a criação de um perigo anterior pelo omitente (ingerência). Estas três fontes – lei, contrato e ingerência – constituem os fundamentos da "teoria formal do dever de garantia",[214] também chamada de "teoria clássica".

Quanto à lei, André Leite refere que foi a fonte que gerou menos problemas, menos dúvidas, pois, por se tratar de uma "emanação directa" daquilo que o legislador objetiva, ter-se-ia uma garantia da conformidade com a "legalidade estrita".[215] O autor aborda que o conceito de lei deve ser compreendido de forma ampla, não se limitando a normas jurídico-penais. Pelo contrário: o conceito de lei abrange determinações de outros ramos do direito, mormente do direito civil e administrativo.[216] Estão aqui as normas de direito de família, como, por exemplo, o dever dos pais com relação aos filhos.[217]

Paulo José da Costa Júnior, Luiz Luisi e Carmo Antônio de Souza interpretam de forma ainda mais ampla o conceito de "lei". Para aquele autor, "[...] decretos com valor legiferante, ordem legítima de autoridade (inclusive aquelas emanadas de decisões judiciais), preceitos consubstanciados em determinados regulamentos poderão gerar

---

[214] DIAS, 2007, v. 1, p. 934.

[215] LEITE, 2007, p. 152.

[216] LEITE, 2007, p. 152.

[217] Juarez Tavares observa que, mesmo antes da indicação no Código Penal de que a mãe deveria responder por ação quando deixasse seu filho morrer, já se verificava esta orientação na doutrina. Segundo o autor, "esta conclusão sempre foi tomada arbitrariamente pela doutrina, com base no costume, fazendo deste uma fonte de incriminação, o que violava o princípio da legalidade e toda a tradição liberal." Não é demais referir que, para Juarez Tavares, o art. 384 do Código Civil – hoje já revogado – não contemplava esta forma de responsabilidade, pois se limitava a obrigar que os pais criassem e educassem seus filhos. Segundo o autor, apenas o art. 229 da Constituição (abaixo transcrito) passou a contemplar o dever de assistência, o que acaba por abranger o dever de alimentar e de proteger os filhos: TAVARES, 1996, p. 66 e s. Também: TAVARES, Juarez. Alguns aspectos da estrutura dos crimes omissivos. *Revista do Ministério Público*, Rio de Janeiro, n. 1, p. 123-155, jan./jun. 1995. p. 146. O art. 229 da Constituição Federal conta com a seguinte redação: "Art. 229. Os pais têm o dever de assistir, criar e educar os filhos menores, e os filhos maiores têm o dever de ajudar e amparar os pais na velhice, carência ou enfermidade."

obrigação de intervir para o impedimento do evento".[218] Para Luiz Luisi, no conceito de lei, enquadrar-se-ia qualquer disposição que possa dar ensejo a um vínculo jurídico. Segundo o autor, "é o caso dos decretos, regulamentos, das portarias, e mesmo das sentenças judiciais e provimentos judiciários em geral, e até de ordem legítima de autoridade hierarquicamente superior".[219] No mesmo sentido, posiciona-se Carmo Antônio de Souza, ressaltando, apenas, a imprescindibilidade de a ordem hierárquica e de a decisão judicial estarem conforme a lei e nos limites de competência daqueles que as prolataram.[220]

Não se pode concordar com tal ampliação. Os autores utilizaram o conceito de lei em uma acepção genérica, que transcende, em muito, o conceito técnico-jurídico.

Para análise do vínculo de garantia, importa a concepção técnica e restrita. A "lei", como se sabe, é uma regra ou um conjunto de regras escritas. Miguel Reale observa que isso não é tudo: para que haja uma "lei", é necessária a introdução de algo de novo e de obrigatório no ordenamento jurídico, regulando-se atividades individuais ou públicas. O autor observa, ainda, que apenas a "lei" – em seu sentido técnico – é capaz de "inovar no Direito já existente", ou seja, de conferir, de forma originária, "direitos e deveres" a que todos devem respeito. Diante disso, conclui o autor:[221]

> A essa luz, não são leis os regulamentos ou decretos, porque estes não podem ultrapassar os limites postos pela norma legal que especificam ou a cuja execução se destinam. Tudo o que nas normas regulamentares ou executivas esteja em conflito com o disposto na lei não tem validade, e é suscetível de impugnação por quem se sinta lesado. A "ilegalidade" de um regulamento importa, em última análise, num problema de inconstitucionalidade, pois é a Constituição que distribui as esferas e a extensão do "poder de legislar", conferindo a cada categoria de ato normativo a força obrigatória que lhe é própria.

Como se disse, apenas a lei – em seu sentido estrito e técnico – pode ser fonte para a análise do dever de garantia. Não é possível a utilização de decretos, ordens de superiores hierárquicos e decisões judiciais. Primeiro, porque estes – decretos, ordens e decisões – não são leis. E considerá-los como fonte de posição de garantia representaria uma interpretação extensiva para fins de incriminação, que, como

---

[218] COSTA JÚNIOR, Paulo José da. *Direito penal objetivo*: comentários ao Código Penal e ao Código de Propriedade Industrial. Rio de Janeiro: Forense Universitária, 2003. p. 30.

[219] LUISI, Luiz. Os Delitos Omissivos Impróprios e o Princípio da Reserva Legal. In: ARAÚJO JUNIOR, João Marcello de (Org.). *Ciência e política criminal em honra de Heleno Fragoso*. Rio de Janeiro: Forense, 1992. p. 423-438. p. 434. Também: LUISI, Luiz. *Os princípios constitucionais penais*. 2. ed. Porto Alegre: S. A. Fabris, 2003. p. 143.

[220] SOUZA, 2003, p. 91.

[221] REALE, Miguel. *Lições preliminares de direito*. 26. ed. São Paulo: Saraiva, 2002. p. 162 e s.

se sabe, não se coaduna com o direito penal. Quando a discussão é atinente à restrição da liberdade humana, recomenda-se a interpretação restritiva.

Segundo, porque a lei – em seu sentido técnico e estrito – tem algumas características que lhe são próprias, como, por exemplo, a necessidade de ser emanada de um Poder Legislativo em regular formação, a promulgação, a publicação, a abstratividade, a generalidade, a imperatividade e a coercebilidade.[222] Mais: a lei estrutura-se – ou, ao menos, deveria estruturar-se – em fatos sociais e valores comunitários. Já os decretos, as ordens de superiores hierárquicos e as decisões judiciais não apresentam tais características; não trazem, assim, a mesma segurança jurídica e previsibilidade que as leis e estão, em regra, mais suscetíveis ao arbítrio e à utilização para fins extrajurídicos.

A "lei", como já se referiu, não precisa, necessariamente, ser penal, podendo, como se disse, pertencer a outros ramos jurídicos. Neste ponto, André Leite traz uma legítima preocupação, qual seja: fundamentar o "dever de garantia" em outros ramos jurídicos não implicaria dotá-los da força sancionadora penal? Ao questionamento, autor apresenta uma resposta satisfatória:[223]

> A resposta apenas pode ser negativa, visto que não é este ramo de Direito que criminaliza "ilícitos" de outros ramos, mas sim que, levando a cabo uma "tarefa própria", tutela bens com pertinência penal que subjazem a normas de determinação também elas jurídico-penais, mas que encontram reflexos em outros complexos normativos, até devido à coerência intra-sistemática já apontada ao ordenamento.

A segunda fonte do "dever de garantia" da teoria formal é o contrato, ato jurídico por meio do qual alguém assume a obrigação de evitar uma lesão a um dado bem jurídico ou, até mesmo, transfere a outrem essa obrigação. Estão aqui, por exemplo, aquele que assume o encargo de cuidar de uma criança em um parque, aquele que se dispõe a ajudar um cego a atravessar uma movimentada rua e o professor de natação que deve cuidar de seus alunos.

Paulo José da Costa Júnior observa, com acerto, que "a assunção da responsabilidade poderá assentar-se na solidariedade humana, desde que o garantidor aceite implicitamente a função, assumindo a responsabilidade de evitar o resultado." Assim sendo, conclui o autor: "[...] aquele que recolhe a criança abandonada não poderá desistir em seguida, entregando-a à própria sorte".[224]

---

[222] NADER, Paulo. *Introdução ao estudo do direito*. Rio de Janeiro: Forense, 2004. p. 141.
[223] LEITE, 2007, p. 153.
[224] COSTA JÚNIOR, 2003, p. 30.

A terceira fonte do "dever de garantia" da teoria formal é a ingerência: a ingerência é aquela conduta do sujeito que acaba por criar ou aumentar um risco de lesão a bens jurídicos alheios. Compreende-se que, por critérios de "justiça material", essa pessoa deve remover o perigo que gerou.[225] Maria Angeles Cuadrado Ruiz[226] conceitua o chamado "princípio ingerência":

> El principio de injerencia compromete a la persona que causó una concreta situación de peligro – con o sin culpa, conforme o contra a derecho – a desviar el peligro que obviamente se encuentra unido y adecuado a dicha situación. Se entiende que el autor puso a otro, a través de su comportamiento precedente, en una situación que requiere una protección cualificada, de la cual éste no puede verse libre sin ayuda ajena.

Neste contexto, aquele que abre um buraco deve fechá-lo ou, ainda, tomar as devidas cautelas para que ninguém caia no seu interior. Da mesma forma, aquele que coloca fogo em um depósito de feno não pode omitir-se enquanto o fogo se espalha: nesta específica situação, o sujeito responderá por homicídio – doloso ou culposo, conforme o caso – se não empreender esforços para salvar uma pessoa que estava no interior do depósito.[227] Apesar do conceito genérico citado acima (de Maria Angeles Cuadrado Rui), atualmente, faz-se necessária uma releitura do instituto, como se demonstrará no capítulo seguinte, sob pena de consagração de responsabilidade objetiva, incompatível com os ditames de um Estado Democrático de Direito.

A teoria formal é fruto do pensamento naturalista e positivista e foi dominante até princípio do século XX. Sobre a teoria formal, insta transcrever algumas palavras de Jorge de Figueiredo Dias:[228]

> E compreende-se facilmente o que motivou a aceitação de um catálogo tão estrito e rigoroso – mas ao mesmo tempo, assim se acreditava, tão claro –, que nomeadamente, a devida obediência, que desta maneira se pensava levar a cabo pelo melhor, aos mandamentos de certeza e segurança do direito, de garantia dos cidadãos e de paz jurídica comunitária ínsitos no "nullum crimen sine lege".

A doutrina identifica pontos positivos e negativos na teoria formal. Para Marta Felinto, esta concepção teve o mérito de afastar do "dever de garantia" referências a deveres morais, humanitários, religiosos e, até mesmo, a deveres gerais de agir. Apesar disso, a autora compreende que esta concepção é débil, pois 1) implica a irresponsabilidade penal em situações em que há evidente obrigação de agir e 2) acentua, excessivamente, a responsabilidade penal em outras situa-

---

[225] LEITE, 2007, p. 162.
[226] RUIZ, 2000, p. 30.
[227] FRAGOSO, 1995, p. 233.
[228] DIAS, 2007, v. 1, p. 935.

ções. Passa-se a exemplificar as duas situações: de acordo com a teoria formal, não há dever de agir para a babá cujo contrato está eivado de alguma nulidade. Por outro lado, haverá – injustificada e exageradamente – o dever de agir para aquela babá que não se apresentou ao trabalho, mas os pais da criança decidiram ausentar-se de casa, deixando-a só.[229] [230]

Também Ferrando Mantovani encontra pontos positivos e negativos nessa teoria. Segundo o autor:[231]

> Seu mérito: é a proclamada exigência do imprescindível "fundamento jurídico-formal" da obrigação de garantia, em conformidade com o princípio da legalidade. Mas sobre o "duplo limite": a) de "pecar pelo excesso", já que é incapaz de "selecionar" no âmbito da heterogênea multiplicidade, presente em cada ordenamento jurídico, das obrigações de agir previstas pelas fontes formais aquelas que têm uma real "função de garantia" e, portanto, de distinguir e circunscrever as hipóteses de responsabilidade para o não impedimento do evento; b) de "pecar por falta", porque, não sendo capaz de distinguir entre a mera obrigação contratual e a obrigação de garantia, levaria a exclusão desta obrigação (e a consequente responsabilidade penal omissiva) nos casos de "invalidade do contrato" mesmo que o sujeito tenha assumido o cuidado do bem e houve a consequente confiança da parte que é titular ou do garante originário (ex. a babá que é responsável pela criança). E, vice-versa, a tese acima referida poderia identificar a consequente responsabilidade penal no não impedimento nos casos de "validade do contrato", mas sem que o sujeito tenha assumido o cuidado do bem e sem que tenha havido confiança da parte de terceiros (ex. o atraso da babá responsável pela criança que não se apresentou no horário estabelecido com os pais).[232]

---

[229] RODRIGUES, 2000, p. 55. Também: DIAS, 2007, v. 1, p. 936.

[230] Nesta específica situação em que há inadimplemento por parte da babá e em que os pais abandonam a criança "entregue a si mesma", André Teixeira dos Santos lembra a possibilidade de responsabilização no âmbito cível. Destaca, na mesma linha de Marta Felinto, que os garantidores continuam a ser os pais; estes não podem "delegar" a sua posição a alguém que sabem que não cumprirá o contrato de *baby-sitting*: SANTOS, A., 2001. p. 1293.

[231] MANTOVANI, 2001, p. 339. Também: MANTOVANI, 2004, p. 994.

[232] Tradução livre. No original: "Suo 'mérito': è la proclamata esigenza dell'imprescindibile 'fondamento giuridico-formale' dell'obbligo di garanzia, in ossequio al principio di legalità. Ma su 'duplice limite': a) di 'peccare per eccesso', in quanto è incapace di 'selezionare', nell'ambito della eterogenea molteplicità, presente in ogni ordinamento giuridico, di obblighi di agire previsti da fonti formali, quelli aventi una reale 'funzione di garanzia' e, pertanto, di contraddistinguere e ciroscrivere le ipotesi di responsabilità per non impedimento dell'evento; b) di 'peccare por difetto', in quanto, non essendo in grado di distinguere tra mera obbligazione contrattuale ed obbligo di garanzia, porterebbe ad escludere questo obbligo (e la consequente responsabilità penale omissiva) nei casi di 'invalidità del contratto', anche se il soggetto ha preso in carico il bene e vi è stato il conseguente affidamento dello stesso da parte del titolare o del garante originario (es.: la presa in custodia del bambino da parte della bambinaia). E, viceversa, la suddetta tesi porterebbe a ravvisare l'obbligo e la conseguente responsabilità penale per non impedimento nei casi di 'validità del contratto', ma senza che il soggetto abbia preso in carico il bene e non vi sia stato l'affidamento da parte di terzi. (es.: la non presa in custodia del bambino da parte della bambinaia, che non si presenta all'ora stabilita coi genitori).

Juarez Tavares posiciona-se de forma crítica, observando que a indicação das fontes do dever não abrange, algumas vezes, casos importantes e que, por tal razão, são criadas outras formas de responsabilização criminal. Diante desse problema, o autor acaba por questionar-se se foi válida, justificada, a indicação dos deveres de agir. Mais: analisando a regra do Código Penal brasileiro, observa que ela se limita a formalizar os deveres, nada esclarecendo sobre o conteúdo do dever de garantia.[233] [234] No mesmo sentido, são as observações Edward de Carvalho, para quem a teoria formal nada esclarece quanto a quais os bens e por qual razão estão protegidos por normas mandamentais dirigidas a certas pessoas. E o autor questiona: "[...] qual o perigo anterior necessário para formalizar o dever de atuar? Qual a consequência de um contrato nulo? Quais os efeitos de um contrato assumido, mas não vigente, onde há resultado?".[235]

No âmbito direito penal português, José de Faria Costa rechaça a teoria formal, afirmando que os deveres de garante não podem se ater à lei, ao contrato e à situação de ingerência. O local de fala do autor é, deve-se lembrar, um ordenamento no qual não se consagra expressamente as fontes do dever de garantia no Código Penal (como ocorre no Brasil e na Espanha, consoante será estudado no final deste capítulo). Diante disso, a crítica resta ainda mais facilitada, pois – além da falta do "sentido social" – é latente a agressão ao princípio da legalidade. Nas palavras do autor:

> Efectivamente, propugnar-se que qualquer uma daquelas realidades normativas, e muito particularmente as duas últimas, isto é, o contrato e a situação de ingerência, poderia, "ex abrupto", criar o dever jurídico de garante, gerar um elemento do tipo – é o que acontece, bom é não esquecê-lo, isso determinaria, assim nos parece, uma clara violação do princípio da legalidade (tipicidade) e ainda do princípio da reserva da lei).[236]

O Supremo Tribunal de Justiça de Portugal já se manifestou sobre o assunto, referindo que lei, contrato e ingerência não criam, isoladamente, o dever de garantia. Isso configuraria, segundo o Tribunal,

---

[233] TAVARES, 1996, p. 68. Também: TAVARES, 1995, p. 147. Ainda: FIANDACA; MUSCO, 2000, p. 547 e s.

[234] Idêntica crítica à teoria formal é feita por Maria Angeles Cuadrado Ruiz. O local de fala da autora é o ordenamento jurídico espanhol, no qual também estão expressas as fontes do dever de garantia (lei, contrato e ingerência) (RUIZ, 2000, p. 22).

[235] CARVALHO, Edward Rocha de. *Estudo sistemático dos crimes omissivos*. 2007. Dissertação (Mestrado em Direito) – Universidade Federal do Paraná, Curitiba, 2007. p. 37.

[236] COSTA, 1996, p. 396 e s. Também: COSTA, 1997.

afronta ao princípio da tipicidade.²³⁷ E, de fato, parece acertada a decisão, bem como todas as referências doutrinárias críticas já citadas.

É necessário reconhecer que a concepção formal dos deveres de garantia não traz o "sentido social", o "fundamento material", do instituto. Justamente por isso, Jorge de Figueiredo Dias afirma que a teoria formal se releva incapaz de oferecer um critério material de ilicitude.²³⁸ Assim, mostrou-se, como diz o autor, ilusória a certeza da teoria formal: como se evidenciou, a lei e o contrato não geram sempre a posição de garantia e, inversamente, a invalidade de um determinado contrato não é – isoladamente – suficiente para isentar um cidadão de responsabilidade criminal. Mais: no que tange à ingerência, a situação é ainda mais complexa, não sendo possível e legítimo pensar em um critério que seja válido para a totalidade dos casos.²³⁹

É imprescindível buscar o fundamento normativo, da "base relacional", em que se apoia e encontra sentido o "dever de garantia". Nas palavras de José de Faria Costa:²⁴⁰

> Na verdade, a garantia pressupõe, no seu sentido mais profundo e remoto, uma relação de responsabilização primitiva e tem por fundamento as relações locutivas que se expressam relativamente ao cumprimento de uma certa expectativa juridicamente vinculante. [...] a relação de garante é, sem dúvida alguma, uma relação construída, uma "norma de norma". Se se visa, por consequência, garantir o que quer que seja, "in casu", a não produção do resultado proibido, temos de encontrar a base relacional que possa sustentar, justamente, a relação de garantia aqui traduzível em um dever.

Por derradeiro, insta dizer que os Códigos Penais brasileiro e espanhol preveem, expressamente, as fontes do critério formal. O art. 13, § 2°, daquele diploma legal prevê que o "dever de agir incumbe a quem: a) tenha por lei obrigação de cuidado proteção ou vigilância; b) de outra forma, assumiu a responsabilidade de evitar o resultado;

---

²³⁷ Colaciona-se parte do acórdão: "[...] A produção do resultado típico nos casos e comissão por omissão só é, pois, punível, quando sobre o omitente recair um dever jurídico que pessoalmente o obrigue a evitar o resultado. Este dever jurídico, como elemento integrante da tipicidade, determina o círculo dos garantes susceptíveis de aparecer como autores do facto. O dever jurídico que integra e determina a posição de garante tem, pois, de ser interpretado e integrado como outro qualquer elemento da tipicidade, não bastando, por isso, uma qualquer relação formal-situacional decorrente da lei, de contrato ou de uma situação de ingerência (para aludir aos tradicionais planos referenciais a doutrina). Tais fontes genéricas, como é de hoje pacificamente aceite, não podem, apenas por si mesmas, ser fonte de um elemento do tipo legal: não podem 'ex abrupto' criar, por si, o dever jurídico de garante e gerar um elemento do tipo. A indeterminação e a insegurança que daí decorreria, constituiria uma violação do princípio da tipicidade." (PORTUGAL, Supremo Tribunal de Justiça. Processo n. 03P1677, relator Leal Henriques, julgado em 09/7/03. Disponível em: http://www.stj.pt/?idm=43. Acesso em: 16 ago. 2009).

²³⁸ DIAS, 2007, v. 1, p. 935. Também: LEITE, 2007, p. 165 e ss.

²³⁹ DIAS, 2007, v. 1, p. 934 e ss.

DIAS, 2007, v. 1, p. 937.

²⁴⁰ COSTA, 1996, p. 397. Também: COSTA, 1997.

c) com seu comportamento anterior criou o risco da ocorrência do resultado." O art. 11 do Código Penal espanhol, por sua vez, tem a seguinte redação: "Los delitos o faltas que consistan en la producción de un resultado sólo se entenderán cometidos por omisión cuando la no evitación del mismo, al infringir un especial deber jurídico del autor, equivalga, según el sentido del texto de la Ley, a su causación. A tal efecto se equiparará la omisión a la acción: a) Cuando exista una específica obligación legal o contractual de actuar. b) Cuando el omitente haya creado una ocasión de riesgo para el bien jurídicamente protegido mediante una acción u omisión precedente."

1.2.2. O critério das funções

A palavra decisiva aqui pertenceu a Armin Kaufmann, pela concepção que ficou conhecida por "teoria das funções". Antes de abordar a referida construção, insta dizer que, para o autor, não é qualquer mandado de evitar um resultado que dá lugar a um crime omissivo impróprio: é preciso que o obrigado ocupe a posição de garante.[241]

Insta referir, também, que o autor arrola os elementos axiológicos que conduzem à realização de um crime omissivo impróprio, quais sejam: um tipo de ação (de dano ou de perigo), a existência de um mandado que vise a impedir a lesão ou a colocação em perigo de um bem jurídico e, ainda, o fato de a inação equivaler ao conteúdo desvalioso da ação. E é neste elemento que Armin Kaufmann reconhece, precisamente, a sede do autêntico problema da equiparação, a existência, ou não, da relação de garantia.[242]

A teoria das funções busca a identificação dos deveres de garante, "não já arreigado à mera consideração de uma "fonte", mas sim procurando determinar as características específicas que devem presidir à obrigação de impedir o resultado lesivo a bens jurídicos".[243] E essas obrigações, esses deveres, fundam-se ou em uma função de guarda ao bem jurídico (criadora de deveres de proteção e assistência) ou em uma função de vigilância de uma fonte de perigo (determinan-

---

[241] KAUFMANN, 2006, p. 290.

[242] Nas palavras do autor alemão: "a) Punto de partida es la existencia de un tipo de acción, que veda la realización de una lesión o puesta en peligro de un bien jurídico. b) Ha de existir un mandato que tenga por contenido evitar esta lesión o puesta en peligro de bien jurídico. c) La infracción de este mandato tiene que asemejarse al menos aproximadamente al delito comisivo descrito en a) ben cuanto a contenido de injusto y magnitud del reproche de culpabilidad (y, por tanto, en merecimiento de pena). Aquí es precisamente donde está la sede del auténtico problema de la equiparación usual: aquí ha de plantearse la existencia o no de relación de garantía." (KAUFMANN, 2006, p. 291).

[243] LEITE, 2007, p. 168.

te de deveres de segurança e controle). Naquela situação, o bem jurídico deve ser protegido de todos os perigos englobáveis no âmbito de proteção; nesta, o garante tem unicamente o dever de fiscalizar fontes de perigo determinadas.

Nas palavras de Armin Kaufmann:[244]

> La tarea de defensa del garante puede orientarse en dos direcciones: por una parte, el sujeto del mandato puede tener que estar "vigilante" para proteger determinado bien jurídico contra todos los ataques, vengan de donde vengan; aquí la función de protección consiste en la "defensa en todos los flancos" del concreto bien jurídico contra peligros de todo género. [...] Por otra parte, la posición de garante puede consistir en la supervisión de determinada "fuente de peligros", no importando a qué bienes jurídicos amenazan peligros desde esta fuente. La misión de protección del garante tiene por contenido el "poner coto" a la concreta fuente de peligros; solo secundariamente, como efecto reflejo, se deriva la garantía de aquellos bienes jurídicos amenazados por esta fuente de peligros. Desde la perspectiva del bien jurídico concreto, la función protectora del garante se reduce a una sola dirección de ataque: a aquella que amenaza al bien jurídico desde la fuente a la que hay que controlar.

Da mesma forma, Enzo Musgo e Giovanni Fiandaca[245] explicam:

> Na base de uma classificação funcional centrada no conteúdo material e na finalidade da posição de garante, as posições de garantia podem ser enquadradas em dois tipos fundamentais de "posição de proteção" e de "posição de controle". A "posição de proteção" tem por finalidade preservar "determinados bens jurídicos" de todas as formas de perigo que podem ameaçar a sua integridade, independentemente da fonte da qual surjam (ex. os pais têm obrigação de afastar os filhos menores de todos os perigos que os ameacem). A "posição de controle" tem, ao contrário, a finalidade de neutralizar "determinadas fontes de perigo", de modo a garantir a integridade de todos os bens jurídicos que possam resultar ameaçados (ex. o proprietário do prédio periclitante tem a obrigação de impedir eventos danosos para todos os sujeitos – previamente não determinados – que podem achar-se na vizinhança do referido edifício).[246]

Interessante, ainda, referir que, para Armin Kaufmann, o problema da equiparação não corresponde à parte geral do direito penal, mas, sim, à parte especial. Assim, o autor diz não ser possível elaborar máximas precisas e com validade geral sobre a constituição dos

---

[244] KAUFMANN, 2006, p. 289 e s

[245] FIANDACA; MUSCO, 2000, p. 551.

[246] Tradução livre. No original: "In base ad una classificazione funzionale incentrata sul contenuto materiale e sullo scopo della posizione di garante, le posizioni di garanzia possono essere inquadrate nei due tipi fondamentali della 'posizione di protezione' e della 'posizione di controllo'. La 'posizione di protezione' ha per scopo di preservare 'determinati beni giuridici' da tutti i pericoli che possono minacciarne l'integrità, quale sai la fonte da cui scaturiscono (ad es. i genitori hanno l'obbligo di porre al riparo i figli minori da tutti i pericoli che li minacciano). La 'posizione di controllo' ha, invece, per scopo di neutralizzare 'determinate fonti di pericolo', in modo da garantire l'integrità di tutti i beni giuridici che ne possono risultare minacciati (ad es. il proprietario dell'edificio pericolante ha l'obbligo di impedire il verificarsi di eventi dannosi a carico di tutti i soggetti – preventivamente non determinabili – che possono trovarsi nelle vicinanze dell'edificio medesimo).

delitos de omissão imprópria. Justamente por isso, alerta Armin Kaufmann, não deve surpreender que os preceitos da doutrina dominante na parte geral acerca da posição de garante não passem de meras orientações mais ou menos abstratas e imprecisas; a posição de garante só adquire conteúdo palpável com referência ao caso concreto.[247]

A teoria de Armin Kaufmann encontrou algumas variantes, dentre as quais vale destacar a construção de Günther Jakobs. Este autor, como se sabe, afirma-se como um dos mais destacados defensores da aplicação de uma teoria de matriz sistêmico-funcionalista ao direito penal.

Segundo esta doutrina funcionalista, aguarda-se do direito penal uma resposta adequada à sua função, consistente na "estabilização do sistema social". Nas palavras de André Leite: "Esta função dá-se através de 'equivalentes funcionais', isto é, 'outputs' do sistema que provam, em dada época, responder à função já assinalada para que foram criados, sendo substituídos sempre que tal deixe de acontecer".[248] O autor observa que, nesse sistema, nem mesmo a liberdade e a dignidade são dados essenciais, mas consistem em realidades que, como operatórias, são mantidas.[249]

André Leite[250] e Maria Fernanda Palma[251] ponderam que, na doutrina de Günther Jakobs, se tem uma verdadeira "fungibilidade" entre os conceitos de ação e de omissão. Mais, tanto no *facere* quanto no *non facere*, identifica-se uma "infração de um dever de garante", "simplesmente, a sua existência nos delitos 'comissivos por ação' é de tal modo evidente – ninguém duvida de que quem dispara a arma e dolosamente acerta numa pessoa é o autor de um crime, infringindo o 'dever de garante' de se abster da prática de tais condutas – que não é colocada em relevo".[252]

Enfim, para Günther Jakobs, não há sentido separar as ações das omissões: o lógico é separar as responsabilidades em "deveres por força de uma competência por organização" e "deveres por força da competência institucional". Relativamente àqueles deveres, o autor refere que "quem domina um objeto material deve cuidar de que os contatos de outras pessoas com o objeto permaneçam isentos de da-

---

[247] KAUFMANN, 2006, p. 293 e s.

[248] LEITE, 2007, p. 177.

[249] LEITE, 2007, p. 177 e s. Também: ROXIN, Claus. *La Evolución de la política criminal, el derecho penal y el proceso penal*. Valencia: Tirant lo Blanch, 2001. p. 51 ess.

[250] LEITE, 2007, p. 178 e s.

[251] PALMA, Maria Fernanda. A teoria do crime como a teoria da decisão penal. *Revista Portuguesa de Ciência Criminal*, Coimbra, ano 9, p. 523-603, out./dez. 1999. p. 556 e s.

[252] LEITE, 2007, p. 178 e s.

nos".²⁵³ Nesse contexto, o proprietário de uma casa deve evitar que as telhas caiam, o dono de uma arma não deve deixá-la acessível a outras pessoas que não tenham autorização, e todos devem soltar objetos frágeis quando sentem que podem ter um ataque convulsivo.²⁵⁴

Estes deveres ("deveres por força de uma competência por organização") podem nascer, ainda, de um comportamento anterior. Assim, por exemplo, quem escava um determinado buraco deve ter cautela para que pessoas não caiam nele e quem faz uma fogueira deve apagá-la. Para Günther Jakobs, essas obrigações derivam da competência por organização, e não da noção de solidariedade.²⁵⁵

O autor trata, ainda, de "deveres de salvamento". Sobre o assunto, esclarece Maria Angeles Cuadrado Ruiz:²⁵⁶

> Los deberes de salvación consisten en inhibir cursos causales peligrosos, que ya salen del ámbito de organización anteriormente señalado, e incluso pueden haber alcanzado el de la víctima. [...] En estas situaciones hace falta un motivo más para poder prolongar el deber del obligado al aseguramiento, más allá de su ámbito de organización, como deber de salvación hasta otro ámbito ajeno. Pero, para Jakobs aunque el deber se prolongue, sigue consistiendo en un ámbito de organización propio por las consecuencias del comportamiento y de la relación con cosas. Sigue siendo un ámbito de organización propio por las consecuencias potenciales.

Em outras palavras, para Günther Jakobs, os "deveres de salvamento" são "aqueles em virtude dos quais deve-se retrair um curso lesivo que já tenha alcançado uma organização alheia".²⁵⁷ Nas palavras do autor alemão:²⁵⁸

> Também nesses casos se segue tratando do sinalagma de organizar/responsabilidade pelas consequências. Com efeito, se o mundo foi constituído de forma socialmente inadequada mediante o comportamento precedente, o responsável tem de restabelecer uma configuração adequada e, em verdade, não somente tanto quanto a ele se assinalou um mundo para configurá-lo livremente (aseguramento), mas também tanto quanto a ele se tem usurpado, o que significa que tem de revogar sua usurpação (salvamento). Explicado em sentido figurado: a lesão da vítima – e a consequência do delito – pertence à organização do autor e este repara essa usurpação curando a lesão ou tomando as medidas oportunas para sua cura. Isso se pode formular também na terminologia da figura da assunção: quem leva outro a uma situação de necessidade tem de ser tratado como se tivesse assumido a prestação de ajuda.

---

²⁵³ JAKOBS, Gunther. *A imputação penal da ação e da omissão*. Trad: Maurício Antônio Ribeiro Lopes. Barueri: Manole, 2003b. p. 27. Sobre o assunto, também: JAKOBS, 1997, p. 972 e ss.

²⁵⁴ JAKOBS, 2003b, p. 27.

²⁵⁵ JAKOBS, 2003b, p. 27.

²⁵⁶ RUIZ, 2000, p. 46.

²⁵⁷ JAKOBS, Gunther. *A autoria mediata e sobre o estado da omissão*. Trad: Maurício Antônio Ribeiro Lopes. Barueri: Manole, 2003a. p. 40.

²⁵⁸ JAKOBS, 2003a, p. 40.

Por fim, ainda nos "deveres de competência por organização", o autor enquadra a assunção de uma tarefa. Nessas situações, Günther Jakobs refere a necessidade de que se verifique o abandono ou a diminuição dos meios de proteção; "o que assume organiza, pois, mediante sua promessa, uma diminuição de proteção e deve, portanto, compensar essa menor proteção".[259] Estaria aqui aquele que leva uma mulher idosa de uma rua tranquila para um calçadão movimentado, lotado de pessoas. Também estaria aqui aquele que promete chamar o veículo de salvamento que, se não fosse tal promessa, seria avisado por outra pessoa que estava no local.[260]

No que concerne aos "deveres de competência institucional", são obrigações relacionadas, nas palavras de Günther Jakobs, "[...] àquelas instituições que determinam a identidade da Sociedade da mesma maneira que esta se encontra determinada pelo sinalagma liberdade de organização/responsabilidade pelas consequências".[261] Como observa Maria Angeles Cuadrado Ruiz:[262]

> [...] se trata de formas de organización social a las cuales, en general, no existe ninguna alternativa de organización. Los deberes derivados de estas instituciones serán equivalentes a la comisión, precisamente, por la importancia básica que tienen en una sociedad, al igual que la liberdad de organización y la responsabilidad por las consecuencias.

Estes deveres implicam que o sujeito tenha um determinado *status*, como aquele originado das relações entre pais e filhos[263] e das relações matrimoniais.[264] Dentre outros, também têm este *status* policiais, bombeiros e médicos.[265] [266]

---

[259] JAKOBS, 2003b, p. 30. No mesmo sentido: JAKOBS, 2003a, p. 39. Sobre esse ponto, também: JAKOBS, 1997, p. 993 e ss.

[260] JAKOBS, 2003a, p. 40.

[261] JAKOBS, 2003b, p. 46.

[262] RUIZ, 2000, p. 43 e s.

[263] Sobre este ponto, Susana Huerta Tocildo observa que, na doutrina de Günther Jakobs, os deveres dos pais com relação a seus filhos não precisam sequer estar contidos na legislação civil, emanando imediatamente da instituição. Não se identifica, portanto, de um "caráter constitutivo" do dever na lei (TOCILDO, Susana Huerta. *Problemas fundamentales de los delitos de omisión*. Madrid: Centro de Publicaciones, 1987. p. 133).

[264] O autor faz uma ressalva acerca do cônjuge, dizendo que "os deveres derivados de uma união matrimonial, que, todavia, até há uma geração resultavam em certa medida evidentes, perderam sua segurança desde que o casamento com aprovação do Direito é entendido como laço resolúvel – ainda que respeitando os prazos." (JAKOBS, 2003b, p. 50).

[265] JAKOBS, 2003b, p. 52. Também: RUIZ, 2000, p. 42 e s.

[266] Tratando da teoria de Gunther Jakobs, André Teixeira dos Santos questiona acerca do critério para especificação dos deveres do sujeito. Nas palavras do autor: "Em que medida não acabará por reconduzir ao formalismo da teoria tradicional das fontes de garante tendo-se de procurar um fundamento desses deveres na lei e no contrato?": SANTOS, A., 2001. p. 1308.

Assim como fez com a teoria formal, Ferrando Mantovani identifica o mérito e os limites da teoria material:[267]

> Seu mérito é a especificação de um critério geral para selecionar, entre a multiplicidade dos deveres de agir, as autênticas obrigações de garantia e a consequente contribuição à delimitação do crime omissivo impróprio. Seus limites: a) o contrato, baseado essa obrigação de garantia em "critérios factuais", com o princípio da legalidade – reserva de lei; 2) o inadequado atendimento do princípio da legalidade-taxatividade, não só porque tal teoria não permite circunscrever a responsabilidade pelo não impedimento em limites precisos, mas também pela diversidade de critérios, elaborados para caracterizar e delimitar, pouco a pouco, a posição de garantia e das conclusões obtidas. Mas também porque esses critérios substanciais, usados em via exclusiva, revelaram-se, em vez de limitativos, mais "extensivos" do que a citada responsabilidade formal, como atestam as aplicações práticas da doutrina e jurisprudência alemãs; c) a perpetuação, através da tendência de derivar a obrigação de garantia também da "precedente ação perigosa" do sujeito, da mais dissipada confusão entre causalidade ativa e causalidade omissiva.[268]

Nas palavras de Hans-Heinrich Jescheck, a concepção material "señala un camino para resolver la problemática del garante sobre la base del sentido social de los diferentes deveres".[269] Contudo, como bem observa o autor, não se pode prescindir da origem dos deveres de garantia pelo perigo de uma ampliação sem limites: é necessária a busca de um critério material formal.[270]

Idêntica posição é adotada por André Leite, ao dizer que não se deve abandonar o que foi conquistado pela teoria formal, sob pena de uma excessiva majoração das hipóteses de garantia. Diante disso, opta, expressamente, pela teoria material-formal:

> Atentos os pressupostos materiais de que parte, esta orientação não despreza a imagem que a sociedade no seu todo tem de uma dada posição de garante, ou seja, é-lhe importante estabelecer como planos do respectivo dever hipóteses de vida social juri-

---

[267] MANTOVANI, 2001, p. 340. Também: MANTOVANI, 2004, p. 995.

[268] Tradução livre. No original: "Suo mérito: l'individuazione di un criterio generale per selezionare, tra la molteplicità dei doveri di agire, gli autentici obblighi di garanzia e il conseguente contributo alla delimitazione del reato omissivo improprio. Suoi limite: a) il contrato, fondando essa l'obbligo di garanzia su 'criteri fattuali', col principio di legalità-riserva di legge; b) il non adeguato soddisfacimento del principio di legalità-tassatività, non solo perché tale teoria non consente di circoscrivere la responsabilità per non impedimento entro confini ben preciso, stante la diversità di criteri, elaborati per individuare e delimitare di volta in volta la posizione di garanzia, e di conclusioni raggiunte. Ma anche perché i criteri sostanzialistici, usati in via esclusiva, si sono rivelati, anziché limitativi, piú 'estensivi' della suddetta responsabilità di quelli formali, come attestano le applicazioni pratiche della dottrina e giurisprudenza tedesche; c) la perpetuazione, attraverso la tendenza a derivare l'obbligo di garanzia anche dalla 'precedente azione pericolosa' del soggetto, della mai dissipata confusione tra causalità attiva e causalità omissiva."

[269] JESCHECK, 1993, p. 565.

[270] JESCHECK, 1993, p. 565. Sobre a teoria material, com considerações praticamente idênticas: RUIZ, 2000, p. 22.

dicamente reguladas que mereçam, por parte da comunidade, uma percepção directa ou indirecta de que, sobre um indivíduo colocado perante uma dada situação, impende uma obrigação jurídica de evitar um resultado lesivo de bens jurídicos alheios.[271]

No mesmo sentido, posiciona-se Jorge de Figueiredo Dias, para quem é indispensável a busca de uma "determinação rigorosa dos deveres de garantia" e de um "catálogo mais estrito e determinado possível". Segundo o autor, devem-se rechaçar cláusulas gerais e uma excessiva "funcionalização" do catálogo, que faça perder o "conteúdo material" do dever de garantia.[272] E o autor português descreve aquela que seria a fonte do dever e da posição de garantia:

> A verdadeira fonte dos deveres e das posições de garantia reside em algo muito mais profundo, a saber, na valoração autónoma da ilicitude material, completadora do tipo penal, através da qual a comissão por omissão vem a equiparar-se à ação na situação concreta, por força das existências de solidariedade do homem para com os outros homens dentro da comunidade.[273]

Parecem acertadas as colocações dos autores e necessária a busca de um critério que conjugue a teoria material e a teoria formal. Apenas com essa conjugação far-se-á possível "unir" o "sentido social" do "dever de garantia" e a segurança ínsita ao direito penal. Passa-se, agora, a analisar algumas propostas que conjugam as teorias formal e material, dando origem ao que se denominará, neste trabalho, de "critério material-formal".

1.2.3. O critério material-formal

Também no critério material-formal Ferrando Mantovani encontra aspectos positivos e negativos: o mérito consiste na tentativa de sintetizar o critério formal e o funcional; a seleção das obrigações de garantia vem efetuada pela dúplice base de previsão de uma fonte formal e sua correspondente função substancial de garantia.[274] Quanto aos limites:[275]

> Mas tem como seu "limite" a síntese inacabada, uma vez que acumula, em alguma medida, certas generalidades da velha concepção formalística e as incertezas do critério substancialístico. Com profundas divergências na solução dos casos concretos. E com as manipulações aprioristicas dos já citados critérios manipuláveis. Seja no sentido de uma excessiva dilatação da responsabilidade pelo não impedimento [...]. Seja no sentido de uma rigorosa restrição da responsabilidade pelo não impedimento, negando-se

---

[271] LEITE, 2007, p. 192-193.
[272] DIAS, 2007, v. 1, p. 924.
[273] DIAS, 2007, v. 1, p. 938.
[274] MANTOVANI, 2001, p. 340.
[275] MANTOVANI, 2001, p. 340.

a obrigação de garantia dos pais com relação a fatos lesivos à inviolabilidade sexual dos filhos menores: dos membros das forças policiais em relação aos delitos cometidos também em sua presença; assim como toda e qualquer obrigação de garantia em relação aos bens patrimoniais.[276]

Visando-se a elucidar a teoria material-formal, passa-se a abordar a construção de alguns autores, quais sejam, José de Faria Costa, Hans-Heinrich Jescheck, Jorge de Figueiredo Dias e André Leite. Como se demonstrará, as construções feitas por esses doutrinadores apresentam muitos e importantes pontos de contato, mas têm, também, diferenças fundamentais que devem ser consideradas. Ressalta-se, desde já, que a análise das propostas será breve e objetiva e que os pontos mais relevantes serão retomados e aprofundados no capítulo subsequente.

1.3.1. A concepção de José de Faria Costa

José de Faria Costa não refere, expressamente, ser defensor de um critério material-formal, mas parece que a sua teoria se subsume em tal classificação, uma vez que parte de critérios formais, agregando-lhe conteúdo material. Para o autor, nos crimes omissivos impróprios, manifesta-se de forma ainda mais evidente a "relação de cuidado-de-perigo", que, nesta forma delitiva, se origina de um dever de evitar um resultado jurídico. Observa que essa relação se dá em uma "realidade construída", meramente normativa, portanto. Nas palavras do autor:[277]

> De certo modo é nas chamadas omissões impuras que de forma mais patente se revela a relação de cuidado-de-perigo. Se a ordem jurídica impõe um dever jurídico de garante pela não produção do resultado proibido, quer ela que se estabeleça uma especial (pessoal) relação de cuidado de perigo. Tal relação, se bem que fundamentada na matriz de cuidado-de-perigo, é, essencialmente, normativa (construída). E se o resultado se produz, porque houve uma conexão em termos de imputação causal entre o resultado proibido e a violação do dever pessoal de garante – porque a outro nível se violou o dever de cuidado que no caso concreto seria o de ver reforçada a própria relação de cuidado –, então, o não agir tem, em princípio, a mesma densidade axiológica e a mesma intencionalidade de um facere violador da relação de cuidado-

---

[276] Tradução livre. No original: "Ma ha come suo 'limite' la incompiuta sintesi, in quanto cumula in qualche misura certe genericità della vecchia concezione formalistica e le incertezze del critério sostanzialistico. Con profonde divergenze nella soluzione dei singoli casi. E con manipolazioni aprioristiche dei suddetti manipolabili criteri. Sia nel senso di una eccessiva dilatazione della responsabilità per non impedimento [...] Sia nel senso di una rigoroso restrizione della responsabilità per non impedimento, negandosi l'obbligo di garanzia dei genitore rispetto ai fatti lesivi dell'intangibilità sessuale dei figli minori: degli appartenenti alle forze di polizia rispetto ai reati comessi anche in logo presenza; nonché addirittura qualsiasi obbligo di garanzia rispetto ai beni pratrimoniali."

[277] COSTA, 1992, p. 422, nota 131.

de-perigo conducente à proteção do mesmo bem jurídico que, de certa forma, já o especial dever de garante visava.

Evidencia-se que a "relação de cuidado-de-perigo", por si só, não gera o "dever de garantia". Aquela é "relação onto-antropológica fundante" que pode gerar outras relações que não a de garantia. A relação de garante, por sua vez, é, como se disse, uma "relação construída", "norma de norma".[278]

Para José de Faria Costa, a equiparação da omissão à ação firma-se em uma "relação comunicacional". Se essa relação estiver densificada por uma lei ou por um contrato, o autor compreende que a relação de garantia ascende, torna-se elemento do tipo dos crimes omissivos impróprios.[279]

Quanto às situações de ingerência, de monopólio, de comunidade de vida e de comunidade de perigo, José de Faria Costa compreende que o ponto central a ser analisado é "esfera de domínio positivo do agente". Nas palavras do autor: "Este tem de poder intervir, em termos reais, no nexo de causação/ evitação do resultado desvalioso".[280] O ponto essencial é, portanto, a presença física do garante na situação geradora do resultado lesivo.[281] [282]

José de Faria Costa ressalva, contudo, que esse critério é apenas densificador, mas mostra-se insuficiente para responder à questão do "monopólio". O autor questiona:[283]

> [...] por que razão é que um anônimo cidadão que passeia ao pé de um pequeníssimo lago de um jardim público e vê nele uma criança a afogar-se e nada faz – quando é a única pessoa presente – pode e deve ser penalmente responsabilizado pela morte da criança? Por que motivo é que nasce para esse anônimo cidadão um especial dever de garante pela não produção do resultado desvalioso?

---

[278] COSTA, 1992, p. 446.

[279] COSTA, 1996, p. 398. Também: COSTA, 1997.

[280] COSTA, 1996, p. 400. Também: COSTA, 1997.

[281] COSTA, 1996, p. 400. Também: COSTA, 1997.

[282] Pedro Soares de Albergaria – analisando a posição de garante de dirigentes de empresa – critica o critério trazido por José de Faria Costa (presença física), referindo que "não apenas não abrange a totalidade das situações em que o 'domínio pessoal' se resolve em exercício do 'poder de mando', como de todo não contempla aquelas em que esse domínio, mais subtil, decorre do poder organizacional e informacional facultado pelo cimo da hierarquia." Referindo-se, ainda, a José de Faria Costa: "Na verdade, sem prejuízo do respectivo valor em dogmática geral – e apenas nesse quadro parece tê-lo avançado o Autor-, aquele critério não responde às específicas necessidades político-criminais e à realidade sociológica em que se desenvolve a criminalidade de empresa." (ALBERGARIA, Pedro Soares. A posição de garante dos dirigentes de empresa. *Revista Portuguesa de Ciência Criminal*, Lisboa, ano 9, p. 605-626, out./dez. 2009. p. 625).

[283] COSTA, 1996, p. 401. Também: COSTA, 1997.

O autor compreende que é possível extrair a resposta do art. 402 do Código Civil português,[284] ou seja, de uma "obrigação natural" ou, ainda, de um "imperativo de justiça". Observa que a obrigação natural e a do garante são situações contrárias, inversas. Isso porque aquela (obrigação natural) só entra no mundo da juridicidade quando o obrigado já prestou a obrigação, quando a obrigação já está solificada, e esta (obrigação do garante) implica a responsabilização pelo não agir.[285]

E o autor resume o étimo comum na seguinte fórmula:

[...] em ambos os casos o agente deve, por um imperativo de justiça, actuar de modo juridicamente relevante. Sucede que, no campo do direito civil, a ordem jurídica só retira consequências a partir do momento em que se realizou o cumprimento da obrigação – a valência normativa aqui exigida assenta no "facere" –, enquanto, se estivermos dentro do direito penal, a ordem jurídica faz produzir conseqüências a partir de um "omittere", a partir da omissão da expectativa comunicacional que a comunidade quer ver cumprida.[286]

Apesar da coerência da proposta do autor,[287] é discutível se a solução é compatível com o ordenamento jurídico brasileiro. Se se compreender que o rol do ao art. 13, § 2º, do Código Penal é taxativo (dúvida que não se faz presente no ordenamento jurídico português, pois o art. 10 do Código Penal não arrola as hipóteses do "dever de garantia"),[288] não é possível a responsabilização com fundamento no monopólio. Isso não significaria, evidentemente, que todas as situações de monopólio isentariam o sujeito de responsabilização criminal no ordenamento brasileiro. Pelo contrário: far-se-ia necessário averi-

---

[284] "Art. 402 – A obrigação diz-se natural, quando se funda num mero dever de ordem moral ou social, cujo cumprimento não é judicialmente exigível, mas corresponde a um dever de justiça."

[285] COSTA, 1996, p. 401. Também: COSTA, 1997.

[286] COSTA, 1996, p. 401. Também: COSTA, 1997.

[287] No âmbito do direito penal português, também Jorge de Figueiredo Dias e André Leite compreendem, como se analisará, que o monopólio pode – se preenchidos alguns requisitos – ser hipótese do dever de garantia. Em sentido contrário, está Américo Taipa de Carvalho, referindo que "[...] não existe da parte de uma qualquer pessoa o dever jurídico de garante relativamente à vida de uma pequena criança que se encontra em risco de morrer afogada no pequeno lago de um jardim." (CARVALHO, A., 2008, p. 561). Também André Teixeira dos Santos rechaça o monopólio como origem do dever de garantia, salientando, dentre outros aspectos, a insegurança jurídica, já que qualquer pessoa poderia ser garantidora (em afronta ao princípio da legalidade): SANTOS, A., 2001. p. 1316 e 1323.

[288] "Artigo 10 – Comissão por ação e por omissão. 1 – Quando um tipo legal de crime compreender um certo resultado, o facto abrange não só a acção adequada a produzi-lo como a omissão da ação adequada a evitá-lo, salvo se outra for a intenção da lei. 2 – A comissão de um resultado por omissão só é punível quando sobre o omitente recair um dever jurídico que pessoalmente o obrigue a evitar esse resultado. 3 – No caso previsto no número anterior, a pena pode ser especialmente atenuada. (Redação da Lei nº 65/98, de 2 de Setembro)"

guar a (provável) ocorrência do delito de omissão de socorro, previsto no art. 135 do Código Penal.[289]

1.3.2. A concepção de Hans-Heinrich Jescheck

Passa-se a abordar, de forma breve, a construção de Hans-Heinrich Jescheck. O autor – assim como Jorge de Figueiredo Dias e André Leite, cujas concepções serão a seguir analisadas – parte da construção de Armin Kaufmann, referindo que existem deveres de proteção com relação a determinados bens jurídicos e, também, deveres vinculados a determinadas fontes.

No primeiro caso (deveres de proteção em relação a determinados bens jurídicos), Hans-Heinrich Jescheck refere que os deveres provêm da "solidariedade natural" com o titular do bem jurídico, das "estreitas relações de comunidade" e da "assunção de custódia". Inicialmente, o autor alemão ressalta a necessidade de uma relação de dependência entre o protegido e o garante e, ainda, da assunção de maiores perigos pelo afetado devido à existência do garantidor.[290]

A "solidariedade natural" deve fundar-se – para efeitos jurídico-penais – em um vínculo jurídico, estando aqui, por exemplo, os vínculos familiares mais fortes, mais próximos. Hans-Heinrich Jescheck observa que os limites ainda não estão bem estabelecidos: "Resulta dudoso, sin embargo, con qué amplitud haya de trazarse el círculo de garantes conforme a este criterio, o si quedan también protegidos otros bienes jurídicos de menor valor que la interidad física y la vida".[291]

---

[289] É interessante lembrar o exemplo trazido por Miguel Reale Júnior daquele que vê um cego caminhar para um precipício. O autor observa a não subsunção da conduta no art. 13, § 2º, do Código Penal, referindo que: "[...] cabe ser feita uma distinção: o disposto no art. art. 13, § 2º, da Parte Geral refere-se à relevância da omissão com relação ao resultado, oriundo do curso causal em desenvolvimento tornando a omissão 'causa' desse resultado e o omitente o seu 'autor'. Assim, a norma faz da omissão um elemento do tipo penal. Porém, ao lado dessa integração da omissão, a ponto de a transformar em causa típica, e o omitente em autor de um processo naturalístico atuante, há uma norma 'genérica' que impõe a todos, indistintamente, um dever de agir fundado no valor da solidariedade humana: o crime de omissão de socorro (art. 135). Esse dever, que se estende a todos os membros da sociedade, constitui o preconizado dever de comunidade de vida e perigo. Ocorre, no entanto, que o omitente pratica um crime omissivo puro (omissão de socorro), sem que a sua omissão alcance a relevância exigida para se transformar em um elemento causal e formador do tipo penal, integrado pelo resultado não evitado, mesmo porque à tipificação da omissão de socorro é dispensável a ocorrência de qualquer resultado, tratando-se de crime de perigo." (REALE JÚNIOR, 2002, p. 263. Também: REALE JÚNIOR, 1988, p. 47; REALE JÚNIOR, 2000, p. 187 e s.).

[290] JESCHECK, 1993, p. 565 e ss.

[291] JESCHECK, 1993, p. 566.

Quanto às "estreitas relações de comunidade", o autor repisa a necessidade de uma relação de dependência. Lembra, também, que se devem correr riscos mais graves ou, ainda, se prescindir de outras medidas protetivas.[292] Por último, o autor fala na assunção voluntária da função de custódia, destacando que o fundamental não é a validade formal do contrato, mas a real assunção de cuidado.[293]

No segundo grupo (deveres de proteção com relação a determinadas fontes de perigo), Hans-Heinrich Jescheck refere que se trata de uma obrigação de menor amplitude do que a anteriormente estudada (aquela entre garantidor e um dado bem jurídico).[294] E este, não é demais dizer, é um ponto amplamente reconhecido pela doutrina, como se verá nas teorias que seguem e no capítulo subsequente.

Hans-Heinrich Jescheck identifica, também aqui (deveres vinculados a fontes de perigo), três subgrupos, sendo o primeiro um comportamento prévio perigoso por parte do garante (ingerência). O autor refere que este comportamento deve ser adequado à produção do dano e, ainda, antijurídico:

> Como "injerente" es, sobre todo, responsable jurídicopenalmente quien rompe la previa relación de protección mediante la neutralización del propio titular del bien jurídico u otra persona dispuesta a la defensa, o alumbra una nueva fuente de peligro que tanto puede consistir en el desencadenamiento de fuerzas de la naturaleza como en la falta de viligancia para con las personas que le están confiadas.[295]

O segundo subgrupo vinculado às fontes de perigo é o dever de garante de vigiar as fontes de perigo que estão no seu âmbito de domínio. Isso porque, ressalta o autor alemão, a comunidade deve poder confiar em que aquele que exerce um poder de disposição em um determinado âmbito controla os riscos que podem surgir neste específico espaço. Estão aqui os perigos causados por animais, equipamentos ou instalações que estão no domínio de uma determinada pessoa (garante).[296]

O terceiro e último grupo abrange a responsabilidade por atos de terceiros. Aqui, também importa a confiança comunitária: é decisiva a ideia de que a coletividade – considerando a posição de autoridade e de controle – confia que o obrigado domine os perigos oriundos das pessoas a quem deve vigiar.[297]

---

[292] JESCHECK, 1993, p. 566 e s.
[293] JESCHECK, 1993, p. 567.
[294] JESCHECK, 1993, p. 567 e s.
[295] JESCHECK, 1993, p. 569.
[296] JESCHECK, 1993, p. 571.
[297] JESCHECK, 1993, p. 571.

1.3.3. A concepção de Jorge de Figueiredo Dias

Partindo dos dois elementos da "teoria das funções", Jorge de Figueiredo Dias traz classificação semelhante à de Hans-Heinrich Jescheck. No que tange aos deveres de proteção e assistência com relação a um dado bem jurídico, observa a existência de três subgrupos, quais sejam, as "relações de proteção familiar e análogas", as "estreitas relações de comunidade" e, ainda, a "assunção voluntária de uma função de proteção ou de guarda de bens jurídicos determinados",[298] Inicialmente, o autor destaca a imprescindibilidade da existência de "relações fáticas" (no sentido de "proximidade sócio-existencial") e, ainda, de uma relação de efetiva dependência entre o protegido e o garante. "Isso porque o omitente deve ser responsável, numa medida elevada, pelo bem jurídico carente de proteção".[299]

No que concerne às relações de proteção familiares ou análogas, Jorge de Figueiredo Dias traz, inicialmente, o exemplo mais citado pela doutrina, qual seja, a relação entre os pais e os seus filhos, destacando a imprescindibilidade de que estes sejam efetivamente dependentes daqueles. O autor português refere que não há óbice para se estender o dever de proteção na situação inversa, dos filhos com relação aos seus pais,[300] bem como dos avós com relação aos seus netos e demais relações entre irmãos e, até mesmo, "cunhados, sogros, genros ou noras e primos".[301]

O autor observa que também estão nesse subgrupo as relações entre cônjuges e entre aqueles que vivem em condições análogas às matrimoniais. Deve-se observar que, aqui, os deveres são menos extensos do que aqueles entre pais e filhos, justamente por haver uma margem muito maior de autodeterminação.[302]

A assunção voluntária de proteção ou de guarda a determinados bens jurídicos corresponde, para Jorge de Figueiredo Dias, ao "velho" fundamento do "contrato". Há, contudo, uma diferença essencial – já

---

[298] DIAS, 2007, v. 1, p. 939.

[299] DIAS, 2007, v. 1, p. 939.

[300] Neste sentido, tem-se um importante julgado do Supremo Tribunal de Justiça de Portugal, em que foi reconhecido o dever de garantia de um filho com relação à sua mãe, que contava com mais de 80 (oitenta) anos. No caso, referiu-se que o filho passou dias sem alimentar sua genitora, que estava impossibilitada de movimentar-se. Interessante referir que o julgado trabalha, dentre outros elementos, com a "concepção onto-antropológica" de José de Faria Costa e com a noção de "proximidade existencial" de Jorge de Figueiredo Dias (PORTUGAL, Supremo Tribunal de Justiça. Processo n. 03P1677, relator Leal Henriques, julgado em 09/7/03. Disponível em: http://www.stj.pt/?idm=43. Acesso em: 16 ago. 2009).

[301] DIAS, 2007, v. 1, p. 939 e ss.

[302] DIAS, 2007, v. 1, p. 940.

observada por Hans-Heinrich Jescheck – consistente em identificar o dever de garantia na assunção fática de uma situação de proteção, independentemente de uma relação contratual válida.[303] Essa discussão, vale dizer, é antiga e já havia sido proposta – dentre outros autores – por Hans Welzel, quando este identificara a insuficiência de se limitar aos requisitos formais de um contrato. O autor exemplificou com uma babá, dizendo que, se ela não assumisse o seu trabalho, não poderia ser responsabilizada por eventual lesão à criança, mesmo que tivesse desrespeitado alguma norma contratual. Nas palavras de Hans Welzel: "A posição de garantia se origina somente sobre a base de assunção 'efetiva' do dever e, na verdade, só ali de onde começa a situação de perigo de cuja proteção o garante está encarregado".[304]

Quanto às estreitas relações de comunidade e de perigo, o autor destaca, mais uma vez, a necessidade de "confiança" e de "dependência". Compreende que pode haver dúvidas quanto à "autonomização" do grupo "comunidade de vida", mas que é necessária a de "comunidade de perigo". Nesta, é o caráter arriscado do empreendimento – por todos aceito – que "cria 'em cada um' dos participantes um dever de garantia face a 'todos' os restantes".[305] Aponta, ainda, alguns pressupostos tratados por Günter Stratenwerth, que serão, posteriormente, reiterados neste trabalho, pois compartilhados por André Leite. Os requisitos são: 1) a existência de relações estreitas e efetivas; 2) a existência real de uma comunidade de perigos e 3) o perigo já deve incidir sobre a vítima potencial, não sendo algo abstrato e geral.[306]

No segundo grupo, Jorge de Figueiredo Dias compreende que a posição de garantia deriva de deveres de vigilância e segurança diante de uma fonte de perigos. Aqui, observa que os deveres são mais estreitos, porque não se faz necessário proteger um dado bem jurídico de todas as formas de perigo: o dever de garantia vincula-se ao controle e à vigilância "apenas" da fonte geradora do perigo. Também aqui, o autor identifica três subgrupos, quais sejam, o da "ingerência", o do "âmbito do domínio próprio" e o da "atuação de terceiros".[307]

Por fim, o autor identifica outra causa de dever de garantia – já tratada por José de Faria Costa e que causa, aparentemente, maior preocupação na doutrina portuguesa do que na dos demais países – consistente na posição de "monopólio". Aqui, Jorge de Figueiredo

---

[303] DIAS, 2007, v. 1, p. 941 e ss.

[304] WELZEL, 2003, p. 292 e s.

[305] DIAS, 2007, v. 1, p. 944.

[306] DIAS, 2007, v. 1, p. 944.

[307] DIAS, 2007, v. 1, p. 945 e ss.

Dias identifica três requisitos, a saber: 1) o agente deve estar em uma situação – mesmo que ocasional – de "domínio fáctico absoluto e próximo da situação"; b) o perigo deve ser "agudo e iminente" e 3) o agente ("senhor da situação") deve poder realizar a ação esperada, sem incorrer em situação perigosa para si próprio.[308] Por derradeiro, refere concordar com André Leite – cuja construção será a seguir analisada – no sentido de que o fundamento do monopólio está na "abissal desproporção entre o bem jurídico em perigo e o esforço do omitente no decurso do processo salvador".[309]

1.3.4. A concepção de André Leite

Passa-se, agora, a uma sucinta análise da proposta de André Leite. O autor compreende que "a lei, o contrato e a ingerência são meras modalidades não taxativas de que podem revestir-se os critérios materiais"[310] e trabalha com os chamados "planos" das posições de garantia.[311]

No que tange aos "deveres de proteção e assistência perante os bens jurídicos alheios desamparados", identifica três subgrupos, quais sejam: o da "comunidade de vida", o da "comunidade de perigo" e o das "funções de guarda e de assistência". Quanto ao primeiro subgrupo, refere, inicialmente, a desnecessidade de separar as relações familiares do grupo "comunidade de vida". Logo depois, aborda a imprescindibilidade de constatar-se uma "proximidade existencial" e uma "situação real de dependência" entre o protegido e o garantidor (requisitos de Jorge de Figueiredo Dias).[312] Nas palavras de André Leite:[313]

> Quando pensamos no exemplo paradigmático deste plano – as "relações paterno-filiais" – logo se comprova a bondade do que fica dito: os laços co-naturais à relação de parentesco precipitam-se num conteúdo material de ilicitude em que o progenitor deve obviar à produção de resultados lesivos face ao seu descendente, não em todo e qualquer momento da vida deste último, mas apenas, como resulta óbvio, nos casos em que, fruto das características do objecto de proteção, este se encontra como que num "estado de sujeição" face a terceiros e pelo qual alguém –investido num dado papel jurídico – tem de responder.

---

[308] DIAS, 2007, v. 1, p. 950 e ss.
[309] DIAS, 2007, v. 1, p. 951.
[310] LEITE, 2007, p. 193.
[311] LEITE, 2007, p. 199.
[312] LEITE, 2007, p. 203.
[313] LEITE, 2007, p. 204.

No que tange ao segundo subgrupo ("comunidade de perigo"), André Leite refere a necessidade de serem observados alguns requisitos já apontados e estudados por Günter Stratenwerth e por Jorge de Figueiredo Dias[314] – consistentes em: a) as relações serem "estreitas" e "efetivas", e não um "Segundo Código Moral ou Social"; b) a real verificação de perigo e c) a existência de um perigo "agudo", apto a lesar bens jurídicos.[315] É interessante a observação do autor sobre a posição do garantidor nesse específico grupo: é vítima da situação de perigo (porque dela participa) e é eventual autor de um delito omissivo impróprio.[316]

O terceiro subgrupo é composto por aqueles que assumem outras funções de guarda e assistência. Aqui, interessa especialmente o ato de vontade de sujeito que se coloca em uma situação de garantidor. Nas palavras do autor:[317]

> Dito de outro modo, as "relações de comunidade de vida" contendem com laços de solidariedade dita "natural" ou "originária", ao passo que o plano sob análise tem que ver com o surgimento de tais laços de modo "derivado", em virtude um comportamento anterior que, tácita ou expressamente, responsabiliza o omitente pela lesão do bem jurídico ou dos bens jurídicos incluídos no conteúdo funcional associado à assunção da posição de garante.

Por derradeiro, André Leite também se preocupa em destacar a necessidade de que o garante assuma "de modo efectivo" o dever. Neste contexto, o instrutor de condução não poderá ser responsabilizado se não comparecer ao trabalho e não assumir de fato o seu dever, mesmo que o seu aluno, o instruendo, decida dirigir e venha a atropelar e matar alguém.[318]

André Leite, tal qual os outros autores portugueses cujas teorias foram acima analisadas, demonstra preocupação com as situações de monopólio.[319] Como já se referiu quando do estudo da construção de Jorge de Figueiredo Dias, André Leite compreende que o que caracteriza o monopólio é "a existência de uma abissal desproporção entre o bem jurídico em perigo e a actuação positiva que o agente poderia empreender para a respectiva salvaguarda".[320] O autor rejeita a ideia de que é necessária apenas uma pessoa para que se configure o mono-

---

[314] DIAS, 2007, v. 1, p. 944.
[315] LEITE, 2007, p. 229.
[316] LEITE, 2007, p. 230.
[317] LEITE, 2007, p. 233.
[318] LEITE, 2007, p. 233 e s.
[319] LEITE, 2007, p. 252 e ss.
[320] LEITE, 2007, p. 256.

pólio[321] e defende que este dever (oriundo do monopólio) se vincule a bens pessoais.[322]

Partindo dessas premissas, André Leite aponta os requisitos necessários à configuração do dever de garante neste plano:[323]

> a) o(s) omitente(s) pode(m) ver impender sobre si uma obrigação de intervir mesmo por força de circunstâncias ocasionais; b) a situação de perigo não pode ter sido criada pelo(s) omitente(s), nem pode corresponder a uma fonte de perigo face à qual o(s) agente(s) tenha(m) a obrigação jurídica de a manter dentro das margens do "risco permitido"; c) o perigo deverá, ainda, ser "iminente", o(s) agente(s) dotado(s) das necessárias capacidades para intervir e o processo salvador adequado à proteção do bem ameaçado; d) a concreta forma de salvaguarda do interesse em perigo deve representar um "esforço mínimo para o(s) omitente(s)", nunca lhe(s) exigindo a colocação em risco da sua própria vida ou da sua integridade física de modo grave, ou seja, esse esforço tem de ser, atento a um "critério de proporcionalidade", abissalmente inferior, na escala axiológica que subjaz à Constituição, ao bem ou bens jurídicos em perigo.

O segundo grupo estudado por André Leite é aquele atinente aos "deveres de supervisão e controle de uma fonte de perigos". Aqui, o garante tem uma obrigação de menor abrangência, pois vinculada aos resultados de uma específica fonte. O autor identifica, mais uma vez, três subgrupos, a saber: a "ingerência", o "dever de fiscalização de fontes de perigo no âmbito do domínio próprio" e o "dever de garante face a atuação de terceiros".[324] Por ora, basta dizer que, para o autor, as posições de garantia fundamentam-se na confiança comunitária de que as fontes serão controladas pelo sujeito.[325]

---

[321] Este critério (exigência de apenas uma pessoa) representa, nas palavras do autor, um "elemento aleatório intolerável", eis que "[...] a punição menos severa dar-se-á se, 'por sorte'(para os agentes), dois ou mais indivíduos se virem confrontados com uma mesma situação a reclamar um processo salvador, ao passo que a responsabilidade nos quadros de um delito omissivo impróprio daquele que é o único a, acidentalmente, se encontrar em condições de intervir, será, como regra, mais severa, sem que o grau de ilicitude documentado em acto possa dizer-se superior à primeira hipótese". O autor compreende, ainda, que este critério enseja resultados político-criminais inadmissíveis e exemplifica com uma situação em que duas ou mais pessoas podem, sem qualquer esforço considerável, salvar uma criança que está em um lago bastante raso. Nesse caso concreto, a punição seria menos grave por haver mais de uma pessoa, mas, em verdade, o grau de ilicitude é maior: "o facto de haver mais do que um sujeito em condições de intervir reclama uma punição mais severa, 'maxime' se partimos de uma teoria da prevenção geral positiva quanto aos fins da pena – a 'reafirmação contrafáctica da norma' é mais exigível, porque mais fácil, em hipótese em que vários cidadãos estão em condições de, evitando a lesão de bens jurídicos, demonstrar a sua fidelidade ao Direito." Finaliza o autor: "Persistir no entendimento do 'monopólio' como tradicionalmente ele tem vindo a ser configurado é enviar à comunidade um sinal de que situações que comportam, pelo menos, o mesmo grau de ilicitude e de culpa, são tratadas de modo diverso sem que exista uma justificação compreensível." (LEITE, 2007, p. 257 e s.).

[322] LEITE, 2007, p. 261.

[323] LEITE, 2007, p. 261.

[324] LEITE, 2007, p. 266 e ss.

[325] LEITE, 2007, p. 271 e ss.

1.3.5. Considerações acerca do art. 13, § 2°, do Código Penal brasileiro

Insta, ainda, fazer algumas considerações sobre o art. 13, § 2°, do Código Penal brasileiro. O dispositivo prevê que "a omissão é penalmente relevante quando o omitente devia e podia agir para evitar o resultado." Logo depois, traz as fontes da teoria formal, estabelecendo que o "dever de agir incumbe a quem: a) tenha por lei obrigação de cuidado proteção ou vigilância; b) de outra forma, assumiu a responsabilidade de evitar o resultado; c) com seu comportamento anterior criou o risco da ocorrência do resultado".[326]

Ao analisar esse dispositivo, Cezar Roberto Bitencourt refere que houve um equívoco do legislador ao definir essas situações como hipóteses de "omissão relevante". Segundo o autor, tem-se a falsa impressão de que a omissão própria "não é penalmente relevante".[327] Parece, contudo, que a interpretação adequada é a seguinte: em regra, a omissão só é típica e só tem relevância jurídico-penal quando expressamente prevista em um dispositivo legal (omissão própria). Nas demais situações, quando não há previsão legal, a omissão só assume relevância quando houver um "dever jurídico", que obrigue o garante a agir.

Antes da análise das fontes da posição de garantia e do tratamento que elas vêm recebendo da doutrina nacional, parece importante perquirir se o rol previsto no art. 13, § 2°, é taxativo ou meramente exemplificativo. Aparentemente, a intenção do legislador foi consagrar um rol fechado, tanto que – na exposição de motivos da Comissão que reformou a Parte Geral em 1984 – se afirmou que estaria estabelecida uma "clara identificação dos sujeitos a que se destinam as normas preceptivas", como se transcreve abaixo:

> No art. 13, § 2º, cuida o Projeto dos destinatários, em concreto, das normas preceptivas, subordinados à prévia existência de um dever de agir. Ao introduzir o conceito de omissão relevante, e ao extremar, no texto da lei, as hipóteses em que estará presente o dever de agir, estabelece-se a clara identificação dos sujeitos a que se destinam as normas preceptivas [...]

---

[326] Esta redação é fruto da reforma integral da Parte Geral, ocorrida em 1984, por meio da Lei 7.209. Antes da referida reforma, a omissão era tratada no art. 11, que tinha a seguinte redação: "Art. 11. O resultado, de que depende a existência do crime, somente é imputável a quem lhe deu causa. Considera-se causa a ação ou omissão sem a qual o resultado não teria ocorrido. Superveniência de causa independente Parágrafo único. A superveniência de causa independente exclui a imputação quando, por si só, produziu resultado; os fatos anteriores, entretanto, imputam-se a quem os praticou."

[327] BITENCOURT, 2008, v. 4, p. 238.

Em obra datada 2002, Luiz Regis Prado constatou que a doutrina compreendia que "[...] dever de garante não ressai apenas do direito positivo, mas também da solidariedade humana ou da relação-fática entre o autor e a fonte de perigo pela qual é responsável".[328] Mais recentemente, em obra publicada em 2008, trouxe ideias semelhantes,[329] mas firmou o entendimento de que a enumeração das hipóteses de garantia "busca estabelecer parâmetros legais para a matéria." Concluiu: "A partir daí, e em síntese, tão somente a lei, o contrato e a ingerência podem ser tidos como elementos fundantes do aparecimento de um dever especial de agir para evitar o resultado típico".[330]

Para Scheila Bierrenbach: "O Código Penal brasileiro em vigor optou por um elenco fechado de garante [...]".[331] Para Cláudio Brandão: a norma do art. 13, § 2º, apresenta um rol fechado, "[...] fora dela não existe comportamento juridicamente relevante".[332] No mesmo sentido, tratando especificamente da omissão imprópria culposa, posiciona-se Juarez Tavares:[333]

> [...] torna-se indispensável nesses delitos, para efeito de atender ao princípio da legalidade, que as condições pelas quais um sujeito se insere como garantidor de um determinado bem jurídico se vejam descritas expressamente na lei. Como, por seu turno, essas condições vêm descritas no art. 13, §2º, do Código Penal, é partir delas, e não de outras circunstâncias, que se deve proceder à delimitação da omissão imprópria culposa. Não cabe, portanto, no direito brasileiro, a invocação de condições materiais de criação e fundamentação da posição de garantidor, tal como se faz na doutrina alemã. Os elementos conditos no art. 13, § 2º, do Código Penal condicionam e delimitam, obrigatoriamente, o conteúdo da norma mandamental.

Paulo José da Costa Júnior, contudo, parece aceitar outras hipóteses de surgimento do dever de garantia, mas não sem alertar sobre o risco à certeza do direito.[334] Alberto Silva Franco refere que a previsão das fontes mostra-se "incompleta e insatisfatória", "não abrangendo

---

[328] PRADO, Luiz Regis Prado. *Comentários ao Código Penal*: doutrina: jurisprudência selecionada: leitura indicada. São Paulo: Revista dos Tribunais, 2002. p. 78. Idêntica observação consta na obra: BITENCOURT, Cezar Robert; PRADO, Luiz Regis. *Código Penal anotado e legislação complementar*. São Paulo: Revista dos Tribunais, 1997. p. 58.

[329] PRADO, Luiz Regis. *Curso de direito penal brasileiro*: parte geral. 8. ed. São Paulo: Revista dos Tribunais, 2008. p. 289.

[330] PRADO, 2008, p. 284.

[331] BIERRENBACH, Sheila A. Considerações acerca dos sujeitos ativos dos crimes omissivos impróprios. In: CIÊNCIA penal: coletânea de estudos: homenagem a Alcides Munhoz Netto. Curitiba: JM, 1999. p. 332.

[332] BRANDÃO, Cláudio. *Teoria jurídica do crime*. Rio de Janeiro: Forense, 2007. p. 34.

[333] TAVARES, Juarez. *Teoria do crime culposo*. 3. ed. Rio de Janeiro: Lumen Juris, 2009. p. 486.

[334] Nas palavras do autor: "É possível que a fórmula legislativa prevista pelo §2º do art. 13 não seja a mais perfeita, constituindo-se em mera indicação genérica orientadora. A enumeração legal das três hipóteses descritas, mostrando-se insuficiente, de linhas imprecisas, põe em risco a

situações, que podem conduzir o agente à posição de garantidor do bem jurídico protegido".³³⁵ Aborda, logo depois, que a opção do legislador de 1984 foi a de trazer o rol dos deveres de garantia, sem concessão às considerações da doutrina mais moderna.³³⁶

Parece assistir razão ao posicionamento que faz uma leitura restritiva, compreendendo que o rol do 13, § 2°, do Código Penal é taxativo. É possível, contudo, que o legislador reconheça outras hipóteses de "dever de garantia", como ocorreu quando do advento do art. 2° da Lei 9.605/98.³³⁷ Esse dispositivo legal vinculou a "posição de garantidor" – em delitos ambientais – a determinados cargos. Como se demonstrará no capítulo seguinte, o fundamento do dever no âmbito do direito penal ambiental vincula-se ao perigo e ao "domínio sobre o resultado": os detentores daqueles cargos serão garantes quando vinculados ao perigo e quando tiverem o domínio – material ou pessoal – sobre o resultado.

Passa-se, agora, a analisar as fontes de posição de garantia previstas no Código Penal. A alínea "a" do art. 13, § 2°, prevê que tem o dever jurídico de agir aquele que tem obrigação de cuidado, de proteção ou de vigilância imposta por lei, penal ou extrapenal.³³⁸ Como já se

---

certeza do direito e a garantia de liberdades dos cidadãos." (COSTA JÚNIOR, 2005, p. 47. Com idêntica redação: COSTA JÚNIOR, 2003, p. 29.

³³⁵ FRANCO; STOCO, 2001, v. 1, p. 228.

³³⁶ FRANCO; STOCO, 2001, v. 1, p. 228.

³³⁷ "Art. 2° Quem, de qualquer forma, concorre para a prática dos crimes previstos nesta Lei, incide nas penas a estes cominadas, na medida da sua culpabilidade, bem como o diretor, o administrador, o membro de conselho e de órgão técnico, o auditor, o gerente, o preposto ou mandatário de pessoa jurídica, que, sabendo da conduta criminosa de outrem, deixar de impedir a sua prática, quando podia agir para evitá-la."

³³⁸ O entendimento de que o dever de cuidado pode advir de lei penal ou extrapenal é ponto consensual na doutrina, e, vale dizer, os exemplos trazidos pelos autores derivam, em regra, de leis não penais, como o tão citado exemplo do dever de assistência dos pais com relação aos filhos. A título meramente exemplificativo (BITENCOURT, 2008, v. 1, p. 238 e s.; BRANDÃO, 2007, p. 35; BIERRENBACH, 2002, p. 76; BIERRENBACH, 1999, p. 332; DELMANTO, Celso et al. *Código Penal comentado*. 7. ed. Rio de Janeiro: Renovar, 2007. p. 57. FRANCO; STOCO, 2001, v. 1, p. 227; GRECO, Rogério. *Curso de direito penal*. Rio de Janeiro: Impetus, 2008. v. 1, p. 285; SANTOS, Juarez Cirino. *Direito penal*: parte geral. 3. ed. Curibita: ICOC, 2008. p. 215; TOLEDO, 1994, p. 117; ZAFFARONI, 2007, v. 1, p. 468. Este entendimento é pacífico também em âmbito jurisprudencial. A título exemplificativo, pode-se lembrar a Apelação Crime n. 70008 077 323, julgada no Tribunal de Justiça do Rio Grande do Sul, quando se afirmou que a omissão da mãe biológica é penalmente relevante na hipótese em que seu companheiro submeta seu filho a maus tratos: RIO GRANDE DO SUL. TJRS, Apelação Crime n° 70008077323, Apelante: Rosimeri Strassburger de Abreu e Cladimir de Almeida Cezar. Terceira Câmara Criminal, Tribunal de Justiça do RS, Relator: Danúbio Edon Franco, j. em 17/06/2004. Na Apelação Criminal 70011338241, o mesmo Tribunal reconheceu a relevância da omissão da mãe adotiva, que não impediu que o filho fosse vítima de crimes sexuais pelo seu marido (e pai adotivo da criança): RIO GRANDE DO SUL. TJRS, Apelação Criminal n. 70011338241. Apelante/ Apelado: Ministério Público. Apelante/ apelado: Elzira Maria Gossmann da Silva. Oitava Câmara Criminal. Relatora Fabianne Breton Baisch. j. em 14 de setembro de 2005. Também o Tribunal de Justiça de Minas Gerais

disse quando do estudo do critério formal, parte da doutrina compreende que este dever pode advir de outras fontes – que não a lei em seu sentido técnico-jurídico – como, por exemplo, decretos, decisões judiciais e ordens de autoridade hierarquicamente superior. Como já se referiu também, esse entendimento não parece adequado, devendo-se compreender a lei em seu sentido técnico e estrito, pois: 1) quando há restrição à liberdade da pessoa, recomenda-se uma interpretação restritiva e 2) as características próprias das "leis" fazem com que lhes seja inerente maior segurança jurídica e previsibilidade.

Mais: deve-se observar que o art. 13, § 2°, refere, expressamente, o termo "lei". A abertura para ordem infralegal ou, mesmo, para decisões judiciais ou de autoridades hierarquicamente superiores implicaria verdadeira analogia *in malam partem*, prática que não deve ser admitida no âmbito do direito criminal.[339] Nesse sentido, manifesta-se Cláudio Brandão:[340]

> Deve-se salientar que o dever de agir deve estar fundamentado em uma lei; se a norma for infralegal não será possível a incidência desta regra, por força do que dispõe o princípio constitucional da legalidade. Caso contrário, estaríamos diante de uma verdadeira analogia "in malam partem".

---

considerou relevante a omissão da mãe em crimes sexuais praticados contra sua a filha menor, que contava com apenas 07 (sete) anos quando dos fatos: MINAS GERAIS. TJMG. Apelação Criminal 38658/1 1 Câmara Criminal. Apelante: Ministério Público. Apelados: Jailson Cardoso dos Santos Ferreira e M.L.S., j. em 04 de abril de 1995. Desembargador José Loyola. Julgado publicado na Revista dos Tribunais. n. 725 março de 1996. 85 ano. p. 629 – 632. Por derradeiro, cita-se o *Habeas Corpus* n. 70013274485, julgado pelo Tribunal de Justiça do estado do Rio Grande do Sul. O caso penal versou sobre a responsabilização criminal de um Comandante da Brigada, que liderava uma tropa e uma operação que resultou na morte de um sindicalista. O Comandante foi absolvido por falta de dolo, mas, no acórdão, se reconheceu que ele tinha o dever legal de agir, com fulcro no art. 144 da Constituição Federal. Nas palavras da Relatora: "[...] O parágrafo 2° do artigo 13 do CP que trata do nexo causal, prevê a omissão penalmente relevante, quando o agente devia e podia agir para impedir o resultado, desde que tivesse por lei o 'dever de cuidado e vigilância'. A Constituição Federal (artigo 144) atribui ao Estado o dever da segurança pública, a fim de preservar a ordem pública, a incolumidade das pessoas e o patrimônio e, às polícias militares, o policiamento ostensivo, inclusive das rodovias para a preservação da ordem e segurança. A Constituição do Estado do RGS repete as atribuições da polícia militar e ações ostensivas já consagradas na Lei Maior para manter a segurança pública. Em razão da hierarquia e das ações desenvolvidas pelos agentes policiais em serviço de patrulhamento programado e público, em tese, podem os superiores, responder pelo resultado que configura o tipo penal [...]": RIO GRANDE DO SUL. TJRS. Habeas Corpus. 70013274485. Terceira Câmara Criminal. Relatora: Elba Aparecida Nicolli Bastos. Impetrante: Luiz Carlos Ferreira. Paciente: José Paulo da Silva. Coator: juiz de direito da Vara de Sapiranga. Julgado em 17 de novembro de 2005.

[339] Nilo Batista refere que o princípio da legalidade pode – pelo prisma da garantia individual – ser decomposto em quatro funções, sendo uma delas justamente a proibição de analogia para criar crimes, fundamentar ou mesmo agravar penas. As outras três funções apontadas pelo autor são: 1) proibição de retroatividade da lei penal; 2) proibição de criação de crimes e de agravação de penas pelo costume e 3) proibição de incriminação vagas e indeterminadas (BATISTA, Nilo. *Introdução crítica ao direito penal brasileiro*. 10. ed. Rio de Janeiro: Revan, 2005. p. 68 e ss.).

A alínea "b", por sua vez, estabelece que tem o dever jurídico aquele que assumiu a responsabilidade de evitar o resultado. Observa-se que o dispositivo não refere a forma, o modo, como deve dar-se essa assunção de responsabilidade. Diante disso, a doutrina firmou o entendimento de que a alínea "b" não se identifica com o "dever contratual" e de que o "dever de garantia" surge quando há a "assunção fática" da responsabilidade. Mais: o "dever de garantia" independe de haver qualquer forma contratual e, na hipótese de existir um contrato e de ele portar vícios, não estará, necessariamente, afastada a posição de garantidor. Sobre esses pontos, são elucidativas as palavras de Francisco de Assis Toledo:[340]

> O Código [...] não definiu o "modo" ou os casos em que o obrigado assume a posição de "garante", nem se deve restringir esta hipótese às obrigações de índole puramente contratual de sorte a permitir-se o transplante, para a área penal, de infindáveis discussões sobre as questões prejudiciais em torno da validade ou da eficácia do contrato gerador da obrigação. Penso que, aqui, a solução deve apoiar-se no princípio de que a "posição de garante" surge para todo aquele que, por ato voluntário, promessas, veiculação publicitária ou mesmo contratualmente, capta a confiança dos possíveis afetados por resultados perigosos, assumindo, com estes, a título oneroso ou não, a responsabilidade de intervir, quando necessário para impedir o resultado lesivo.

Transcrevem-se, também, as lições de Sheila Bierrenbach:[341]

> Importante ressaltar que, se por um lado, não é necessário um contrato formal para fazer nascer a posição de garantia com os deveres a ela inerentes, por outro é imprescindível que o garante assuma, efetivamente, a referida custódia para que possa responder pela omissão. Assim, aquele que se oferece, voluntariamente, para auxiliar um cego a atravessar uma rua, não poderá, a meio do caminho, desistir de ajudá-lo. No entanto, a babá contratada formalmente, que desiste do emprego antes de iniciar-se a relação empregatícia, não responderá pelas lesões porventura sofridas pela criança que lhe seria confiada. No entanto, aquela que inicia o serviço será responsabilizada, mesmo que o contrato seja nulo, devendo, ademais, continuar em seu posto, após o término de seu horário, até ser substituída.

A doutrina é uníssona, também, em destacar que esta "assunção fática de responsabilidade" deve dar-se de forma "voluntária".[342] Mais: essa assunção pode ser transitória, durante algumas poucas horas, como no exemplo trazido por Cezar Roberto Bitencourt, daquela vizinha que se oferece para cuidar de uma criança enquanto a mãe desta se ausenta. Essa assunção de responsabilidade torna a vizinha garantidora da criança até o retorno de sua mãe.[343]

---

[340] TOLEDO, 1994, p. 117 e s.
[341] BIERRENBACH, 2002, p. 79. Também: BIERRENBACH, 1999, p. 334.
[342] A título meramente exemplificativo: BITENCOURT, 2008, v. 1, p. 239; BRANDÃO, 2007, p. 35; BIERRENBACH, 2002, p. 79; BIERRENBACH, 1999, p. 334.
[343] BITENCOURT, 2008, v. 1, p. 239.

A alínea "c", por sua vez, prevê que tem o dever de agir aquele que com o seu comportamento anterior cria a ocorrência do resultado. Trata-se da hipótese de ingerência, cujos fundamentos e limites serão detidamente analisados no capítulo subsequente.

Por derradeiro, parece importante referir que, na interpretação do art. 13, §2°, devem-se ter presentes todas aquelas restrições abordadas quando do estudo do critério formal: é absolutamente insuficiente a violação de um dispositivo legal ou contratual, bem como a simples constatação de um atuar prévio. É imprescindível a demonstração de critérios materiais que justifiquem o "dever de garantia" e a equiparação do *non facere* ao *facere*. O ideal seria que o art. 13, §2°, do Código Penal previsse que o "dever de agir" deve ser "confirmado" pela lei, pela assunção de responsabilidade ou pela situação criada pelo omitente. Evidenciar-se-ia, assim, a necessidade de uma realidade pré-normativa, prévia à lei, que justificasse a posição de garantia.

2. O princípio da legalidade e os crimes omissivos impróprios

A responsabilização por um delito omissivo impróprio enseja fundadas dúvidas acerca do respeito ao princípio da legalidade e parece violentar a ideia da interpretação restritiva da lei penal. Isso porque, como se observou, esses delitos não estão expressamente previstos na legislação, advindo a responsabilização do sujeito da simples equiparação com crimes comissivos ou, ainda, da combinação de dispositivos legais (o tipo legal do crime comissivo e a norma de extensão que equipara a omissão à ação). Como consequência disso, condutas inicialmente atípicas ou caracterizadoras de um delito de omissão própria tornam-se crimes omissivos impróprios, respondendo o omitente como se tivesse agido.

Atualmente, os delitos omissivos impróprios têm encontrado espaço na legislação e, em regra, sua configuração não advém da simples equiparação com um crime comissivo, mas da combinação de normas (reitera-se: da combinação do tipo comissivo com a norma de extensão). E essa combinação dá-se de duas formas: 1) com uma norma genérica, que não faz referência às fontes, e 2) com uma norma específica, em que as fontes do dever de ação estão expressamente previstas.

Os códigos alemão,[344] português[345] e italiano[346] estão no primeiro grupo e dispõem sobre a equiparação de um delito omissivo com um comissivo com base na contrariedade a um dever jurídico. Os códigos brasileiro[347] e espanhol,[348] por sua vez, são exemplos do segundo grupo e consagram expressamente as hipóteses de garantia. Bernd Schünemann critica ambas as formas: a primeira por apresentar um caráter tautológico, por representar uma definição circular do que seria a obrigação jurídica de atuar (tem obrigação de agir aquele que tem o dever jurídico para tanto); e a segunda por caracterizar um retrocesso àquilo que o autor chama de "obsoleta teoria do dever jurídico", a qual busca a equiparação da ação à omissão na lei, no contrato e na ingerência.[349]

---

[344] "§ 13 Comisión por omisión: (1) Quien omita evitar un resultado que pertenezca al tipo de una ley penal, sólo incurre en un hecho punible conforme a esta ley, cuando debe responder jurídicamente para que el resultado no se produciera, y cuando la omisión corresponde a la realización del tipo legal mediante una acción. (2) La pena puede disminuirse conforme al § 49, inciso 1."

[345] "art. 10 – 1 – Quando um tipo legal de crime compreender um certo resultado, o facto abrange não só a ação adequada a produzi-lo como a omissão da ação adequada a evitá-lo, salvo se outra for a intenção da lei. 2 – A comissão de um resultado por omissão só é punível quando sobre o omitente recair um dever jurídico que pessoalmente o obrigue a evitar esse resultado. 3 – No caso previsto no número anterior, a pena pode ser especialmente atenuada."

[346] Tradução livre: "art. 40 – Relação de Causalidade. Ninguém pode ser punido por um fato previsto pela lei como crime, se o evento danoso ou perigoso, do qual depende a existência do crime, não é consequência de sua ação ou omissão. Não impedir um evento, que se tem obrigação jurídica de impedir equivale a causá-lo." No original: "art. 40 – Rapporto di causalità. Nessuno può essere punito per un fatto preveduto dalla legge come reato, se l'evento dannoso o pericoloso, da cui dipende l'esistenza del reato, non è consguenza della sua azione od omissione. Non impedire un evento, che si ha l'obbligo giuridico di impedire, equivale a cagionarlo."

[347] "Relação de causalidade (Redação dada pela Lei n° 7.209, de 11.7.1984) Art. 13 – O resultado, de que depende a existência do crime, somente é imputável a quem lhe deu causa. Considera-se causa a ação ou omissão sem a qual o resultado não teria ocorrido. (Redação dada pela Lei n° 7.209, de 11.7.1984)". Também o Código Penal Militar, no seu art. 29, prevê expressamente as fontes do dever de garantia: "Relação de causalidade. Art. 29. O resultado de que depende a existência do crime somente é imputável a quem lhe deu causa. Considera-se causa a ação ou omissão sem a qual o resultado não teria ocorrido. § 1° A superveniência de causa relativamente independente exclui a imputação quando, por si só, produziu o resultado. Os fatos anteriores, imputam-se, entretanto, a quem os praticou. § 2° A omissão é relevante como causa quando o omitente devia e podia agir para evitar o resultado. O dever de agir incumbe a quem tenha por lei obrigação de cuidado, proteção ou vigilância; a quem, de outra forma, assumiu a responsabilidade de impedir o resultado; e a quem, com seu comportamento anterior, criou o risco de sua superveniência."

[348] "art. 11 – Los delitos o faltas que consistan en la producción de un resultado sólo se entenderán cometidos por omisión cuando la no evitación del mismo, al infringir un especial deber jurídico del autor, equivalga, según el sentido del texto de la Ley, a su causación. A tal efecto se equiparará la omisión a la acción: a) Cuando exista una específica obligación legal o contractual de actuar. b) Cuando el omitente haya creado una ocasión de riesgo para el bien jurídicamente protegido mediante una acción u omisión precedente."

[349] SCHÜNEMANN, Bernd. Sobre la regulación de los delitos de omisión impropia en los eurodelitos. In EL DERECHO penal económico en la Unión Europea. México: Instituto Nacional de

Em um texto datado de 1982,[350] Eugênio Zaffaroni trouxe duras críticas à equiparação de uma omissão a uma ação, registrando que, na hipótese de um "vazio de punibilidade", o legislador deve agir, deve legislar, sendo inadmissível que, "para prevenir esta eventualidade, os limites da proibição penalmente relevante fiquem liberados a valorações subjetivas altamente duvidosas".[351] Segundo o autor:[352]

> a) As fórmulas genéricas dos códigos, ou os enunciados doutrinários recolhidos jurisprudencialmente, que fazem suas vezes, por meio das quais se permite a elaboração judicial de tipos impróprios de omissão não escritos, são insatisfatórias, e não garantem suficientemente o princípio da legalidade. b) Dado que, em circunstâncias normais, quer dizer, no marco de um Estado de Direito democrático, os casos em que a jurisprudência e a mesma doutrina acodem a tais casos não são tão numerosos, não é impossível elaborar por escrito tais tipos impróprios de omissão. c) A política legislativa mais sã deve orientar-se, pois, no sentido de que seja o legislador o único encarregado de estabelecer quando uma estrutura omissiva equivale a uma ativa ou quando deve erigi-la em delito ainda que não exista uma equivalência total.

No Manual escrito em 2007 com José Pirangeli, Eugênio Zaffaroni ainda demonstrou preocupação com o instituto, reiterando que "os exemplos e casos jurisprudenciais a que habitualmente se recorre bem poderiam ser tipificados".[353] Nas suas palavras:[354]

> A nosso juízo, a pretensão de abarcar uma punibilidade sem lacunas é altamente perigosa, e cremos que, no futuro, seria desejável uma revisão dos conceitos acerca da omissão penal e da atitude legislativa frente a ela. Em definitivo, fora dos casos que normalmente se usam a título de exemplo, as outras hipóteses restantes a respeito de omissões sem tipicidade expressa são quase todas produtos de laboratório, que ninguém submeteu à prática até o momento.

Alcidez Munhoz Netto, em artigo publicado em 1981, referiu a necessidade de previsão das hipóteses do dever de garantia, dizendo que, sem isso, persistiria o problema de compatibilizar a omissão imprópria e a anterioridade da lei penal. O autor observou, ainda, que se tratava de uma dificuldade que abrangia a legislação penal dos mais diversos países e que representava uma limitação ao princípio

---

ciencias Penales, 2006. p. 33-37. p. 35.

[350] Antes, portanto, da consagração das hipóteses de garantia no Código Penal brasileiro. Como já se disse, antes da referida reforma, a omissão era tratada no art. 11, que tinha a seguinte redação: "Art. 11. O resultado, de que depende a existência do crime, somente é imputável a quem lhe deu causa. Considera-se causa a ação ou omissão sem a qual o resultado não teria ocorrido. Superveniência de causa independente. Parágrafo único. A superveniência de causa independente exclui a imputação quando, por si só, produziu resultado; os fatos anteriores, entretanto, imputam-se a quem os praticou."

[351] ZAFFARONI, 1982, p. 37.

[352] ZAFFARONI, 1982, p. 37 e s.

[353] ZAFFARONI; PIERANGELI, 2007, v. 1, p. 472.

[354] ZAFFARONI; PIERANGELI, 2007, v. 1, p. 472.

da *nulla poena sine lege*, já que a conduta criminosa não estava prevista de forma completa, integral. Pelo contrário: a lei previa apenas a modalidade comissiva e estendia a responsabilidade para aquele que não evitava o resultado, mas sequer referia quem deveria fazê-lo.[355] Nas palavras do autor:[356]

> Não há motivo para não definir legislativamente as fontes do dever de evitar o resultado. Não vale argumentar com a impossibilidade de circunscrever exaustivamente tipos legais a imensa variedade de possíveis situações de dever de agir. Semelhante dificuldade também existe quanto à definição de todos os comportamentos comissivos capazes de ofender bens jurídicos fundamentais à co-existência entre os homens. E nem por isso pensa-se em substituir o princípios da legalidade, que fundamenta o direito penal democrático, pelos sistemas de direito livre ou de permissão à analogia ampliadora das incriminações, próprios dos Estados de Polícia.

Em um artigo publicado em 1982, um ano depois, portanto, Alcidez Munhoz Netto propõe que se adote para as omissões impróprias o mesmo critério dos delitos culposos. Isso se daria pela previsão – na Parte Geral – de que esses crimes somente seriam puníveis quando houvesse previsão expressa na Parte Especial. Como consequência necessária, na Parte Especial, dever-se-ia estabelecer a pena para a hipótese de o delito comissivo ser praticado mediante omissão.[357]

Susana Huerta Tocildo – escrevendo antes da reforma do Código espanhol que consagrou as hipóteses da teoria formal – questionou-se sobre a suficiência de uma cláusula genérica como aquela do § 13 do Código Penal alemão e concluiu em sentido negativo. Para a autora, a previsão não confere uma orientação segura, garantidora da "racionalidade" e "objetividade".[358] Nas palavras de Susana Huerta Tocildo:[359]

> Frente a la resignación manifestada por aquellas posturas que consideran imposible una expresión por parte de la ley de las situaciones que originan ese "deber de garantía", en virtud de la consideración de que semejante tipificación anquilosaría el desarrollo de nuevas "posiciones de garantía" engendradas por la movilidad social, debe redorarse que esta manera de penar favorece el crecimiento desaforado y caótico de este elemento como fruto de una creación judicial incontrolada. ¿Qué es, entonces, preferible: quedarse corto o pasarse, cuando esto último implica, además, utilización de "analogía" contra reo?

---

[355] MUNHOZ NETTO, Alcidez. Crimes Omissivos. *Revista da Faculdade de Direito da UFPR*, Curitiba, v. 20, p. 71-103, 1981, p. 91.
[356] MUNHOZ NETTO, 1981, p. 82.
[357] MUNHOZ NETO, 1982, p. 25.
[358] HUERTA TOCILDO, Susana. *Problemas fundamentales de los delitos de omision*. Madrid: Centro de Publicaciones, 1987. p. 138.
[359] HUERTA TOCILDO, 1987, p. 138.

É interessante referir que a autora observa diferentes níveis de ataque ao princípio da legalidade, consoante a forma como se dispõe acerca dos deveres de garantia:

> 1) es mejor contar con una cláusula general en la que no se expresen las posiciones de garantía, que permanecer en la silenciosa actitud de nuestro Código Penal en materia de comisión por omisión; y 2) es mejor que esa cláusula geral contenga un elenco de posiciones de garantía – por más imperfecta que sea su expresión – que la indeterminación legal de ese elemento. El seguiente paso es obvio: 3) es temor un sistema de "numerus clausulus" de tipos omisivos impropios que cualquier sistema de cláusula general.³⁶⁰

No Congresso de Direito no Cairo, em 1984, esse problema recebeu atenção. Referiu-se que as técnicas legislativas adequadas para este problema são: "1. A melhoria das regulamentações, já incorporada pela parte geral de alguns Códigos; 2. A detalhada descrição das condutas incriminadas na parte especial do Código Penal".³⁶¹

Revelando-se a segunda opção (detalhada descrição das condutas incriminadas na parte especial) impraticável, deliberou-se no Congresso que se deve, ao menos, melhorar as normas existentes nos Códigos ou elaboradas pelos intérpretes, assegurando-se as seguintes condições:

> a) a obrigação de agir, a violação que contribui para o resultado que envolve a responsabilidade penal do autor da infração, não deve ser apenas moral ou social, mas estritamente jurídica, fundada em uma lei, em um papel, em um contrato ou em outra fonte juridicamente reconhecida; b) a pessoa a ser responsabilizada deve estar na posição do chamado garantidor do interesse legalmente protegido, tendo o poder de dominar algumas condições essenciais da materialização do evento típico; c) os deveres legais que estabelecem a função de garantidor devem ser dirigidas a uma específica categoria de sujeitos, com uma posição pessoal descrita na lei; d) a omissão deve corresponder à realização de um resultado contrário ao direito por meio de uma ação; e) deve-se limitar o tipo de delito de comissão por omissão a ataques contra interesses legalmente protegidos que são essenciais para o indivíduo ou para a sociedade.³⁶²

---

³⁶⁰ HUERTA TOCILDO, 1987, p. 138.

³⁶¹Tradução livre. No original: "1. the improvement of the regulations as already provided for by the general part of some Codes; 2. a detailed description of the incriminated offences in the special part of the Penal Code." (INTERNATIONAL CONGRESS OF PENAL LAW, 2009, p. 113 e s.).

³⁶² Tradução livre. No original: "a) the obligation to act, the violation of which contributes to cause a result that involves the penal responsibility of the perpetrator of the violation, should not only be moral or social, but strictly juridical, founded on a law, a role, a contract or any other juridically recognized source; b) a person in order to be considered responsible should be in the position of a so-called guarantor of the legally protected interest, having the power to dominate some essential conditions of the materialization of the typical event; c) the legal duties which establish the function of a guarantor should be addressed to a specifically determined category of subjects, having a personal position described by law; d) the omission should correspond to the achievement of the result contrary to the law through action; e) one should limit the type of offences of commission by omission to attacks against legally protected interests that are es-

Enfim, é indiscutível a importância do princípio da legalidade em um Estado Democrático de Direito e, como observa Jorge de Figueiredo Dias, seria hipócrita, farisaico, não reconhecer que a equiparação de um crime omissivo a um comissivo pode suscitar dificuldades.[363] Apesar disso e de ser tentadora a proposta de tipificação expressa de todos os delitos omissivos, essa não parece ser a solução adequada por algumas razões. Primeiro, porque, como bem abordado no Congresso de Cairo, parece impraticável. Segundo, porque, na ânsia de tudo tipificar, certamente restariam abrangidas situações não merecedoras da intervenção penal.

Como bem observa Jorge de Figueiredo Dias, mesmo na Alemanha, onde se tem uma jurisprudência reconhecidamente cuidadosa e rigorosa, reconheceu-se, por um longo período, a legitimidade dos crimes omissivos impróprios, apesar da ausência de qualquer norma que permitisse a sua punição. O § 13 do Código Penal alemão, que prevê a punição pelo delito comissivo por omissão, foi inserido apenas quando da reforma de 1969.[364] [365]

Jorge de Figueiredo Dias observa que a criação de tipos específicos ("tipos paralelos") nas hipóteses em que a comissão por omissão deve ser punida seria imprescindível para conferir aos crimes omissivos a mesma "determinabilidade" que os comissivos por ação têm. Não sendo assim, o autor concorda com a "relativa indeterminação" neste espaço jurídico e considera-a compatível com o princípio da legalidade. Diante disso, destaca a importância de que se busque e se tenha "uma determinação rigorosa dos concretos deveres de garantia; e que, consequentemente, o seu catálogo seja o mais estrito e determinado possível",[366] rejeitando-se, pois, "cláusulas gerais mais ou menos indeterminadas" ou, ainda, uma "excessiva funcionalização do catálogo" que o faça abrir mão de seu conteúdo material, imprescindível para resguardar a constitucionalidade do instituto.[367]

No âmbito brasileiro, no qual estão consagradas as hipóteses da teoria formal, Sheila Bierrenbach tem posição semelhante, compreen-

---

sential to the individual or to society. (INTERNATIONAL CONGRESS OF PENAL LAW, 2009, p. 113 e s.)."

[363] DIAS, 2007, v. 1, p. 923.

[364] DIAS, 2007, v. 1, p. 924.

[365] Antes do advento desse parágrafo, a doutrina alemã buscava justificar a omissão imprópria pela subsunção direta na Parte Especial, com equiparação ao delito comissivo. Para Susana Herta Tocildo, isso trouxe alguns problemas, especialmente vinculados à analogia "in malam partem" (HUERTA TOCILDO, 1987, p. 150).

[366] DIAS, 2007, v. 1, p. 924.

[367] DIAS, 2007, v. 1, p. 924.

dendo que é possível resguardar o princípio da legalidade. Acresce a essa ideia que, "em todos os casos, ainda que haja omissão do garante, há que examinar se, em referência ao tipo concreto, não existe obstáculo que exclua a autoria em comissão por omissão".[368] Esta tarefa cabe, evidentemente, ao aplicador do direito,[369] e não ao legislador.

Para Luiz Luisi, a técnica do Código Penal brasileiro (indicação expressa das fontes de garantia) preserva o princípio da legalidade. Na opinião do autor, "tal princípio há de ser entendido não de forma rígida e absoluta, mas relativa".[370] Não fosse assim, destaca o autor, não se poderia admitir a técnica legislativa denominada de "norma penal em branco", em que, como se sabe, são feitas referências a normas extrapenais, sendo muitas mutáveis e futuras.[371] Mais:[372]

> Em se tratando dos delitos omissivos impróprios não há, em nosso entender, como fugir a um certo grau de discricionariedade judicial. Mesmo que, a exemplo dos delitos culposos, se venha a indicar expressamente quais os delitos comissivos que podem ser omissivamente cometidos, resta pendente o problema da definição do dever de agir. A lei penal por mais minuciosa que venha a ser não esgotaria o elenco das diversas modalidades das obrigações de cuidado, de assistência e de vigilância, fontes do dever de agir, tornando inevitável a discricionariedade judicial.

Ainda:[373]

> [...] acreditamos que a possível conciliação entre o princípio da reserva legal e as exigências de justiça material de criminalização dos delitos comissivos por omissão ocorrem quando em norma específica o legislador penal consagra que o dever de agir que torna o agente garantidor, e, pois, sujeito ativo especial do delito omissivo impróprio, deve ser expresso em lei. E um grande passo se dá, quando se adota a técnica de indicação analítica desses deveres no texto legal. Pode-se, em nosso enfoque, se entender que na hipótese de indicação analítica se resolveu o problema, desde que também imposto o cânone hermenêutico da interpretação restritiva das normas incriminadoras.

O autor refere que o juiz deve analisar se a ação ordenada tem, no caso concreto, condições, aptidão, para evitar o resultado. Sendo a resposta positiva, deve, em um segundo momento, examinar se o sujeito tinha, efetivamente, a obrigação de atuar, enquadrando-se

---

[368] BIERRENBACH, 2002, p. 106. Em artigo publicado em 1999, a autora já se manifestara no sentido de que o rol do art. 13 é compatível com o princípio da legalidade, "se convenientemente interpretado". Segundo a autora, os elementos não fornecidos pelo referido dispositivo legal deveriam ser buscados na teoria material de Armin Kaufmann: Também: BIERRENBACH, 1999, p. 339.

[369] BIERRENBACH, 2002, p. 106.

[370] LUISI, 1992, p. 430. Também: LUISI, 2003, p. 139.

[371] LUISI, 1992, p. 431. Também: LUISI, 2003, p. 139.

[372] LUISI, 1992, p. 431. Também: LUISI, 2003, p. 139.

[373] LUISI, 1992, p. 432. Também: LUISI, 2003, p. 140.

naquelas hipóteses do art. 13 do Código Penal. Justamente por isso, observa Luiz Luisi, o juiz está fortemente vinculado à lei, "embora ao subsumir nela o caso concreto tenha uma inevitável margem de discricionariedade que as existências de uma interpretação restritiva podem minimizar".[374]

Também Juarez Tavares compartilha o entendimento de que os crimes omissivos impróprios são compatíveis com princípio da legalidade. Registra que a solução mais adequada, mais consentânea com o princípio da legalidade, seria, sim, a "tipificação expressa", mas observa que tal solução só é admitida *de lege ferenda*, pois implica a tipificação de diversas condutas. No momento, sem essa alteração legislativa, sem novas tipificações, o autor considera necessário combinar conteúdo da posição de garantia com aquelas exigências formais do art. 13, §2°, do Código Penal. Afora isso, Juarez Tavares considera imprescindível demonstrar que "[...] o sujeito se encontrava em situação real de possibilidade de atender ao dever ou, ainda, quando da "ingerência", que a conduta anterior, geradora do perigo para o bem jurídico, tenha ela mesmo violado um dever de cuidado".[375]

Parecem acertados os argumentos que defendem a compatibilidade entre os crimes omissivos impróprios e o princípio da legalidade. Apesar disso, como observa Marco Antônio Terragni, "existiendo un riesgo tan considerable de que quede anulado un de los principios cardinales que resguardan da libertad individual, la interpretación debe ser no solo cuidadosa, sino decididamente restrictiva".[376]

3. O desvalor da omissão e a atenuação especial da pena

Outra questão interessante é a possibilidade de atenuação da pena de um crime omissivo impróprio por ser ele menos grave que o comissivo. Segundo Jorge de Figueiredo Dias, "sempre que se trata de obstar à verificação de um resultado típico, a violação de deveres de ação não se apresenta, em regra, tão grave como a violação das proibições correspondentes".[377]

---

[374] LUISI, 1992, p. 434. Também: LUISI, 2003, p. 142.
[375] TAVARES, 1996, p. 71 e s. Também: TAVARES, 1995, p. 148.
[376] TERRAGNI, 1996, p. 1233.
[377] DIAS, 2007, v. 1, p. 925.

Na mesma linha, estão as lições de José de Faria Costa, ao afirmar que é pressuposto fundamental, que diferencia o agir do omitir, a "ressonância ética" com que são valorados pela comunidade. Nas palavras do autor português:[378]

> Ninguém duvida, ou melhor, para uma quase totalidade da comunidade afigura-se líquido que, por exemplo, o homicídio levado a cabo por ação, se comparado com o perpetrado por omissão, deve ser mais fortemente punido. Há no "facere", um potencial, um transporte de energia e uma realização que se cristalizam em alterações do real verdadeiro e que determinam que o valor ou o desvalor que geram ganhem uma densidade que o "omittere" não pode beneficiar ou sequer reivindicar.

Alcidez Munhoz Netto compartilha esse entendimento, observando que a reprovação social sobre o autor de um crime omissivo impróprio é, em regra, menor do que aquela sobre o autor do delito comissivo.[379] A tais ideias, Marco Antonio Terragni acrescenta que "[...] queda la impresión de que el legislador se muestra temeroso [...] de que, por vía de la equiparación de acción y omisión, se cometan injusticias".[380]

Também Francisco Orts Alberdi compreende que a maioria dos delitos comissivos por omissão merece uma pena menor do que aqueles praticados por ação.[381] O autor ressalva, contudo, que "la omisión delictiva puede, en la vida real, presentar una tal cantidad de matices valorativos que sería imposible establecer particulares escalas penales para los distintos casos que se presentan en la comisión por omisión." Assim: "[...] una omisión puede ser tanto o más reprochable que una acción, dependiendo de las circunstancias del caso concreto, aunque generalmente ello no es así".[382]

Diferentemente dos autores já citados, Teresa Quintela de Brito e Enrique Gimbernat Ordeig apresentam restrições à ideia de que o crime omissivo impróprio teria menor desvalor que o comissivo. Tratando da questão no âmbito do ordenamento português, aquela autora refere que, "se a omissão se entendesse em geral como portadora de um menor conteúdo de ilicitude, ter-se-ia determinado uma atenuação obrigatória da pena, como sucede ao nível da tentativa

---

[378] COSTA, 1996, p. 392. Em idêntico sentido, analisando, desta vez, o Código Penal de Macau: COSTA, 1997.

[379] MUNHOZ NETO, 1982, p. 28 e s. Também: MUNHOZ NETTO, 1981, p. 97.

[380] TERRAGNI, 1996, p. 1244.

[381] ALBERDI, Francisco Orts. *Delitos de Comisión por Omisión*. Buenos Aires: Ghersi, 1978, p. 100.

[382] ALBERDI, 1978, p. 100.

(art. 23, n.2) e da cumplicidade (art. 27, n.2)".[383] Enrique Gimbernat Ordeig, por sua vez, refere que é necessária a equivalência de desvalor: não havendo a referida equivalência, não se deve atenuar a pena, mas, sim, reconhecer que não há omissão imprópria.[384]

Apesar da colocação destes autores, parece acertada a posição majoritária de que o desvalor da omissão é reduzido: existe uma dimensão psíquica e uma comunitária indicando que, geralmente, o *facere* carrega um maior desvalor que o *omittere*. É necessário reconhecer, contudo, que, em determinadas situações, podem o agir e o omitir apresentar idêntica carga de desvalor, tornando-se sem sentido eventual atenuação da pena.

Interessante, a título exemplificativo, citar novamente o Processo n. 03P1677, quando o Supremo Tribunal de Justiça de Portugal manteve a condenação de um sujeito por homicídio qualificado – praticado por comissão omissiva – por ele não ter alimentado sua mãe, uma idosa que contava com mais de oitenta anos. O Tribunal não atenuou a pena do homem, em virtude de diversos argumentos já analisados pelo Tribunal *a quo*, a saber: a ampliada ilicitude da conduta; o intenso sofrimento a que foi submetida a idosa; a personalidade do filho (no acórdão, falou-se em frieza, distanciamento afetivo, desconfiança, autodesculpabilização, imaturidade e egoísmo) que relevaria uma atitude indiferente; a dificuldade em se compreender a conduta, pois o filho tinha, aparentemente, uma boa relação com a mãe, o que a faria esperar por uma atitude de proteção e, por derradeiro, a doença e a idade da vítima. Especificamente quanto a este ponto, destacou-se que a avançada idade implica uma maior vulnerabilidade, "mas também numa maior experiência de vida que incute consideração e afectividade, mesmo fora, e para além, de eventuais laços familiares", o que, na compreensão dos julgadores, elevaria as demandas preventivas.[385]

Enfim, as características do caso concreto podem indicar que *facere* e *omittere* têm o mesmo desvalor, não sendo necessária, e nem mesmo justa, a atenuação da pena. Em outras palavras: não há de se falar em direito subjetivo à atenuação da pena pelo simples fato de se estar diante de um delito omissivo impróprio; trata-se de uma faculdade

---

[383] Ao trazer este comentário, a autora está discorrendo, especificamente, sobre a possibilidade de a prevalência do anterior crime comissivo por ação fundamentar-se em um superior conteúdo de ilícito da atuação positiva (BRITO, 2000, p. 79, nota 89).

[384] ORDEIG, Enrique Gimbernat. El Delito de Omisión Impropia. *Revista de Derecho Penal y Criminología*. Julio 1999. p. 525-553, p. 533.

[385] PORTUGAL. Supremo Tribunal de Justiça. *Processo n. 03P1677*, relator Leal Henriques, Julgado em 09 de julho de 2003. Lisboa: STJ, 2003. Disponível em: <http://www.stj.pt/?idm=43>. Acesso em: 16 ago. 2009.

do julgador, e apenas a cuidadosa análise do caso concreto indicará a justiça da atenuação.

Deve-se dizer, por fim, que o Congresso de Direito Penal do Cairo tratou também desse ponto, referindo que o ordenamento jurídico deve prever se os crimes comissivos por omissão podem receber sanções mais baixas, menos graves, do que aquelas dos correspondentes delitos cometidos por ação.[386] A atenuação facultativa é consagrada no art. 10 do Código Penal português,[387] no 9º do Código Penal de Macau[388] e no § 13, II, do StGB.[389] [390] No direito penal brasileiro, não há cláusula expressa consagrando a atenuação. Parece possível, contudo, a incidência como atenuante inominada, prevista no art. 66 do Código Penal.[391]

---

[386] "Considerações devem ser feitas sobre se os crimes comissivos por omissão podem ser sujeitos a sanções menos graves que aquelas dos correspondentes crimes cometidos por ação." Tradução livre. No original: "Consideration should be given to whether crimes of commission by omission could be subject to sanctions less serious than those provided for the corresponding offence committed by action.": (*International Congress of Penal Law*, 2009, p. 114).

[387] "1 – Quando um tipo legal de crime compreender um certo resultado, o facto abrange não só a ação adequada a produzi-lo como a omissão da ação adequada a evitá-lo, salvo se outra for a intenção da lei. 2 – A comissão de um resultado por omissão só é punível quando sobre o omitente recair um dever jurídico que pessoalmente o obrigue a evitar esse resultado. 3 – No caso previsto no número anterior, a pena pode ser especialmente atenuada."

[388] A redação do art. 9º do Código Penal de Macau tem o mesmo conteúdo que o art. 10 do Código Penal português.

[389] "§ 13 Comisión por omisión: (1) Quien omita evitar un resultado que pertenezca al tipo de una ley penal, sólo incurre en un hecho punible conforme a esta ley, cuando debe responder jurídicamente para que el resultado no se produciera, y cuando la omisión corresponde a la realización del tipo legal mediante una acción. (2) La pena puede disminuirse conforme al § 49, inciso 1."

[390] Não é demais dizer que não se fala de atenuação em delitos omissivos próprios, "aí a moldura aplicável é expressamente prevista pelo tipo legal de crime, tudo se passando como se de um crime de ação se tratasse" (DIAS, 2007, v. 1, p. 926).

[391] "Art. 66 – A pena poderá ser ainda atenuada em razão de circunstância relevante, anterior ou posterior ao crime, embora não prevista expressamente em lei."

Capítulo III
A posição de garantia na criminalidade de empresa

1. Apontamentos sobre crimes omissivos e a política criminal

Ferrando Mantovani registra que o delito omissivo conheceu duas soluções bastante distintas, quais sejam: 1) do "direito penal liberal", de "proibições", em que se concebiam obrigações de "abster-se" de violar o espaço de outrem; nessa forma de ver, não recebiam destaque as obrigações de "ativar-se" em favor de interesses de terceiros, e os crimes omissivos limitavam-se às hipóteses de serviço militar, de pagamento de impostos e de omissão de socorro a pessoas em perigo; e 2) do "direito penal totalitário", de "comandos", em que se verificavam obrigações de comportamento em razão da posição do sujeito em uma determinada comunidade (familiar, social, política, militar, de trabalho) e das funções desenvolvidas. Nessa forma de ver (direito penal totalitário), multiplicam-se os crimes omissivos.[392]

Atualmente, entre estes pólos opostos ("direito penal liberal" e "direito penal totalitário"), Ferrando Mantovani identifica uma terceira solução, dada por um direito penal do Estado Social-Solidário de Direito. Aqui, o Estado tem outras tarefas e impõe ao cidadão a obrigação de agir em algumas situações; visa-se, com isso, ao adimplemento de deveres de solidariedade e, ainda, à "homogeneização econômico-político-social". O autor entende que vem ganhando espaço um "direito penal da era tecnológica", o qual comporta o aumento de riscos para incolumidade pública e para o meio ambiente. De tal forma, ampliam-se as hipóteses de configuração de condutas omissivas puníveis, restando abrangidas, entre outras, matéria tributária, assistência familiar, manutenção e instrução dos filhos, relações de

---
[392] MANTOVANI, 2001, p. 337 e s. Também: MANTOVANI, 2004, p. 984 e s.

trabalho, matéria previdenciária, econômica, industrial, comercial e a tutela do meio ambiente.[393] [394]

Após essas breves considerações históricas, Ferrando Mantovani afirma que, enquanto o "direito penal da ação" reprime o "mal", o "direito penal da omissão" busca, persegue, o "bem". A interrogação da política criminal consistiria em estabelecer quais os limites dessa perseguição pelo bem (*ma fino a che punto*?), pois um direito promocional pode transformar o direito penal de um instrumento de tutela de determinados bens jurídicos em um instrumento de governo.[395]

Conforme referido no capítulo I, rechaçam-se as noções que priorizam a política criminal em detrimento da dogmática (funcionalismo penal)[396] e refutam-se as ideias de utilização do direito penal como instrumento de governo. Tem-se como ponto de partida inafastável que não é possível transformar o problema da "justiça" em problema de "utilidade" e nem converter o homem em uma "peça da máquina estatal".[397]

---

[393] MANTOVANI, 2001, p. 338. Também: MANTOVANI, 2004, p. 985.

[394] Também Fabio Roberto D'Avila faz uma leitura dos delitos omissivos nos diferentes modelos de Estado (D'AVILA, 2005, p. 327 e ss.).

[395] MANTOVANI, 2001, p. 338. Também: MANTOVANI, 2004, p. 984, e s. MANTOVANI, 2002, p. 57.

[396] A relação entre dogmática penal, política criminal e criminologia ("ciência conjunta do direito penal"/ "ciência global do direito penal") tem ocupado a doutrina desde as discussões iniciadas por Franz Liszt. Como se mostrou no capítulo I, parte da doutrina inclina-se a priorizar a política criminal (funcionalismo penal). Jorge de Figueiredo Dias, por exemplo, compreende que não faz sentido uma dogmática que não esteja adequada aos fins político-criminais: "Mas por isso mesmo não mais tem sentido a manutenção da aparelhagem conceitual dogmático-sistemática quando ela não seja tratada em termos tais que funcionalmente se adequem às exigências político-criminais, tal como hoje se fazem sentir, em autonomia plena. Parafraseando uma afirmação antecipadora de Kohlarusch, dir-se-á que a ciência conjunta jurídico-penal que nada tenha a oferecer às necessidades correctamente entendidas da política criminal não só se torna em peça decorativa inútil, como é falsa. A esta luz, numa palavra, todas as categorias e todos os conceitos da dogmática jurídico-penal devem apresentar-se funcionalmente determinados pelas (e ligados às) finalidades eleitas pela política criminal. Logo, nesta vertente se devendo afirmar, com tranquilidade plena, a existência – a que ainda voltaremos – de uma unidade funcional entre a política criminal e a dogmática jurídico-penal." Tratando, ainda, da política criminal: "A sua função última consiste em servir de padrão crítico tanto do direito constituído, como do direito a constituir, dos seus limites e da sua legitimação. Neste sentido se deverá compreender a afirmação de que política criminal oferece o critério decisivo de determinação dos limites da punibilidade e constitui, deste modo, a pedra-angular de todo o discurso legal-social da criminalização/descriminalização" (DIAS, Jorge de Figueiredo. *Temas básicos da doutrina penal*: sobre os fundamentos da doutrina penal: sobre a doutrina geral do crime. Coimbra: Coimbra, 2001b, p. 24). Em sentido contrário, indo de encontro às concepções funcionalistas, está Fabio D'Avila, ao afirmar que "o enfrentamento crítico primeiro dos novos problemas penais não deve se dar na dimensão político-criminal, mas em uma dogmática revista." Importante dizer que, para o autor, a dogmática não é simplesmente um "espaço silógico-conceitual", mas um espaço de aproximação da Constituição e dos direitos e garantias fundamentais (D'AVILA, 2009c, p. 34 e s.).

[397] RIBEIRO, C. J. de Assis. *Reflexões sôbre a crise do direito*. Rio de Janeiro. Freitas Bastos, 1951. p. 104.

Nesse contexto, evidencia-se o tratamento que não deve ser conferido aos crimes omissivos: não se deve compreender a "perseguição do bem" como promoção de uma determinada política ou forma de governo. O núcleo dos delitos omissivos é – ou, ao menos, deve ser – bem mais restrito e deve estar vinculado à noção de cuidado-de-perigo (concepção onto-antropológica de direito penal, sobre a qual se tratou no capítulo I).

Serão feitos, então, brevíssimos apontamentos sobre a ruptura da relação de cuidado como fundamento do ilícito para, logo depois, demonstrar-se que, no âmbito dos crimes omissivos, essa ruptura se vincula à ideia de "conservação" do bem jurídico.[398] Deve-se referir, desde já, que esses elementos se vinculam ao "desvalor do resultado", à ofensividade, e são pressupostos para a análise do "dever de garantia", que se refere ao "desvalor da conduta".

Em outras palavras: o substrato do "dever de garantia" dos crimes omissivos impróprios não se confunde com a abordagem da ofensividade. Trata-se de momentos – níveis – diferentes de análise e valoração: a análise do "dever de garantia" (valoração da conduta) dá-se em um momento posterior à análise da ofensividade (valoração do resultado).[399]

A necessidade de verificação de ofensividade como pressuposto de análise do dever de garantia é decorrência lógica da compreensão de que o fundamento do direito penal está na relação matricial de cuidado-de-perigo e de que o "desvalor do resultado" é a "pedra angular do ilícito típico".[400] Nas palavras de José de Faria Costa:[401]

> O direito penal encontra a sua razão de ser e o seu fundamento, em nosso juízo, na dimensão onto-antropológica de uma relação de cuidado-de-perigo. O que faz com que a ilicitude penal material se manifeste na perversão ou ruptura daquela precisa relação de cuidado-de-perigo. Ora este quadro dá-nos a indicação de que a comunidade

---

[398] A distinção entre "conservação" e "promoção de valores" é feita por Fabio D'Avila e no espaço dos crimes omissivos próprios, mas é igualmente válida e deve ser observada no âmbito dos crimes omissivos impróprios (D'AVILA, 2005, p. 311 e ss.).

[399] Utilizando especialmente as lições de Armin Kaufmann e de Karl Binding, Fabio D'Avila observa três níveis de valoração. O primeiro nível vincula-se ao bem jurídico, que é um valor positivo, e, portanto, "irradiante e simultaneamente condensador de toda a intencionalidade normativa". O segundo nível é relativo a "fatos ofensivos", momento em que se nega o valor positivo do primeiro nível de valoração. Até aqui, a discussão está circunscrita ao "desvalor do resultado". No terceiro nível, a discussão amplia-se: o "acontecer" passa a ser visto e compreendido como "obra humana", como "ilícito pessoal", havendo, então, análise do "desvalor da conduta" (D'AVILA, 2005, p. 299 e ss.).

[400] COSTA, José de Faria. Ilícito-típico, resultado e hermenêutica (ou o retorno à limpidez do essencial). *Revista Portuguesa de Ciência Criminal*, Coimbra, ano 12, n. 1, p. 7-23, jan./ mar. 2002. p. 12.

[401] COSTA, 2002, p. 13.

politicamente organizada só se sente na necessidade de intervir penalmente quando a repercussão socialmente relevante – que varia, é óbvio, conforme aos momentos históricos – do rompimento da relação de cuidado de perigo é tida como insustentável. Para além de que aquele desvalor só é apreendido socialmente, em linha de máxima, se reflectir ou consubstanciar em um desvalor de resultado.

Há um primado do "desvalor do resultado" se comparado com o "desvalor da conduta", mas isso não o transforma no único requisito à configuração de um ilícito-típico. Pelo contrário: verificado o "desvalor do resultado", em um segundo momento, deve-se, obrigatoriamente, analisar o "desvalor da ação". Os dois momentos são, como já se disse, essenciais à configuração do ilícito.[402]

Evidencia-se, nas citações já feitas de José de Faria Costa, que o resultado não é um "fato puro". Pelo contrário: é sempre valorado mediante uma pré-compreensão.[403] [404] Manifesta-se, assim, no autor uma consciência da "historicidade", a qual parece derivar da própria compreensão de homem, como um "ser relacional", "comunicacional", inserido na relação onto-antropológica de cuidado-de-perigo.

1.1. A COMPREENSÃO ONTO-ANTROPOLÓGICA DE DIREITO PENAL E A RELAÇÃO MATRICIAL DE CUIDADO. O "DESVALOR DO RESULTADO" (PRINCÍPIO DA OFENSIVIDADE) COMO PONTO DADO.

Assis Ribeiro refere que, para se trabalhar em prol de um direito penal coerente, não é possível isolar-se da filosofia. Para o autor, filosofia e ciências experimentais complementam-se: "Não se repelem, nem se repugnam; se harmonizam e se integram".[405]

Desde o capítulo inicial, teve-se a preocupação com o fundamento filosófico, apresentando-se como ponto de partida a concepção onto-antropológica de direito penal. Compreende-se que a vida em comunidade impõe deveres de proteção, sendo o "cuidado" "elemento essencial do existir". Nesse sentido, transcreve-se a lição de Fabio

---

[402] Sobre a imprescindibilidade de verificação do "desvalor do resultado" e do "desvalor da ação" e sobre o primado daquele, ver: D'AVILA, Fabio, MACHADO, Tomás Grings. Primeiras linhas sobre o fundamento onto-antropológico do direito penal e sua ressonância em âmbito normativo. *Revista de Estudos Criminais*, Sapucaia do Sul, ano 10, n. 37, p. 83-98, abr./jun. 2010. p. 87.

[403] COSTA, 2002, p. 12. Da mesma forma: D'AVILA, 2005, p. 333, nota 78.

[404] E não há como compreender o direito fora desta historicidade, "a norma jurídica provém de uma vida histórica, surge através de um ato histórico" (COING, Helmut. *Elementos fundamentais da filosofia do direito*. Porto Alegre: S. A. Fabris, 2002. p. 302 e s.).

[405] RIBEIRO, 1951, p. 81.

D'Avila, reconhecendo a fundamentação de um horizonte filosófico heideggeriano:[406] [407]

> Ser-se é, assim, cuidar-se, mas é também ser-se-com e, portanto, nessa abertura do ser para com o outro, cuidar-se é cuidar também do outro, como expressão elementar do ser-no-mundo que, sendo, projeta-se, em sua fragilidade, no outro, e cuidando-se, no cuidado-para-com-o-outro. Ação de ser-se-no mundo, que é sempre uma ação de ser-se-com, atira o ser-aí em uma teia de relações recíprocas de cuidado que estruturam e dão consistência ao ser comunitário.

Como observam Fabio D'Avila e Tomás Grings Machado, nesta leitura, a própria compreensão do homem se dá, essencialmente, pelo cuidado. E o cuidado, por sua vez, encontra o seu sentido na abertura do Ser à "multiplicidade de relações sociais inerentes ao viver comunitário".[408] Nas palavras dos autores:[409]

> [...] é necessário reconhecer que a relação ontológica de cuidado-de-perigo apenas encontra sentido e real capacidade de rendimento enquanto realidade que emerge a partir de um contexto social. E é nessa espécie de teia de cuidados recíprocos que estruturam o ser comunitário historicamente situado – ou, mais precisamente, na prejudicial e insuportável oscilação dessa relação originária de cuidado-de-perigo – que se torna possível surpreender o ilícito penal em sua mais profunda dimensão.

Essa "profunda dimensão", derivada da "prejudicial e insuportável oscilação da relação originária", manifesta-se no princípio da ofensividade.[410] E a ofensividade – sem o que não há de se falar legitimamente em ilícito – constitui um problema no direito penal ambiental e no âmbito dos delitos omissivos.

Conforme estudado no capítulo I, nos últimos anos, alterou-se a relação entre homem e natureza e deu-se a exasperação dos deveres de cuidado daquele para com esta, o que refletiu, no âmbito jurídico-

---

[406] D'AVILA, 2009b, p. 48 e s.

[407] Interessante lembrar que com uma alegoria – uma entre as velhas Fábulas de Higino – que Martin Heiddeger inaugura o "novo paradigma". Transcreve-se a referida fábula: "Quando um dia o Cuidado atravessou um rio, viu ele terra em forma de barro: meditando, tomou uma parte dela e começou a dar-lhe forma. Enquanto medita sobre o que havia criado, aproxima-se Júpiter. O Cuidado lhe pede que dê espírito a esta figura esculpida com barro. Isto Júpiter lhe concede com prazer. Quando, no entanto, o Cuidado quis dar seu nome a sua figura, Júpiter o proibiu e exigiu que ele fosse dado o seu nome. Enquanto o Cuidado e Júpiter discutiam sobre os nomes, levantou-se também a Terra e desejou que à figura fosse dado o seu nome, já que ela tinha-lhe oferecido uma parte do seu corpo. Os conflitantes tomaram Saturno para juiz. Saturno pronunciou-lhes a seguinte sentença, aparentemente justa: Tu, Júpiter, porque deste o espírito, receberás na sua morte o espírito; tu, Terra, porque lhe presenteaste o corpo, receberás o corpo. Mas porque o Cuidado por primeiro formou esta criatura, irá o Cuidado possuí-la enquanto ela viver. Como, porém, há discordância sobre o nome, irá chamar-se homo já que é feita de húmus." (STEIN, Ernildo. Seis estudos sobre "ser e tempo". 4. ed. Petrópolis: Vozes, 2008. p. 98).

[408] D'AVILA; MACHADO, 2010, p. 86.

[409] D'AVILA; MACHADO, 2010, p. 87.

[410] Neste sentido: D'AVILA; MACHADO, 2010, p. 87; D'AVILA, 2009b, p. 50.

penal, em diversas consequências, dentre as quais está a ampliação do dever de garantia. Silva Sanchez atribui a referida exasperação à interdependência dos homens na sociedade de risco;[411] isso faria com que o homem dependesse de condutas ativas de terceiros (controle de riscos).[412] Acrescenta, ainda, que "las esferas individuales de organización ya no son autónomas, sino que se producen de modo continuado fenómenos – recíprocos – de transferencia y asunción de funciones de aseguramiento de esferas ajenas".[413]

Com tantas alterações na relação entre homem e natureza, os problemas, em sede de ofensividade, evidenciaram-se: muitas condutas tipificadas na lei ambiental consistem na atuação sem autorização, sem licença ou em desacordo com determinações legais. Ou seja: não é incomum que se busque a responsabilização criminal pela simples inobservância de licenças, determinações legais ou regulamentares, e não pela prática de um ato efetivamente perigoso ou danoso ao meio ambiente.

Nesse contexto, verifica-se a pretensão de se usar o direito penal como um reforço à organização administrativa e surgem "delitos de mera desobediência": nesta forma de ver, o núcleo do crime está em normas administrativas. Assim, o "Direito Penal perde a sua identidade, passando a ser manipulado exclusivamente em razão de seu caráter simbólico e estigmatizante".[414]

---

[411] A sociedade contemporânea recebeu diversas designações, como "sociedade de risco", "sociedade pós-moderna", "sociedade da informação", "sociedade tecnológica" e "modernidade amadurecida". Para Cláudio Amaral, a utilização de expressões distintas se justifica para enfatizar uma ou outra característica, já que todas as designações, variações normativas, se referem à mesma sociedade (AMARAL, Cláudio do Prado. *Bases teóricas da ciência penal contemporânea*: dogmática, missão do direito penal e política criminal na sociedade de risco. São Paulo: IBCCRIM, 2007. p. 62). Na obra ora citada, Silva Sanchez refere-se à "sociedade de risco". O termo, como se sabe, é de Ulrich Beck, um dos sociólogos de maior destaque na atualidade. Ulrich Beck, ao estudar a "sociedade de risco", observa que, nela, os riscos são qualitativa e quantitativamente maiores que aqueles das sociedades anteriores, eis que assumem consequências "transgeracionais" e são marcados pela "glocalidade" (sendo simultaneamente "globais" e "locais"). Sobre o assunto, conferir (BECK, Ulrich. *La sociedade del riesgo*: acia uma nueva modernidad. Barcelona: Paidós Surco, 2006. p. 11, e LOPES JUNIOR, Aury. (Des)Velando o risco e o tempo no processo penal. In: GAUER, Ruth M. Chittó (Org.). *A qualidade do tempo*: para além das aparências históricas. Rio de Janeiro: Lumen Juris, 2004. p. 139-177. p. 142).

[412] No Congresso Internacional de direito penal ocorrido em Cairo, em 1984, no qual se debateu sobre os crimes omissivos, chegou-se a conclusões semelhantes, referindo-se que se evidencia um aumento da interdependência entre os indivíduos, bem como entre eles e a sociedade. E isso implica um aumento dos crimes omissivos. Abordou-se, ainda, que a doutrina está ciente dessas alterações e tem promovido importantes desenvolvimentos (INTERNATIONAL CONGRESS OF PENAL LAW, 2009. p. 111).

[413] SANCHEZ, Jesús-Maria. *La expansión del derecho penal*: aspectos de la política criminal en las sociedades postindustriales. 2. ed. Madrid: Civitas, 2001. p. 30.

[414] FELDENS, 2005, p. 132.

Trata-se de uma utilização absolutamente indevida e ilegítima do direito penal. Isso porque não é possível abrir mão da noção de ofensividade, verdadeiro fundamento desse ramo jurídico. E a ofensividade transcende objetivos políticos e simples regras organizacionais,[415] referindo-se, como se disse, à desvaliosa e insuportável oscilação da teia de cuidados, da qual vem se tratando.

Verifica-se o problema da ofensividade também nos delitos omissivos. Isso porque a questão proposta por Ferrando Mantovani (*ma fino a que ponto?*) é respondida, muitas vezes, de forma excessivamente ampla, atribuindo-se finalidades de melhoria, de "beneficiar promocional", aos crimes omissivos, quando esses deveriam se limitar à noção de conservação de bens jurídicos, como se passa a expor.

1.2. A CONSERVAÇÃO DOS BENS JURÍDICOS TUTELADOS: A DIMENSÃO NEGATIVA E A DIMENSÃO POSITIVA

A ideia de "conservação" dos bens jurídicos refere-se à proteção e ao resguardo em situações específicas nas quais é possível verificar uma alteração para uma "realidade desvaliosa".[416] Trata-se, nas palavras de Fabio D'Avila, de proteger de "processos degenerativos", de evitar a "evolução juridicamente desvaliosa", e isso exige condutas ativas para garantia da "continuidade existencial do bem jurídico".[417] Em outras palavras:[418]

> [...] a conduta de beneficiamento, enquanto conduta de conservação, consiste em realizar apenas o necessário para a continuidade existencial do bem. Tudo aquilo que ultrapassa este limite, ou seja, o limite do necessário para a sua existência, pode ser

---

[415] Nesse sentido, insta colacionar as explicações de Fabio D'Avila de que "o tipo penal incriminador é o resultado da ponderação de valores, no qual o direito fundamental à liberdade é restringido em benefício da conservação de outros valores de fundamental relevo em sociedade (liberdade 'versus' patrimônio, 'versus' integridade física, 'versus' honra, etc.) [...]" Mais: "Se isso é correto, mostra-se absolutamente inaceitável cogitar-se a restrição do direito fundamental à liberdade em benefício da obtenção de meros interesses político-criminais de organização e regulamentação social." (D'AVILA, Fabio Roberto. Teoria do crime e ofensividade: o modelo de crime como ofensa ao bem jurídico. In: D'AVILA, Fabio Roberto. *Ofensividade em direito penal*: escritos sobre a teoria do crime como ofensa a bens jurídicos. Porto Alegre: Livraria do Advogado, 2009e, p. 57-79. p. 70 e s.).

[416] Nas palavras do autor: "O 'conservar', derivado do latim 'conservare', expressa uma forma de proteção, de resguardo acerca de danos, decadência, deterioração, prejuízo, isto é, uma forma de manutenção e preservação da continuidade. Está, pois, logicamente voltado a intervenções benéficas em hipóteses muito particulares de aparição do real, em hipóteses em que este, na ausência de ato de conservação, transmuda-se em uma realidade desvaliosa. Ou, de forma mais específica, em hipóteses nas quais o objeto carente de conservação, na ausência desta, sofre prejuízos na sua íntegra continuidade." (D'AVILA, 2005, p. 312).

[417] D'AVILA, 2005, p. 312.

[418] D'AVILA, 2005, p. 312 e s, nota 33.

concebido como um beneficiar promocional, um melhorar cuja determinação não pode encontrar respaldo nas normas de natureza jurídico-penal.

É importante a observação de Fabio D'Avila no sentido de que esse dever de "conservação" pode apresentar – dependendo da complexidade do valor protegido – duas dimensões, sendo uma negativa e outra positiva. Quanto àquela (dimensão negativa), tem-se, como registra o autor, "por um lado, a conservação que se revela na proteção contra fatores externos, por outro, a que se manifesta no fornecimento de elementos atinentes às suas próprias necessidades".[419] O exemplo trazido é justamente dos pais com relação aos filhos: assim como existe um dever de evitar ataques, existe o de fornecer aquilo que é necessário para a subsistência dos filhos.[420] [421]

No que tange à dimensão positiva, deriva da constatação de que a simples preservação de um bem jurídico pode implicar um risco à sua continuidade. Assim sendo, "a tutela de dimensões positivas está referenciada à necessidade de ganhos axiológicos para a conservação do bem jurídico".[422] Requer, portanto, "complementação axiológica" ou "reposição axiológica relacional".[423]

Um dos exemplos citado por Fabio D'Avila é o delito de "abandono intelectual", previsto no art. 246 do Código Penal, cujo bem jurídico tutelado é o "direito à instrução dos filhos menores".[424] O dispositivo conta com a seguinte redação: "deixar, sem justa causa, de prover à instrução primária de filho em idade escolar". Sobre esse delito, o autor observa: "A simples manutenção da sua conformação axiológica é exatamente o que busca evitar a norma preceptiva, eis que, como noção conexa ao desenvolvimento da criança, a sua estagnação apresenta-se nitidamente danosa ao bem jurídico".[425] [426]

---

[419] D'AVILA, 2005, p. 323.

[420] D'AVILA, 2005, p. 323.

[421] As duas formas referem-se, como observa Fabio Davila, à "dimensão negativa", pois visam, apenas, à conservação do bem. Em outras palavras: não se verifica ganho ao bem jurídico, apenas não há perda (D'AVILA, 2005, p. 323).

[422] D'AVILA, 2005, p. 326.

[423] D'AVILA, 2005, p. 326.

[424] BITENCOURT, 2008, v. 4, p. 120. Também: D'AVILA, 2005, p. 366 e s.

[425] D'AVILA, 2005, p. 326.

[426] No decorrer da pesquisa, o autor retoma o ponto, esclarecendo: "[...] o valor 'instrução elementar', por sua natureza axiológica, demanda uma conservação em termos positivos, através de ganhos axiológicos. A simples manutenção do valor protegido revela-se, em si mesma, danosa, exigindo uma tutela que imponha ganhos axiológicos suficientes para a sua tranquila continuidade existencial. Não se trata, todavia, de melhorar o bem jurídico, mas apenas de conservá-lo, de propiciar os elementos mínimos necessários à sua existência. Daí que o conteúdo de dever imposto pelo ilícito-típico esteja limitado a uma mera 'reposição axiológica relacional'

Evidencia-se, assim, que as duas dimensões analisadas – negativa e positiva – não visam a uma "alteração da carga axiológica do bem jurídico tutelado". Como registra Fabio D'Avila:[427]

> [...] Mesmo a conservação através do fornecimento dos meios necessários à subsistência do valor protegido, ao contrário da simples guarda contra fatores externos, busca apenas atender a reposições axiológicas reais e, assim, à inalterabilidade da conformação atual. Uma íntegra, embora inalterada, continuidade. Em contrapartida, a conservação de dimensões positivas reclama "ganhos axiológicos que efetivamente suplantam a sua conformação anterior", ainda que também tenham como único objetivo a sua continuidade. Continuidade que, entretanto, em face da natureza complexa do valor em questão, só assim se faz possível.

E esses elementos devem ser levados em consideração antes da análise do dever de garantia no âmbito do direito penal ambiental. Não haverá ofensividade quando se estiver de normas meramente organizacionais de direito ambiental ou, ainda, quando se exigir finalidades promocionais, que são – ou, ao menos, deveriam ser – alheias à esfera do delito omissivo.

2. Considerações sobre a fonte de perigo e sobre a "expectativa comunitária" de proteção com relação àquele que domina a fonte

Demonstrou-se, no capítulo I, que todos os cidadãos têm o "dever fundamental", constitucionalmente consagrado, de tutela da natureza. Isso não significa, evidentemente, que todos tenham o "dever de garantia".[428] Pelo contrário: como bem alerta Enrique Gimbernat Ordeig, a posição de garantia destaca uma pessoa – ou algumas pes-

---

que deve possuir como parâmetro sempre o 'mínimo' necessário para a preservação do bem jurídico." (D'AVILA, 2005, p. 367).

[427] D'AVILA, 2005, p. 332.

[428] Em sentido contrário, compreendendo que qualquer pessoa pode ser responsabilizada por crimes omissivos impróprios contra o meio ambiente, está João Marcos Adede y Castro. Nas palavras do autor: "Assim, se qualquer pessoa, mesmo não sendo autoridade, que tem o dever de evitar o dano ambiental, pode fazê-lo (sem risco à sua própria integridade física), não há dúvida de que, ao se omitir de agir, estabelece uma relação de causalidade entre o seu não agir e o resultado criminoso, daí nascendo uma responsabilidade. Para encerrar, observe-se ainda que o já referido do parágrafo 2º, letra 'a', do artigo 13 do CP diz que o dever de agir incumbe a quem tenha por lei a obrigação de cuidado, proteção e vigilância. Se a Constituição Federal refere ser obrigação legal da coletividade defender e preservar o meio ambiente, então qualquer do povo tem, por lei, a obrigação de cuidado, proteção e vigilância." (ADEDE Y CASTRO, João Marcos. *Crimes ambientais*: comentários à Lei 9.605/98. Porto Alegre: Sergio Fabris, 2004. p. 16).

soas – de todas as demais.⁴²⁹ O garante ocupa uma posição especial, diferenciada, que faz com que deva agir para evitar o perigo e o resultado danoso ao bem jurídico (no caso, ao meio ambiente).

Interessa referir que o Superior Tribunal de Justiça já se manifestou nesse sentido: reconheceu que existe um "dever genérico" de proteção ambiental, consagrado no art. 225 da Constituição Federal, mas salientou ser ele insuficiente para consubstanciar a equiparação de uma omissão a uma ação. Nesse sentido, colaciona-se parte importante do voto da Ministra Laurita Vaz:⁴³⁰

> [...] resta claro que não basta uma obrigação genérica atribuída a todos os cidadãos de preservar o meio ambiente para as gerações futuras. É necessária a existência de dever específico de cuidar, proteger e/ou vigiar, pois, se fosse assim, grande parte da população praticaria crimes contra o meio ambiente diariamente, tendo em vista a inação em face das inúmeras destruições ambientais, como o corte ilegal de árvores em floresta, a produção de poluição de toda natureza, a lavra ou extração de recursos minerais sem autorização e inúmeras outras condutas delituosas.

No julgado, refere-se à necessidade de que o garantidor tenha uma qualificação especial e cita-se o art. 13 do Código Penal.⁴³¹ Os Ministros concluíram corretamente ao referir que o art. 225 da Constituição Federal não é fundamento para o dever de garantia, mas não se preocuparam em identificar o lastro que dá ensejo a esse dever.

Como restou demonstrado no capítulo II, a bipartição feita por Armin Kaufmann ("teoria das funções") influenciou significativamente a doutrina que lhe seguiu, embasando as concepções materiais e materiais-formais. A doutrina majoritária passou a conceber que a "especial relação", que dá origem ao "dever de garantia", deve advir de um vínculo com o bem jurídico ou, ainda, com a fonte de perigo.

---

⁴²⁹ ORDEIG, Enrique Gimbernat. La Omisión Impropria en la dogmática alemana. Una exposición. *Anuario de Derecho Penal y Ciencias Penales*, Madrid, v. 50, p. 6-112, 1997. p. 12.

⁴³⁰ BRASÍLIA, Superior Tribunal de Justiça, REsp 897426 / SP. Recorrente: Ministério Público Federal. Recorrido: Indalécio Vaz de Góes. Quinta Turma. Ministra Laurita Vaz. j. em 27 de março de 2008.

⁴³¹ Colaciona-se mais esta parte do voto da Ministra Laurita Vaz: "[...] Quanto à tese de crime omissivo impróprio, segundo os ensinamentos de Juarez Tavares, 'diz-se, na verdade, que os crimes omissivos impróprios são crimes de omissão qualificada porque os sujeitos devem possuir uma qualidade específica, que não é inerente e nem existe nas pessoas em geral. O sujeito deve ter com a vítima uma vinculação de tal ordem, para a proteção de seus bens jurídicos, que o situe na qualidade de garantidor desses bens jurídicos' (in As controvérsias em torno dos crimes omissivos, Rio de Janeiro, p. 65). Nos termos do art. 13, § 1.º, do Código Penal, é necessário que o agente tenha o dever de agir e possa fazê-lo para evitar o resultado. Existem três possibilidades: a) se tem obrigação imposta por lei; b) se assumiu a responsabilidade de impedir o resultado e c) se, com o seu comportamento anterior, criou o risco da ocorrência do resultado.[...]" (BRASÍLIA, Superior Tribunal de Justiça, REsp 897426 / SP. Recorrente: Ministério Público Federal. Recorrido: Indalécio Vaz de Góes. Quinta Turma. Ministra Laurita Vaz. j. em 27 de março de 2008).

No caso dos delitos ambientais ocorridos no âmbito da criminalidade de empresa, parece que o "dever de garantia" advém do vínculo do sujeito com a fonte de perigo. Isso porque não se atribui ao garante o dever de tutelar a natureza de toda e qualquer ordem de agressão. Pelo contrário: o seu dever vincula-se apenas à fonte de perigo que deve vigiar, impondo-se que evite perigo e dano – para o meio ambiente e para pessoas indeterminadas – oriundos dessa "específica fonte" (no caso, a empresa). Depende-se dele (ou deles, se houver mais de um garantidor) para que os riscos – oriundos dessa fonte – restem controlados e no âmbito do comunitariamente tolerável.

Deve-se ter claro que o vínculo entre o garante e a fonte de perigos não pode ser meramente formal, advindo de um contrato social que confira uma determinada posição ou certos poderes para um dos sócios. É insuficiente, por exemplo, ser sócio-fundador (posição), até porque o desenvolvimento das relações empresariais implica, cada vez mais, uma divisão entre a propriedade e o efetivo controle da empresa.[432]

Da mesma forma, é insuficiente que o contrato preveja determinadas funções a um dirigente se isso não se refletir na realidade societária. Inversamente: a invalidade do contrato social não exime, necessariamente, da responsabilidade penal, como, aliás, já vem se reconhecendo em outros delitos.[433] Enfim: o importante é que o vínculo entre garante e fonte de perigo se consubstancie em uma efetiva proximidade, verificável, constatável, no plano da realidade.[434] [435]

---

[432] Nesse sentido: GARCÍA CAVERO, Percy. *La imputación jurídico-penal a los miembros de la empresa por delitos de dominio cometidos desde la empresa*. Vina del Mar (Chile), 2006. Conferencia pronunciada en Universidad Andrés Bello.

[433] Damião Cunha refere, por exemplo, que um contrato ilegal (eventualmente nulo) pode criar uma "exteriorização típica de confiança" e que obrigará o empregador a tomar as providências necessárias de prevenção quanto ao empregado. Em sentido contrário, um contrato que seja simulado pode até criar a aparência, mas será materialmente nulo (CUNHA, 2003, p. 501).

[434] Em sentido semelhante, preocupando-se em rechaçar a responsabilidade criminal pelo simples fato de o sujeito exercer uma determinada função ou ocupar um "lugar cimeiro dentro da hierarquia empresarial." (GONÇALVES, Pedro Correa. A responsabilidade por comissão por omissão dos administradores e gestores empresariais. *Revista Direito e Justiça*: reflexões sociojurídicas, Porto Alegre, v. 9, n. 12, 2009. Disponível em: <http://srvapp2s.urisan.tche.br/seer/index.php/direito_e_justica/article/view/177>. Acesso em: 15 jul. 2010. p. 153). Também Nilo Batista observa que não é *status* ou a "qualificação" que dá lugar à posição de garantia, mas o "[...] concreto dever inscrito na relação vital que mantém com o bem jurídico [...]" (BATISTA, Nilo. Maus tratos, omissão imprópria e princípio da confiança em atividades médico-cirúrgicas. *Revista Brasileira de Ciências Criminais*, São Paulo, ano 9, n. 38, p. 271-291, abr./jun. 2002. p. 284 e s.).

[435] Neste contexto, é interessante referir recente decisão do Supremo Tribunal Federal, na qual a ordem de *Habeas Corpus* foi concedida pela falta de descrição da conduta delituosa (art. 17 da Lei 7492/86) e na qual se destacou que a condição de dirigente não é crime e não justifica, isoladamente, a persecução penal: BRASÍLIA, Supremo Tribunal Federal, *Habeas Corpus* 84.580. Pa-

2.1. A FONTE DE PERIGO

Compreende-se que, quando o dever de garantia está associado à fonte de perigo, a tarefa do garantidor é especialmente voltada a neutralizar, tornar inofensiva, essa fonte, de modo a proteger a integridade de todos os bens jurídicos que possam ser ameaçados.[436] Ainda assim (com a defesa da integridade de todos os bens jurídicos potencialmente ameaçados), o garante assume uma obrigação de menor abrangência do que aquela de quando é protetor de um determinado bem jurídico.[437] Nas palavras de Hans-Heinrich Jescheck:[438]

> El alcance de estos deberes de garante que nacen de la "proximidad al peligro" es más reducido que el del círculo de deberes que surge de una posición de protección respecto a un determinado bien jurídico. Mientras que ahí el deber de garante se dirige a la defensa del objeto protegido contra "toda" clase de quebranto, aquí el garante "sólo" tiene que mantener controlada la fuente misma del peligro.

No mesmo sentido, posiciona-se Jorge de Figueiredo Dias:[439]

> Os deveres de garante neste apartado em consideração – e que repousam na consideração material da proximidade do garante com uma fonte de perigos – são muito mais estreitos do que [...] os resultantes de posições de proteção e assistência a determinados bens jurídicos. Bastará ter atenção que enquanto nos casos até aqui considerados o dever de garante conduz à exigência de defesa do bem jurídico desamparado contra "toda a" espécie de situações que possam afectá-lo, no grupo ora em análise o garante está vinculado ao controle e vigilância "apenas" da fonte de perigos.

Parece acertada a colocação de André Leite de que o garante pode ser responsabilizado somente pelos perigos originados – direta ou indiretamente – da *Gefahrquelle* que domina. A ausência dessa restrição implicaria uma inadmissível *versari in re illicita*.[440] [441]

---

cientes: Milto Bardini, Rubens Nunes Tavares, Yves Louis Jacques Lejeune, Oswaldo Daude ou Oswaldo Saúda e Giovani Lenti. Impetrante José Carlos Dias e outro. Autoridade Coatora: Superior Tribunal de Justiça. Segunda Turma. Relator Celso de Mello. J. em 25 de agosto de 2009.

[436] FIANDACA, Giovanni. *Il reato comissivo mediante omissione*. Milano: Giuffrè, 1979. p. 189.

[437] RUIZ, 2000, p. 37.

[438] JESCHECK, 1993, p. 567 e s.

[439] DIAS, 2007, v. 1, p. 267.

[440] LEITE, 2007, p. 684.

[441] Repudiando a *versari in re illicita* e referindo ser instituto incompatível com o "direito penal da culpa" (julgamento pelo delito do art. 17 da Lei 7492/86) (BRASÍLIA, Supremo Tribunal Federal, *Habeas Corpus* 84.580. Pacientes: Milto Bardini, Rubens Nunes Tavares, Yves Louis Jacques Lejeune, Oswaldo Daude ou Oswaldo Saúda e Giovani Lenti. Impetrante José Carlos Dias e outro. Autoridade Coatora: Superior Tribunal de Justiça. Segunda Turma. Relator Celso de Mello. J. em 25 de agosto de 2009).

2.2. A "EXPECTATIVA COMUNITÁRIA" DE PROTEÇÃO: A PERCEPÇÃO COMUNITÁRIA COMO REFORÇO AO "DEVER DE GARANTIA"

André Leite compreende que, nessas situações, em que se trata da vigilância e da supervisão da fonte de perigo, o dever de garantia se origina do "princípio da confiança", perspectivando-o "do ponto de vista da própria comunidade" (compreendida, pelo autor, como "conjunto de terceiros"). Em suas palavras:[442]

> [...] em relação àqueles sobre quem impende uma posição de garantia que se fundamenta na supervisão e controlo de uma fonte de perigo, a sociedade pode "legitimamente" esperar que (tenha ou não havido uma actuação precedente perigosa do agente) tudo façam para que a dita fonte, no seu específico "campo de risco" não venha a lesar bens jurídicos alheios.

Pedro Marchão Marques também trata do "princípio da confiança", identificando-o com a noção de "solidariedade social". Na construção do autor, há três elementos importantes, quais sejam: a possibilidade real de agir ("domínio positivo do omitente"), o dever de justiça nas obrigações naturais (art. 402 do Código Civil português,[443] já citado no capítulo II, quando da análise do critério material-formal de José de Faria Costa) e, ainda, a ideia de "confiança" e de "solidariedade social" (consagrada no art. 200 do Código Penal Português).[444] No que concerne a estes elementos, aborda o autor:[445]

> A solidariedade social enquanto valor tutelado pela lei penal obriga, nos seus pressupostos, à consideração, nas relações comunicacionais, de regras de confiança. Isto é, as relações em sociedade compreendem relações de comunicação pré-estabelecidas, que assentam no princípio da confiança. Assim, os deveres de evitar um resultado baseiam-se, igualmente, na ideia fundamental de que a proteção do bem jurídico em perigo depende de uma prestação positiva de cada pessoa, individualmente considerada numa comunidade determinada, sendo que os restantes interessados "confiam" e "podem confiar" na intervenção activa da mesma.

---

[442] LEITE, 2007, p 269.

[443] "Art. 402 – A obrigação diz-se natural, quando se funda num mero dever de ordem moral ou social, cujo cumprimento não é judicialmente exigível, mas corresponde a um dever de justiça."

[444] "Art. 200 – Omissão de auxílio 1 – Quem, em caso de grave necessidade, nomeadamente provocada por desastre, acidente, calamidade pública ou situação de perigo comum, que ponha em perigo a vida, a integridade física ou a liberdade de outra pessoa, deixar de lhe prestar o auxílio necessário ao afastamento do perigo, seja por acção pessoal, seja promovendo o socorro, é punido com pena de prisão até 1 ano ou com pena de multa até 120 dias. 2 – Se a situação referida no número anterior tiver sido criada por aquele que omite o auxílio devido, o omitente é punido com pena de prisão até 2 anos ou com pena de multa até 240 dias. 3 – A omissão de auxílio não é punível quando se verificar grave risco para a vida ou integridade física do omitente ou quando, por outro motivo relevante, o auxílio lhe não for exigível."

[445] MARQUES, 1999, p. 125.

Interessante destacar que Pedro Marchão Marques traz a "solidariedade social" vinculada à noção de confiança comunitária, chamado-a de "princípio da confiança". Nesses termos, parece, sim, possível e legítima a utilização da noção de solidariedade.[446] Um conceito mais amplo de solidariedade – no qual não se faça menção à confiança comunitária, mas apenas a noções como caridade, ternura e piedade – não poderia ser, legitimamente, associado ao "dever de garantia".[447] [448]

---

[446] Também Ferrando Mantovani traz a noção da solidariedade como elemento importante do crime omissivo impróprio. O autor propõe a reconstrução dos deveres de garantia à luz dos princípios da legalidade, da solidariedade, da liberdade e da responsabilidade subjetiva. Quanto à solidariedade, observa a imprescindibilidade da especificação dos sujeitos beneficiários da obrigação de garantia, o que respeito à essência e à função de tais obrigações, pois a "reforçada tutela" limita-se àqueles sujeitos incapazes de adequada autotutela. (MANTOVANI, 2001, p. 341). Também: MANTOVANI, 2004, p. 996.

[447] Interessante fazer menção ao estudo de Fabio D'Avila. O autor analisa o delito de omissão de socorro (crime omissivo próprio), em que, muitas vezes, se aponta a solidariedade como um elemento que pode, independentemente de qualquer outro, gerar responsabilidade criminal. Fabio D'Avila demonstra a impossibilidade de considerar, mesmo neste delito, a solidariedade um valor autônomo. Observa que considerar a solidariedade um "valor fundante do dever agir" e o "valor protegido pela norma" identificaria a ofensividade com a mera desobediência, o que, como já se demonstrou, não é possível. O autor conclui: "A norma penal de assistência alcança, por conseguinte, a sua plena expressão na proteção de determinados bens expostos a perigo e não numa simples exigência de solidariedade." (D'AVILA, 2005, p. 341 e ss.). Em idêntico sentido e de forma sintetizada: "O crime de omissão de socorro, por sua vez, alcança sua plena legitimidade, se percebermos a solidariedade não como objeto de proteção da norma – o que levaria a uma identidade entre fonte de dever e objeto de proteção e, portanto, a um crime de mera violação de dever –, mas como fonte axiológica informadora do dever de agir, a qual ganha força de preceito criminal, apenas quando teleologicamente orientada à tutela dos bens jurídicos individuais vida, integridade física e liberdade. Em outras palavras ainda, a omissão de socorro apenas alcança dignidade penal na conjugação desses dois precisos elementos, vale dizer, no direcionamento do dever ético de solidariedade para a tutela de bens individuais. E, por conseguinte, somente haverá crime quando a violação do dever consubstanciar, simultaneamente, uma ofensa de perigo aos bens sob tutela." (D'AVILA. Fabio Roberto. Bate-bola (João Paulo Orsini Martinelli entrevista Fabio Roberto D'Avila). *Revista Liberdades*, São Paulo, n. 3, p. 128-134, jan./abr. 2010a. p. 132.

[448] Interessa referir que os termos "solidariedade" e "solidariedade social" recebem diferentes definições no âmbito da sociologia, do direito e da teologia. Naquele âmbito, Achilles Archêro Junior e Alberto Conte referem, simplesmente, que a "solidariedade" é "a responsabilidade ou dependência mútua que se estabelece entre duas ou mais pessoas." (ARCHÊRO, Achilles Junior; CONTE, Alberto. *Dicionário de sociologia*. São Paulo: Ed. do Brasil, [1940]. p. 165). Herbert Baldus e Emilio Willems dão a seguinte definição ao termo: "relações constantes de entreajuda, ourindas de um elevado grau de coesão grupal". Segundo os autores: "ela tem seus fundamentos biológicos no instinto de ajuda. Relações de solidariedade podem condensar-se em instituições específicas, de caráter operativo ou regulativo, tais como: cooperativas, caixas de previdência de greves, de invalidez, de aposentadoria ou, para citar uma forma típica do meio brasileiro, o muchirão. [...]" Os autores lembram, ainda, a construção de Durkheim, que distinguiu a "solidariedade mecânica" da "solidariedade orgânica", cujo aprofundamento não parece, por ora, interessar (BALDUS, Herbert; WILLEMS, Emilio. *Dicionário de etnologia e sociologia*. São Paulo: Nacional, 1939. p. 212). Ainda no âmbito da sociologia, transcrever-se-á o conceito de "solidariedade social" trazido por Fernando de Azevedo: "Consistência interna de um agregado social. A solidariedade varia em razão do grau de integração do agregado. Como índices de solidariedade podem ser considerados o 'esprit de corps', os padrões de cooperação interna, a capacidade de

A aproximação feita pelos autores entre a noção de "confiança" e o "dever de garantia" parece adequada, mas merece aprofundamento. Isso porque a ideia de "confiança" pode – e deve – ser compreendida como verdadeiro "reforço" ao "dever de garantia", mas é insuficiente para a identificação do substrato desse dever.

Por precisão de linguagem, passa-se a designar essa "confiança" de "expectativa comunitária". Não se adotará, portanto, a expressão "princípio da confiança", como fizeram André Leite e Pedro Marchão Marques. Visa-se, com isso, a evitar confusões entre diferentes categorias dogmáticas, pois, como se sabe, se firmou, no âmbito doutrinário[449] e jurisprudencial,[450] a ideia de que o "princípio da confiança"

---

prevenir ou acomodar conflitos entre os componentes do agregado e a eficiência dos padrões de defesa externa. O mesmo que 'coesão social'." (AZEVEDO, Fernando de. *Dicionário de sociologia*. Rio de Janeiro: Globo, 1961. p. 329). Transcrevem-se, ainda, trechos com os conceitos de Joaquim Pimenta: "Entra no conceito de sociedade como fenômeno de – convivência, de interação ou as três se pressupõem, se confundem, se absorvem, para resultarem em unidade específica do fato social. [...]" (PIMENTA, Joaquim. *Enciclopédia de cultura (sociologia e ciências correlatas)*. Rio de Janeiro: Freitas Bastos, 1955. p. 362 e ss.). No âmbito jurídico, Pedro Nunes conceitua a solidariedade como a "1. responsabilidade mútua e individual que se estabelece entre duas ou mais pessoas relativamente a direitos ou obrigações constantes de um mesmo ato ou fato: 'solidariedade' dos coobrigados cambiários; do fiador e afiançado; entre os membros de uma sociedade de fato; na outorga de poderes a vários mandatários num só instrumento, ou quando neste há pluralidade de mandantes e unicidade de mandatário, etc. 2. Relação de direito, que se estabelece entre mais de um credor e mais de um devedor da mesma obrigação que, relativamente a uns e outros, é considerada uma realidade indivisível. [...]" (NUNES, Pedro. *Dicionário de tecnologia jurídica*. 13. ed. Rio de Janeiro: Renovar, 1999. p. 1003). No campo da teologia, o termo recebe outras definições, podendo ser vinculado às noções de caridade com os "povos subnutridos" e "comunhão dos santos" (LACOSTE, Jean-Yves (Dir.). *Dicionário crítico de teologia*. Tradução de Paulo Meneses et al. São Paulo: Paulinas, 2004. p. 1683).

[449] José de Faria Costa, por exemplo, refere que o "princípio da confiança" é um "critério material" para aferir a relevância da imputação objetiva ao sujeito (COSTA, 1992, p. 492). Pedro Krebs conclui que o "princípio da confiança" faz com que a conduta esteja no âmbito do "risco permitido" (KREBS, Pedro. *Teoria jurídica do delito*: noções introdutórias: tipicidade objetiva e subjetiva. 2.ed. Barueri: Manole, 2006. p. 135 e ss.). Paulo Vinicius Sporleder Souza trata do "princípio da confiança" no âmbito do direito penal médico e refere ser "critério dogmático necessário para se poder imputar um fato culposo e, assim, responsabilizar alguém por esta forma de crime." (SOUZA, Paulo Vinicius Sporleder de. O médico e o dever legal de cuidar: algumas considerações jurídico-penais. *Revista Bioética*, Brasília, DF, v. 14, n. 2, p. 229-238, 2006a. p. 232). Também: SOUZA, Paulo Vinicius Sporleder. *Direito penal médico*. Porto Alegre: Livraria do Advogado, 2009. p. 29 e s. Dentre outros, também tratam do princípio da confiança enquanto causa da responsabilidade penal: BATISTA, 2002, p. 285 e ss.; CALLEGARI, André Luís. *Imputação objetiva*: lavagem de dinheiro e outros temas de Direito Penal. Porto Alegre: Livraria do Advogado, 2001. p. 29 e s.; CALLEGARI, André Luís. O princípio da confiança no direito penal. *Revista da AJURIS*, Porto Alegre, ano 26, n. 75, p. 159-162, set. 1999b; CALLEGARI, André Luis. O princípio da confiança no direito penal. *Boletim IBCCRIM*, São Paulo, v. 7, n. 78, p. 3, maio 1999a; PAGLIUCA, José Carlos Gobbis. *Imputação objetiva*: a autocolocação sob perigo e o princípio da confiança. São Paulo: IBCCRIM, 2002. Disponível em: <http://www.ibccrim.org.br>. Acesso em: 20 abr. 2010; TAVARES, 2009. p. 313.

[450] A título meramente exemplificativo, faz-se referência ao *Habeas Corpus* n. 147250, julgado em março de 2010, em que o Superior Tribunal de Justiça aplicou o princípio da confiança (conjuntamente com o instituto da autocolocação da vítima em perigo) quando do julgamento de um acidente de trânsito, em que um transeunte surgiu, de inopino, na frente do automóvel (BRASIL,

é uma causa de exclusão da responsabilidade penal. Esse princípio, não é demais lembrar, significa que, apesar de se constatar que as pessoas cometem erros, existe uma "autorização" para se confiar no seu comportamento adequado, desde que não haja indícios de que isso não ocorrerá (verificando-se tais indícios, vigoraria o que José de Faria Costa denomina de "regra da desconfiança").[451] [452]

A "expectativa comunitária" consiste naquela confiança, naquela percepção comunitária, de que quem vigia e domina uma determinada fonte de perigo fará o possível para impedir que os riscos que dela derivem atinjam a natureza ou outras pessoas.[453] Trata-se de um elemento pré-normativo, "agregador" ao fundamento do "dever de garantia".

Essa compreensão, essa busca por elementos pré-normativos, assemelha-se à de Max Ernst Mayer, para quem a "justificação" do direito não pode ser encontrada do ponto de vista do Estado. O autor compreende que não há dúvida de que Estado precisa estabelecer um direito obrigatório e aplicá-lo.[454] Essa "necessidade do direito" não

---

Superior Tribunal de Justiça, *Habeas Corpus* 147.250, Impetrante: Luiz Augusto Reis de Oliveira Coutinho. Impetrado: Tribunal de Justiça do Estado da Bahia. Relatora Ministra Maria Thereza de Assis Moura, j. em 04 de março de 2010). Em 2006, quatro anos antes, portanto, aplicando os mesmos institutos (princípio da confiança e autocolocação da vítima em perigo), o referido Tribunal já havia afastado a responsabilidade de jovens integrantes de Comissão de Formatura que organizaram uma festa. Nas palavras do relator Arnaldo Esteves Lima: "[..] no caso concreto, não poderia a Comissão de Formatura prever o comportamento da vítima, que, conforme consta da própria denúncia, somente veio a afogar-se acidentalmente em virtude de ter ingerido substâncias psicotrópicas, comportando-se de forma contrária ao direito, inexistindo indicação na denúncia de que aparentemente isso pudesse ser antevisto." (BRASIL. Superior Tribunal de Justiça. *Habeas Corpus* n° 46.525. Paciente: Marcelo André de Matos. Autoridade coatora: Primeira Câmara Criminal do Tribunal de Justiça do Estado do Mato Grosso. Relator Arnaldo Esteves Lima. Brasília, 21 mar. 2006).

[451] COSTA, 1992, p. 493. No mesmo sentido, está Fabio D'Avila ao ressaltar a exclusão do princípio da confiança "[...] quando, por motivos especiais, há fundada razão para desconfiar do não cumprimento das normas por terceiro" (D'AVILA, Fabio Roberto. *Crime culposo e a teoria da imputação objetiva*. São Paulo: Revista dos Tribunais, 2001. p. 52).

[452] Tratando dos delitos negligentes e das condutas no tráfego de veículos (ponto especialmente importante para a incidência do princípio da confiança e no qual efetivamente nasceu e se desenvolveu o princípio), José de Faria Costa refere que é necessário que se confie nos sinais, comunicações, perícia, atenção e cuidado dos que estão na via pública. Tem-se uma "teia de relações abonatórias", as quais se "sustentam entre si e que, uma vez mais, não são coisa diferente das refrações, no campo normativo da negligência, das relações onto-antropológicas de cuidado-de-perigo." Assim sendo, confia-se no "outro" porque se sabe que ele também deve cuidar da proteção dos outros membros da comunidade (COSTA, 1992, p. 488).

[453] Assim sendo, pode-se dizer que, enquanto o princípio da confiança é causa de exclusão da responsabilidade penal, a "expectativa comunitária" representa um "reforço" ao "dever de garantia". Ou ainda: enquanto o princípio da confiança limita a norma criminalizadora, a "expectativa comunitária" é "elemento agregador" ao fundamento do dever de garantia.

[454] MAYER, Ernst Max. *Normas jurídicas y normas de cultura*. Traducción del alemán y prólogo por José Luis Guzmán Dálbora. Buenos Aires: Hammurabi, 2000. p. 55.

serve, contudo, para "justificá-lo". Para tanto, é preciso ir ao indivíduo: para ele (indivíduo), não deve parecer uma arbitrariedade do Estado ser julgado segundo leis que não conhece e nem está obrigado a conhecer.[455]

Diante disso, Max Ernst Mayer afirma: "La justificación del Derecho y, en particular, de la obligatoriedad de la ley, radica en que las normas jurídicas están en correspondencia con normas de cultura, cuya obligatoriedad el individuo conoce y acepta".[456] [457] E o termo "norma de cultura" é empregado pelo autor para a totalidade de mandados e proibições dirigidas ao indivíduo.[458] Essas "normas de cultura" são pré-jurídicas e geram uma expectativa na comunidade, que justifica, legitima, o direito.

Não se deve esquecer, contudo, que, quando da discussão do "dever de garantia", se esbarra em enormes dificuldades para identificar o vínculo de garantia em situações bem menos complexas do que aquelas atinentes ao direito penal ambiental. Como demonstrado no capítulo II, apesar de todo o esforço doutrinário e jurisprudencial, a construção dos deveres do garantidor mostra-se incipiente e é, muitas vezes, difícil encontrar o seu fundamento na valoração comunitária.[459] Nem sempre se identifica com precisão aquilo que é anterior ao direito e que consubstancia as chamadas "normas de cultura".

Enfim, o ideal seria que a norma – que reconhece[460] o dever do garante – encontrasse sempre conformidade com uma valoração éti-

---

[455] MAYER, 2000, p. 55.

[456] MAYER, 2000, p. 55.

[457] A discussão assemelha-se àquela da ciência política entre legalidade e legitimidade do poder: a primeira corresponde à conformidade com a ordem jurídica, e a segunda, à conformidade com crenças, valores e princípios. Nesse sentido: BONAVIDES, Paulo. *Ciência Política*. 17.ed. São Paulo: Editora Malheiros, 2010. p. 121.

[458] MAYER, 2000, p. 56.

[459] A principal exceção fica por conta do exemplo mais trazido pela doutrina quando do estudo dos deveres de garantia, qual seja, a relação entre os pais e seus filhos recém-nascidos. Quanto aos outros casos (dentre os quais, pode-se lembrar a proteção dos filhos com relação aos pais, de uns irmãos com relação aos outros e entre os cônjuges), a discussão ganha contornos bem menos precisos.

[460] Opta-se pelo verbo "reconhecer", e não "criar", porque se compreende que o vínculo de garantia não é originariamente jurídico-penal e nem mesmo jurídico: ele apenas reflete-se – ou, ao menos, deveria refletir-se – na norma. Essa compreensão coaduna-se com as ideia de Ernst Max Mayer de "normas de cultura". Vai ao encontro, também, à noção de que o direito assume um papel de "recepção" das valorações comunitárias e, como refere Castanheira Neves, não pode ser compreendido pela "perspectiva exclusiva de um estrito legalismo" (NEVES, 1998, p. 4). Isso não implica, evidentemente, que caiba à ordem social a determinação do conteúdo do ilícito. Se isso ocorresse, a lei penal estaria, como observa Tereza Quintela de Brito, a "demitir-se" de sua missão de seleção de condutas puníveis. Nas palavras da autora: "A lei penal demitir-se-ia da sua missão de delimitação do comportamento punível, caso remetesse, para outro sector do

co-social, que ensejasse a referida "expectativa comunitária". No âmbito do direito penal ambiental, parece que há uma expectativa com relação àquele que vigia e domina a fonte de perigo, compreendendo-se que ele deve agir para evitar perigo e dano ao meio ambiente e às demais pessoas.

Contudo, como se referiu e reiterou, a "expectativa comunitária" não é o fundamento do "dever de garantia", mas um "reforço", um "elemento agregador", ao fundamento. Justamente por isso, faz-se imprescindível discutir pontos anteriores: por que existe a percepção comunitária, a expectativa, de que algumas pessoas agirão para evitar danos a outras pessoas e à própria natureza? Por que existe uma pré-compreensão de que a omissão de algumas pessoas é mais grave do que a de outras? Ou ainda: em que consiste o vínculo com a fonte de perigo que justifica a densificação do dever fundamental de tutela ao meio ambiente, do qual se falou no capítulo I, a ponto de "formar" a posição de garantia?

3. Os fundamentos da responsabilidade penal do garantidor

Como já se tratou no capítulo I, as alterações sociais dos últimos anos evidenciam o esgotamento de alguns critérios jurídico-penais.[461] A dogmática tradicional foi construída para situações em que se identificam, com uma relativa facilidade, o sujeitos ativo e passivo do crime, o nexo causal entre a conduta e o resultado desvalioso e, ainda, para a tutela de bens jurídicos, em regra, individuais. Mais: volta-se especialmente à ação, conferindo um papel secundário à omissão e, consequentemente, ao dever de garantia.

Esse tratamento, como já se disse, é insuficiente para a "nova criminalidade". Em crimes ambientais, objeto deste estudo, sujeito ativo e sujeito passivo confundem-se, tendo em vista que aquele que pratica o delito acaba sendo também atingido pelo dano (que ele mesmo causou) à natureza. O nexo causal, por sua vez, nem sempre é facilmente

---

ordenamento jurídico ou para a ordem social, a determinação do conteúdo de um dever cuja violação funda uma responsabilidade criminal." (BRITO, 2000, p. 225).

[461] Ou ainda, nas palavras de Renato de Mello Jorge Silveira: "Modernidade, pós-modernidade, sociedade industrial, tudo, enfim, coloca em xeque o fato de como poderá esse ramo do Direito vir a tratar novas situações, desconhecidas para os ideólogos iluministas e clássicos.": SILVEIRA, 2003. p. 18.

identificado, ganhando cada vez mais espaço a discussão acerca da legitimidade, ou não, dos chamados "delitos de acumulação" (*Kumulationsdelikte*).[462] O bem jurídico tutelado não é apenas individual, mas supraindividual; e a omissão e o dever de garantia vêm ganhando espaço, como decorrência direta da exasperação dos deveres do homem para com a natureza.

Bernd Schünemann complementa essas ideias, observando que, nesse novo cenário, a criminalidade se vincula a uma "estrutura organizativa empresarial", através da "organização e delegação, da divisão do trabalho e da hierarquia". E, enfatiza o autor, o direito penal moderno foi criado e moldado para as formas de vida de um "solitário social, de um fora da lei e do proscrito [...]".[463]

Ademais, em estruturas organizadas, baseadas na divisão de trabalho e na hierarquia, o conceito de "ação" – em geral, tão valorizado quando do estudo da criminalidade tradicional – parece esvaecer e perder a razão de ser. Nesse contexto, é ilustrativa a colocação de Bernd Schünemann: se se quiser comparar um organismo natural que serve de base ao conceito de ação, os órgãos de execução seriam as extremidades, enquanto a direção da empresa seria o sistema nervoso. Ou seja: a "verdadeira influência do acontecimento" está, segundo o autor, na instância de direção, a qual dirige os órgãos de execução (exatamente como o sistema nervoso faz com as extremidades do corpo).[464] Como consequência, nessa "nova criminalidade", os conceitos de "responsabilidade" e de "ação" parecem se segmentar.[465]

---

[462] A ideia de acumulação, se vinculada simplesmente à repetição de atos inócuos, não é legítima para fundamentar o ilícito penal. Parece necessária uma leitura diferenciada dessas condutas, tal como propõe Fabio D'Avila, trazendo a categoria de "contexto instável" para o acertamento de uma "possibilidade não insignificante de dano" (D'AVILA, 2005, p. 384 e ss.; D'AVILA, 2009d, p. 118 e ss.). No mesmo sentido: COSTA, Lauren Loranda Silva. *Os crimes de acumulação no direito penal ambiental*. Porto Alegre: PUCRS, 2009a. Disponível em: <http://www.pucrs.br/direito/graduacao/tc/tccII/trabalhos2009_1/lauren_costa.pdf>. Acesso em: 05 jul. 2010; COSTA, Lauren Loranda Silva. Os crimes de acumulação no direito penal ambiental. *Revista da Graduação*: publicações de TCC, Porto Alegre, v. 2, n. 2, 2009b. Disponível em: <http://revistaseletronicas.pucrs.br/ojs/index.php/graduacao/issue/view/230>. Acesso em: 07 jul. 2010; MACHADO, 2008, p. 155 e ss.

[463] SCHÜNEMANN, Bernd. *Los fundamentos de la responsabilidad penal de los órganos de dirección de las empresas*. Buenos Aires: Rubinzal, 2009. t. 2, p. 163-193. (Colección autores de derecho penal). p. 163.

[464] SCHÜNEMANN, 2009, t. 2, p. 165 e s.

[465] Referindo a separação, cisão, entre "ação" e "responsabilidade": SCHÜNEMANN, Bernd. Cuestiones básicas de dogmática jurídico-penal y de política criminal acerca de la criminalidad de empresa, *Anuario de Derecho Penal y Ciencias Penales*, Madrid, v. 41, n. 2, p. 528-558, 2007. p. 531; GONÇALVES, 2009, p. 152.

Também Percy García Cavero denuncia a insuficiência do conceito de ação e dos critérios dogmáticos tradicionais, prevendo o que denomina de "organizada irresponsabilidade". Nas palavras do autor:[466]

> [...] si la empresa ha diferenciado la propiedad de la gestión, la decisión de la ejecución, los canales de flujo de la información y las labores de coordinación, no resulta difícil concluir que el esquema tradicional de imputación penal llevaría a la llamada "organizada irresponsabilidad" en el âmbito de la empresa.

O direito não pode, evidentemente, manter-se estático, alheio a essas significativas alterações sociais. Pelo contrário: pela sua natureza e função, o direito é dinâmico[467] e torna-se necessário rediscutir algumas de suas categorias dogmáticas. Dentre elas, está o fundamento da responsabilidade penal da posição de garantia nesta "nova criminalidade". Por se evidenciar a insuficiência de um critério meramente formal, verifica-se uma tendência doutrinária[468] em buscar esses elementos na categoria material, especialmente nas categorias de ingerência, de relação de autoridade sobre os subordinados e de domínio sobre as fontes de perigo.[469] E, com relação a esses fundamentos, observa Percy García Cavero:[470]

> En efecto, la injerencia implica realizar una conducta precedente peligrosa, la relación de autoridad sobre los dependientes requiere haber asumido la función de dirección en la empresa y, finalmente, el dominio de una fuente de peligro presupone también la asunción de una posición de dominio del riesgo. En este sentido, puede concluirse que la posición de garante del directivo de una empresa requiere haber entrado a dominar o controlar el desarrollo de la actividad empresarial.

---

[466] GARCÍA CAVERO, 2006.

[467] Em 1951, Assis Ribeiro já referia a necessidade de o direito ser dinâmico, mas denunciava a insuficiência de um critério meramente legal: "O Direito não pode ser estático. Êle é dinâmico por natureza e função, quer no campo nacional, quer no internacional. Todo povo tem a sua missão histórica e só pode cumpri-la se o Direito não se torna reacionário. O Direito não é obra de retórica, ou simples corpo de princípios místicos ou líricos. Êle tem que ser operante e vivo, por fôrça dos seus próprios fundamentos ético-filosóficos. Êle não pode expressar sòmente a garantia do Capital, tampouco a mística do Trabalho. Não pode reconhecer a Liberdade, sem reconhecer, também, o predomínio da Justiça. Não pode salvaguardar o Estado em detrimento da pessoa humana. Não pode valer, substancialmente, como Lei, se tem apenas a sua expressão positiva, afastando-se dos postulados morais e eternos, para tornar-se um elemento fixador de critérios políticos." (RIBEIRO, 1951, p. 94 e s.).

[468] No Brasil, a discussão ainda está incipiente. Como tem se demonstrado, verifica-se uma tendência dos Tribunais e da doutrina em rechaçar a responsabilidade objetiva, mas poucos juristas vão além disso, buscando o fundamento do dever de garantia. Faz-se, portanto, imprescindível um diálogo com a doutrina europeia, especialmente alemã (destacando-se as construções de Bernd Shünemann), portuguesa (especialmente, Jorge de Figueiredo Dias, André Leite e Pedro Albergaria) e espanhola (dentre outros autores, Enrique Gimbernat Ordeig).

[469] GARCÍA CAVERO, 2006. Também: GARCÍA CAVERO, Percy. *La posición de garantía del empresario: a propósito del caso utopía*: homenaje al Profesor Dr. Gonzalo Rodríguez Mourullo. Madrid: Civita, 2005. p. 381-400. p. 393.

[470] GARCÍA CAVERO, 2005, p. 393.

Passa-se a analisar, então, os principais fundamentos que podem ensejar a posição de garantia. Inicialmente, discorrer-se-á sobre o problema da ingerência no direito penal. Posteriormente, analisar-se-ão as construções de Enrique Gimbernat Ordeig e de Bernd Schünemann:

3.1. O PROBLEMA DA INGERÊNCIA NO DIREITO PENAL

Como observa Susana Huerta Tocildo, se é possível afirmar, com uma razoável segurança, que os pais que não alimentam seus filhos devem responder pela morte da criança, o assunto é muitíssimo mais duvidoso e problemático em outras situações, como a hipótese de ingerência.[471] A ingerência é aquela conduta (ação ou omissão) do sujeito que cria ou aumenta o risco de lesão ou de perigo para bens jurídicos alheios.[472]

Como observa Susana Huerta Tocildo,[473] o raciocínio parece simples:

> [...] todo aquél que, con su actuar, crea un peligro para los bienes jurídicos de otra persona está obligado a "garantizar" que dicho peligro no desemboque en la lesión del interés amenazado, para lo cual el ordenamiento jurídico-penal le impone una obligación de comportamiento activo en orden a la neutralización del peligro. [...]

Também Heleno Fragoso expõe o raciocínio de forma aparentemente descomplicada:[474]

> [...] o dever de agir que pode dar lugar aos crimes comissivos por omissão existe também quando o próprio agente provoca a situação perigosa. Quem cria o perigo de dano tem obrigação jurídica de afastá-lo. Por isso afirma-se que o dever de agir nesses casos é tácito e resulta do sistema.

Apesar disso, dessa aparente simplicidade, é complexo explicar o porquê é assim e, ainda, determinar quais condutas precedentes fundamentam o surgimento do dever de garantia.[475] [476] Em verdade, a

---

[471] HUERTA TOCILDO, 1987, p. 137.

[472] Só interessa, portanto, aquele perigo criado por uma "ação humana". Evidentemente, nem todas as situações de perigo são geradas por ações humanas, havendo aquelas oriundas de "forças naturais", das quais são exemplos as inundações e calamidades (TAVARES, 2009, p. 314 e s.).

[473] HUERTA TOCILDO, 1987, p. 259.

[474] FRAGOSO, Heleno Cláudio. *Crime comissivo por omissão. Exige o dever jurídico de impedir o resultado*. Rio de Janeiro: H. C. Fragoso, 1982a. Disponível em: <http://www.fragoso.com.br/cgi-bin/heleno_artigos/arquivo7.pdf>. Acesso em: 31 jul. 2009.

[475] HUERTA TOCILDO, 1987, p. 259.

[476] Enrique Bacigalupo questiona: "Donde apoyar un deber que no proviene ni de la ley, ni de un contrato, sino simplemente de un hecho?" (BACIGALUPO, Enrique. Conducta precedente y posición de garante en el derecho penal. Anuario de Derecho Penal y Ciencias Penales, Madrid, v. 33, n. 1, p. 35-48, enero/abr. 1970. p. 37). Deve-se lembrar que, atualmente, no ordenamento

"ingerência" sempre foi, e ainda é, uma questão bastante problemática na doutrina, sendo definida, por Scheila Bierrenbach, como "o terreno mais movediço das posições de garantia".[477] [478] Isso porque, como se demonstrará, a doutrina oscila entre posições extremas: enquanto muitos autores têm como certa a responsabilidade oriunda de toda e qualquer conduta prévia, vozes minoritárias defendem a extinção dessa figura, e outros, ainda, estabelecem limites de responsabilização.

No primeiro grupo, tendo como certa a responsabilidade, está Alcidez Munhoz Netto, dizendo ser prescindível que a conduta anterior seja antijurídica e que o perigo seja vizinho e previsível. Para o autor, "o dever de evitar o dano apresenta-se no momento em que o autor toma conhecimento do risco decorrente de seu comportamento anterior".[479] Traz, então, o seguinte exemplo: aquele que fecha uma loja sem perceber que ficou uma criança no seu interior terá obrigação de libertar aquela criança assim que tomar conhecimento do que ocorreu.[480]

Carmo Antônio de Souza registra posição idêntica e cita um exemplo semelhante, qual seja: um vigilante, antes de fechar um determinado estabelecimento, toma todas as cautelas necessárias para verificar se todos os empregados saíram. Apesar disso, um dos empregados resta preso. O autor observa que, assim que tomar conhecimento dessa situação, o vigilante deve liberar o empregado, "porque, embora a previsibilidade do perigo não existisse no momento da involuntária retenção, o dever de evitar o resultado lesivo se apresenta no momento em que ele toma ciência do acontecido".[481]

Cezar Roberto Bitencourt parece subsumir-se neste primeiro grupo. Ao tratar do art. 13, § 2°, c, do Código Penal, o autor[482] refere:

---

jurídico brasileiro e espanhol, a ingerência é expressamente prevista para imputar um crime comissivo por omissão.

[477] BIERRENBACH, 2002, p. 83.

[478] Semelhante constatação é feita por Luciana Sperb Duarte, ao referir que a ingerência é "um dos mais ásperos temas na teoria do crime omissivo" (DUARTE, Luciana Sperb. A teoria moderna do crime omissivo. *Revista do Tribunal Regional Federal da 1ª Região*, Brasília, DF, v. 17, n. 6, p. 41-64, jun. 2005. p. 56). Para Enrique Bacigalupo, a dogmática não encontrou um "ponto de apoio seguro" para o fato anterior, seja como fonte de um dever de agir, seja enquanto fundamento de uma posição de garantia (BACIGALUPO, 1970, p. 36).

[479] MUNHOZ NETTO, 1982, p. 24. Também: MUNHOZ NETTO, 1981, p. 94.

[480] MUNHOZ NETO, 1982, p. 24. MUNHOZ NETTO, 1981, p. 94.

[481] SOUZA, 2003, p. 96 e s.

[482] BITENCOURT, 2008, v. 1, p. 239 e s. Também: BITENCOURT, Cezar Roberto. Alguns aspectos do crime omissivo impróprio. *Boletim IBCCRIM*, São Paulo, v. 12, n. 140 (Especial), p. 12-14, jul. 2004.

Nesses casos, o sujeito coloca em andamento, com a sua atividade anterior, "um processo" que chamaríamos de "risco", ou, então, com seu comportamento, "agrava um processo já existente". Não importa que o tenha feito voluntária ou involuntariamente, dolosa ou culposamente; importa é que com a sua ação ou omissão originou uma "situação de risco" ou agravou uma situação já existente. Em virtude desse comportamento anterior, surge-lhe a "obrigação de impedir" que essa "situação de perigo" evolua para uma "situação de dano" efeito, isto é, que venha realmente ocorrer um resultado lesivo ao bem jurídico tutelado.

No direito penal italiano, parece ser possível enquadrar nesse grupo Giusepe Bettiol, ao limitar-se a dizer que o dever de agir pode surgir da atividade anterior e citar o exemplo-escola daquele que, imprudentemente, coloca fogo em um local perigoso e depois se omite, não apagando o incêndio. Conclui autor: "Não há nenhuma razão lógica ou jurídica que sirva de obstáculo para admitir a existência do dever de eliminar uma situação de perigo criada com a própria atividade precedente".[483]

Parece que essa posição é excessivamente ampla, uma vez que torna garantidor todo aquele que, de uma forma ou de outra, colaborou no curso causal. No outro extremo, em um segundo grupo, estão os que se opõem à noção de ingerência como fundamentadora do "dever de garantia", cujos argumentos passa-se a analisar.

Eugênio Zaffaroni, em texto datado de 1982 (antes, portanto, da reforma de 1984 que incluiu a ingerência como fonte do dever de garantia no Código Penal brasileiro), criticou o instituto, referindo que considerar a conduta anterior uma fonte do dever de garantia significaria admitir que esse dever pode se fundar em uma norma ética, e não jurídica.[484] Em 2007, vinte e cinco anos depois, no seu Manual escrito em coautoria com José Henrique Pierangeli, continuou a demonstrar preocupação com o instituto, referindo que a tipicidade omissiva ainda não encontrou uma resposta adequada.[485]

Bernd Shünemann também se opõe à ingerência, compreendendo que ela deve desaparecer como fundamento dos crimes omissivos impróprios. Entende que, na primeira intervenção do agente, ele dispõe de um "domínio real" (para o autor, o domínio justifica a equiparação de uma omissão a uma ação); no campo da ação posterior (incumprida e idônea para evitar o resultado), esse domínio é "poten-

---

[483] Tradução livre. No original: "Non c'é nessuna ragione logica o giuridica la quale sia di ostacolo ad ammettere l'esistenza del dovere di eliminare una situazione di pericolo creata con una propria attività precente.": BETTIOL, 1966, p. 242.

[484] ZAFFARONI, 1982, p. 35.

[485] ZAFFARONI, 2007, p. 468 e s.

cial" e, justamente por isso, insuficiente para consubstanciar o dever de garante. Nas palavras do autor:[486]

> El dominio del omitente reside, en el casos de injerencia, completamente en el pasado, no presentando por tanto la "actualidad" requerida según nuestras reflexiones, dirigida al futuro. En el momento de la omisión, el injerente no se distingue de ninguna manera del "quivis ex populo", pues ambos tienen simplemente un "dominio potencial" sobre al acontecer, caracterizado por la posibilidad de impedir. Mediante la acción previa, el que se injiere ha "despedido" el curso causal de su ámbito de dominio (el propio cuerpo, el coche, la casa), perdiendo por tanto su dominio con infracción de los deberes de cuidado de ahí derivados; los que, como ya hemos visto, fundamenta la imputación del resultado.

Assim:[487]

> Pero precisamente por esto se enfrenta ontológicamente al acontecer ulterior como cualquier otro; las fases subsiguientes del curso causal sólo pueden imputarse a su esfera de dominio a través del acto desencadenante. Si quien se injiere de repente se torna doloso, se trata de un dolo sin dominio y por tanto de mera mala voluntad sin hecho. El dominio requiere un sustrato ojetivo en que operar; el mero curso causal no viene a tal efecto en consideración, salvo que se quiera incurrir en el error de equiparar el dominio (actual) a la posibilidad de evitar (potencial).

No que concerne aos delitos imprudentes, compreende que a punição deve dar-se nos quadros dos crimes omissivos próprios, enquanto, para os comportamentos anteriores dolosos, defende a criação de uma figura de gravidade intermediária, entre os omissivos próprios e impróprios.[488] André Leite critica a teoria de Bernd Shünemann, referindo que "o domínio que o agente da actuação prévia tem face ao bem em perigo é exactamente o mesmo que existira antes, i.e., a capacidade de afastar o resultado não só se mantém como passa a ser exigível em virtude de ele próprio ter criado ou potenciado".[489][490]

---

[486] SCHUNEMANN, 2009, p. 364.

[487] SCHUNEMANN, 2009, p. 364.

[488] SCHUNEMANN, 2009. p. 367. Interessante, também, a análise de André Leite sobre a teoria de Bernd Shünemann: LEITE, 2007, p. 272.

[489] LEITE, 2007, p. 272.

[490] André Leite observa, ainda, que a figura típica proposta Bernd Shünemann já existe no direito penal português, sendo prevista no art. 200, n. 2: "1 – Quem, em caso de grave necessidade, nomeadamente provocada por desastre, acidente, calamidade pública ou situação de perigo comum, que ponha em perigo a vida, a integridade física ou a liberdade de outra pessoa, deixar de lhe prestar o auxílio necessário ao afastamento do perigo, seja por ação pessoal, seja promovendo o socorro, é punido com pena de prisão até 1 ano ou com pena de multa até 120 dias. 2 – Se a situação referida no número anterior tiver sido criada por aquele que omite o auxílio devido, o omitente é punido com pena de prisão até 2 anos ou com pena de multa até 240 dias. 3 – A omissão de auxílio não é punível quando se verificar grave risco para a vida ou integridade física do omitente ou quando, por outro motivo relevante, o auxílio lhe não for exigível." (LEITE, 2007, p. 272). Américo Taipa de Carvalho, comentando o delito de omissão de auxílio qualificado (art. 200. n. 2, CP português), observa que esta situação não se confunde com o dever de garantia. Para o autor português, o dever de garantia oriundo da ingerência pode nascer

No âmbito do direito penal italiano, encontra-se a construção de Ferrando Mantovani, opondo-se fortemente ao instituto da ingerência. O autor refere diversos motivos, a começar por a ingerência ir de encontro ao princípio da reserva legal, pois não está previsto no ordenamento jurídico italiano e nos dos demais países, a exceção da Espanha e do Brasil.[491]

Para Ferrando Mantovani, o instituto contrasta, também, com a noção de obrigação de garantia, pois "qualquer um", pelo seu simples agir perigoso, assumiria automaticamente a garantia de outros bens. Mais:

> 3) porque é, de qualquer maneira, "inútil" e "induz em erro" no que diz respeito às verdadeiras e próprias "ações" perigosas" identificando causalidade omissiva onde já preexiste uma "causalidade ativa"(ex. abertura de um buraco em um local aberto ao público, instalação e uso de maquinários perigosos, colocação em circulação de veículo defeituoso; 4) porque as ações perigosas "já completas" afirmam a existência de uma "obrigação" onde já existe, por assim dizer, apenas um "ônus" de impedimento do evento, se o autor de tal conduta não quer responder pelo crime comissivo (ex. de homicídio para aquele que não socorre um sujeito que ele mesmo feriu; de consequências de incêndio para aquele que o provocou e não impediu que se propagasse). E isso contrasta com o fato de que evitar voluntariamente a consumação de um delito mediante o impedimento de um evento constitui o art. 56/4 do C.P. italiano, uma circunstância atenuante de tentativa, e exclui pelo art. 16/2 do C.P. espanhol a responsabilidade pelo delito tentado: o que não teria sentido se o tal impedimento constituísse uma obrigação; 5) porque a referida teoria contrasta ainda antes com a disciplina das

---

1) quando o perigo deriva de uma "anterior conduta ilícita"; 2) quando a situação de perigo foi "objectivamente causada" pelo sujeito, mesmo que não de forma ilícita e 3) quando a criação do perigo para bens jurídicos de outrem for "justificada com base no direito de necessidade", "uma vez que o que fica numa situação de perigo em nada contribuiu para tal, e fundamentalmente porque esta situação é consequência de um acto praticado para salvamento de um interesse jurídico do próprio causador da situação de perigo ou de terceiro." Assim sendo, para Américo Taipa de Carvalho, a ingerência da "omissão de auxílio qualificado" limita-se aos casos que seguem: 1) quando o perigo criado pelo omitente está coberto por uma causa de justificação, exceção feita ao estado de necessidade, sobre o qual se abordou acima; 2) quando o perigo for criado para um agressor inimputável em virtude uma ação de defesa realizada pela agredido ou por outrem ("auxiliar") e, por fim, 3) quando "entre o ilícito e culposo agressor e o justificado defendente exista uma relação de garante." Aqui, "apesar de plenamente justificada a criação da situação de perigo como consequência da ação de defesa necessária, compreender-se-á que, uma vez neutralizado o agressor e sendo possível ao que já se defendeu prestar-lhe auxílio, este o deva fazer." (CARVALHO, Américo Taipa de. *Comentário conimbricense do código penal*: parte especial. Coordenação Figueiredo Dias. Coimbra: Coimbra, 1999. t. 1, p. 851 e s. Em 2008, o autor mudou a sua compreensão quanto à existência de omissão qualificada quando existe o vínculo de garantia. Passou a compreender que a responsabilização deve ser, apenas, pela omissão do dever geral de auxílio. Nas palavras do autor: "Isto porque, para se afirmar o dever qualificado de auxílio, tinha de se considerar que foi o agredido-defendente a criar a situação de perigo (art. 200, 2); ora, tal não é verdade, pois quem, quer na perspectiva social quer jurídica, criou a situação de perigo foi o agressor." (CARVALHO, A., 2008, p. 569).

[491] Ressalva-se que o autor não cita o ordenamento jurídico brasileiro, referindo apenas o espanhol: MANTOVANI, 2001, p. 349. Da mesma forma e citando o ordenamento jurídico da Espanha e, também, do Peru: MANTOVANI, 2004, p. 1004.

obrigações de garantia, que vêm menos no caso de impedimento do evento, enquanto o autor da conduta perigosa responde pelo evento também no caso de sobrevinda impossibilidade de evitá-lo (ex. por sobrevinda paralisia).[492]

Ferrando Mantovani traz, ainda, outros argumentos. Refere que ações perigosas ainda "em ato" trazem a recorrente confusão entre as inconfundíveis obrigações de garantia e de diligência (isto é, de inobservância das regras cautelares de conduta). Isso gera um risco – não teórico – de converter crimes omissivos (de não impedimento) em crimes culposos. Por fim, o autor refere que essa teoria leva a converter o *dolus subsequens* da ação perigosa culposa na imputação dolosa do evento, deliberadamente não impedido, em contraste com o princípio que é relevante somente o dolo concomitante e não o dolo subsequente à ação causal.[493]

Existe, ainda, um terceiro grupo, sobre o qual se falou no início deste subcapítulo, que admite a ingerência, mas que lhe atribui determinados limites. Dentre os representantes desse grupo, está Sheila Bierrenbach. Para a autora:[494]

> [...] a construção do atuar precedente deve ser empreendida da forma mais restritiva e criteriosa possível, afastado qualquer radicalismo. Desta forma, surgida há quase duzentos anos, não pode simplesmente ver-se banida dentre as fontes que geram o dever de agir, somente pelo fato de não se lograr interpretá-la a contento. Contudo, é evidente que descabe conferir-lhe extensão indevida, banida, há muito, da moderna dogmática, o que significaria inaceitável retrocesso, com violações a princípios basilares do Direito Penal Liberal.

Sheila Bierrenbach traz algumas restrições à consideração do atuar precedente. Em um primeiro momento, refere que o atuar só gerará a posição de garantia se for objetivamente antijurídico:

---

[492] Tradução livre. No original: "3) perché essa è, comunque, 'inutile' e 'fuorviante' in quanto rispetto alle vere e proprie 'azioni' pericolose ravvisa una causalità omissiva là dove già preesiste una 'causalità attiva' (es.: apertura di una buca in un luogo aperto al pubblico, installazione ed uso di macchinari pericolosi, messa in circolazione di veicolo difettoso); 4) perché essa rispetto alle azioni pericolose 'già compiute' afferma l'esistenza di un 'obbligo' là dove esiste, per così dire, solo un 'onere' di impedimento dell'evento, se l'autore di tale condotta non vuole rispondere del reato commissivo (es.: di omicidio chi non soccorre il soggetto da lui ferito; delle conseguenze dell'incendio chi l'ha provocato e non ne impedisce il propagarsi). E ciò è in contrasto col fatto che l'evitare volontariamente la consumazione del delitto mediante l'impedimento dell'evento costituisce per l'art. 56/4 del c.p. italiano una circostanza attenuante del tentativo ed esclude per l'art. 16/2 c.p. spagnolo la responsabilità per il delitto tentato: cosa che non avrebbe senso se tale impedimento costituisse un obbligo; 5) perché la suddetta teoria contrasta ancor prima con la disciplina degli obblighi di garanzia, che vengono meno in caso di impedimento dell'evento, mentre l'autore della condotta pericolosa risponde dell'evento anche in caso de impossibilità sopravvenuta di impedirlo (es.: per sopravvenuta paralisi);" MANTOVANI, 2001, p. 349; MANTOVANI, 2004, p. 1004 e s.

[493] MANTOVANI, 2001, p. 350; MANTOVANI, 2004, p. 1005.

[494] BIERRENBACH, 2002, p. 83. Também: BIERRENBACH, 1999, p. 337.

Vale dizer, aquele que permanece no âmbito do permitido não pode ser erigido em garante em face da ação anterior. Ou, dito em outras palavras, a "adequação da conduta prévia ao Direito" impede que dela possa decorrer posição de garantidor, com os deveres que lhe são inerentes.[495]

A autora acrescenta que "o perigo 'criado' pelo ingerente deve ser avaliado como 'adequado' ou 'idôneo' à produção do resultado típico".[496] Mais: a conduta prévia deve causar "perigo" para o bem jurídico. Nesse ponto (criação de perigo), Sheila Bierrenbach ressalta que, havendo um "dano imediato", se tem um crime comissivo, e não omissivo impróprio. Traz, então, o exemplo de um motorista que, em manobra imprudente, atropela um sujeito e, logo depois, foge do local. Em perícia, identifica-se que houve morte instantânea e, portanto, homicídio por comissão.[497] A conclusão parece acertada, mas em virtude da norma desrespeitada, e não do imediatismo do resultado: ao atropelar e gerar a morte, o sujeito desrespeitou uma norma proibitiva ("não matar"), e não mandamental ("preste auxílio").

Também Jorge de Figueiredo Dias enquadra-se neste terceiro grupo, em que se buscam limites à responsabilização pela ingerência. O autor aponta a necessidade de se observarem os critérios de imputação objetiva, particularmente o "risco permitido" e o "âmbito de proteção da norma". Nas palavras do autor:[498]

> [...] parece seguro que o resultado típico tem antes de tudo de considerar-se "objectivamente imputável", segundo as regras gerais, ao incumprimento do dever de garante. Por isso não assume uma posição de garante aquele que com o seu facto precedente se contém "dentro" dos limites do risco permitido. Como também quando, ultrapassando-os, todavia não o risco assim criado, mas "um outro", que se precipita no resultado típico: ou quando a conexão de risco deva ser negada por o comportamento prévio não caber no fim de proteção da norma.

André Leite adota, também, este posicionamento: cita Jorge de Figueiredo Dias e refere a necessidade de observar-se o "risco permitido" e o "âmbito de proteção da norma". Para o autor, "só assim se consegue limitar a responsabilidade do omitente àquilo que efectivamente o ordenamento lhe censura do prisma da desconformidade objectiva da sua inação (do ponto de vista da ilicitude, portanto) [...]".[499]

Juarez Cirino dos Santos tem compreensão semelhante a dos autores já citados, dizendo que a atuação nos limites do "risco permiti-

---

[495] BIERRENBACH, 2002, p. 84. Também: BIERRENBACH, 1999, p. 338.
[496] BIERRENBACH, 2002, p. 84. Também: BIERRENBACH, 1999, p. 338.
[497] BIERRENBACH, 2002, p. 85. Também: BIERRENBACH, 1999, p. 338 e s.
[498] DIAS, 2007, v. 1, p. 946.
[499] LEITE, 2007, p. 270.

do" e as "ações justificadas" não ensejam o dever de garantia. Ainda nesse ponto, ressalva a não exclusão da responsabilidade pelo dever geral de socorro, observada a tipicidade da omissão própria.[500] Para Juarez Cirino dos Santos, o fundamento da responsabilização pela ingerência está na "'confiança' da comunidade no controle de perigos produzidos por pessoas submetidas ao poder do 'garante', ou de perigos existentes em mecanismos, engenhos ou animais em áreas de domínio do garante [...]".[501]

Dentre as compreensões estudadas, parece que a mais adequada é aquela que aceita a ingerência, reconhecendo-lhe limites. Impede-se, assim, que a ingerência se transforme em um verdadeiro caso de responsabilidade penal objetiva, instituto incompatível com os pilares do direito penal moderno e de um Estado Democrático de Direito. Apesar disso, parece que essa solução – isoladamente – é insuficiente para a fundamentação do dever de garantia no direito penal ambiental.

3.2. FOCO DE PERIGO E O RISCO (ENRIQUE GIMBERNAT ORDEIG)

Enrique Gimbernat Ordeig propõe-se a estudar a omissão imprópria no âmbito do direito penal empresarial, considerando que o dever de agir surge quando da transformação de um risco em ilícito ou, ainda, quando da não recondução ao risco permitido. Segundo o autor:[502]

> [...] la abstención equivale desvalorativamente a un delito de acción cuando la inactividad del encargado de un foco de peligro causante del resultado típico tenga como consecuencia (normativa) la "transformación" de eso foco de permitido en ilícito o la "no reconducción" al riesgo permitido de un foco que ha desbordado ya los límites jurídicamente tolerados.

O autor preocupa-se, especialmente, em analisar quando um superior pode ser responsabilizado por um atuar de um subordinado.[503] Demonstra discordância com Bernd Schünemann no que concerne à necessidade de a prática do ato delituoso ser em prol do "interesse da empresa". Para demonstrar a desnecessidade, Enrique Gimbernat

---

[500] SANTOS, Juarez Cirino. *A moderna teoria do fato punível*. Rio de Janeiro: Revan, 2002. p. 122.

[501] SANTOS, 2002, p. 123.

[502] ORDEIG, 1997, p. 99 e 102.

[503] Enrique Gimbernat Ordeig salienta que a responsabilização criminal por um ato de terceiro tem lugar, apenas, em hipóteses excepcionais (ORDEIG, Enrique Gimbernat. Omisión impropria e incremento del riesgo en el Derecho penal de empresa. In: *Anuario de Derecho Penal y Ciencias Penales*, Madrid, v. 54, p. 5-26, 2001. p. 5 e ss.).

Ordeig utiliza um julgado espanhol, em que se combinaram conhecimentos do direito penal de empresa e do direito penal médico, que, pela importância, se passa a relatar.[504]

Trata-se de uma sentença de 4 de setembro de 1991, A. 6021, quando o Tribunal condenou por homicídio o anestesista – obrigado à vigilância permanente do "foco de perigo" – , o cirurgião-chefe da operação e o diretor do estabelecimento hospitalar. A condenação deu-se pelas seguintes razões: 1) o anestesista – infringindo seu dever de permanecer na cirurgia – abandonou-a, indo para outra intervenção; 2) o cirurgião-chefe tolerou essa ausência, o que vai de encontro a *lex artis* de sua profissão e 3) o diretor do estabelecimento sabia que não havia anestesistas suficientes para observar todas as operações que ocorriam simultaneamente no seu hospital.[505]

Na intervenção cirúrgica e na gestão empresarial do hospital, há estruturas hierárquicas e divisão de trabalho. Diante disso, o autor observa que:[506]

> Si la operación tiene lugar en circunstancias normales y si el anestesista "presente en la operación" comete un error medico dentro de su exclusivo campo de competencia, entonces no es defendible ni una responsabilidad del cirujano jefe ni tampoco del director del hospital, pues tanto aquél como éste tienen que ejercer, por su parte, sus respectivas y propias competencias médicas y empresariales, que descuidarían si se entrometieran en las tareas asignadas al anestesista.

No caso em análise, contudo, há uma imprudência do anestesista (abandono da cirurgia), que fora diretamente percebida pelo chefe da cirurgia e que não poderia passar despercebida pelo diretor do hospital. Assim, aquele – o anestesista – foi quem gerou "imediatamente" a morte do paciente, pois permitiu a majoração do risco: "[...] como no estaba presente en el quirófano no pudo observar ni, por consiguiente, tampoco remediar las complicaciones que surgieron en el paciente y que, finalmente, desembocaron en su muerte. [...]"[507]

No que concerne à responsabilidade do cirurgião e do diretor, Enrique Gimbernat Ordeig refere:[508]

> La responsabilidad del cirujano jefe y del director del establecimiento hospitalario no resulta "directamente" de que tengan que impedir, "en sí", el delito impropio de omisión imprudente del anestesista miembro del establecimiento, ni tampoco de que aquí estemos ante un "delito vinculado al establecimiento", ni tampoco, finalmente, de que

---

[504] ORDEIG, 2001, p. 12 e ss.
[505] ORDEIG, 2001, p. 12.
[506] ORDEIG, 2001, p. 12 e s.
[507] ORDEIG, 2001, p. 13 e s.
[508] ORDEIG, 2001, p. 14.

> el omitente inmediato haya permanecido inactivo "en interés de la empresa" o de que fuera "parcialmente inimputable". Las omisiones impropias imputables a ambos superiores encuentran su explicación, más bien, en que, como "garantes secundarios", estaban obligados – y, ahora sí, "directamente" – a mantener dentro del riesgo permitido el foco de peligro en cuestión – en este caso: un paciente que estaba sometiendo a una operación –, de tal manera que debían evitar cualquier desestabilización del foco que lo convirtiera en uno no permitido, independientemente de si esa desestabilización era reconducible a un accidente o a un delito imprudente o, incluso, doloso – por ejemplo: el anestesista habría abandonado el quirófano con la intención de matar al paciente.

Após a análise desse e de alguns outros julgados do Tribunal espanhol, Enrique Gimbernat Ordeig traz algumas conclusões acerca da responsabilização da conduta omissiva imprópria no âmbito do direito penal da empresa. A primeira é que o "dono do negócio" somente tem que vigiar os eventuais focos de perigo explorados por sua empresa para impedir, na medida do possível, que ocorram danos a bens jurídicos.[509]

A segunda é que não se deve responsabilizar pela não evitação de qualquer classe de delitos cometidos por terceiros, não sendo questões decisivas se o responsável imediato é alguém vinculado ao estabelecimento, nem se o atuar – ou omitir – foi pelo interesse da empresa e, nem mesmo, se se trata de um fato de grupo ou não. Segundo Enrique Gimbernat Ordeig:[510]

> Lo único que importa para hacer responder al director de la empresa por una omisión impropia es si "el hecho punible imprudente o doloso que no ha impedido" – e independientemente de si se cometió en interés o en perjuicio de la empresa – "consistió precisamente en que incidió en un foco de peligro relacionado con el establecimiento, provocando ese foco, posteriormente, menoscabos de bienes jurídicos".

Mais:[511]

> Por consiguiente, también ha de rechazarse – "porque no se trata de hechos relacionados con el foco de peligro" – que el dueño que permanece inactivo del negocio tenga que responder por un delito impropio de omisión por la no evitación de eventuales hechos cometidos en el establecimiento tales como hurtos, cohechos, competencias desleales, manipulaciones por parte del crupier del casino o por acciones violentas del portero de una discoteca, y ha de rechazarse porque, por una parte, estos hechos punibles no tienen nada que ver con los auténticos focos de peligro de cuyo control esta encargado el director de la empresa [..]

Outro ponto destacado por Enrique Gimbernat Ordeig é que o "dever de garante" não consiste em vigiar o foco de perigo apenas no início, mas durante todo o tempo em que está sob sua supervisão.

---

[509] ORDEIG, 2001, p. 18.
[510] ORDEIG, 2001, p. 18.
[511] ORDEIG, 2001, p. 18.

Trabalha aqui com o exemplo de um cirurgião que, intervindo em uma cirurgia que é de baixo risco, tem de proteger o "foco de perigo" (paciente) contra complicações inesperadas, como, por exemplo, o comportamento imprudente de uma enfermeira. Não o fazendo, deve responder por homicídio culposo em comissão por omissão. O autor observa ainda que, na hipótese de o médico tomar todas as precauções necessárias para evitar condutas imprudentes de sua subordinada, terá agido no âmbito do "risco permitido".[512] Por derradeiro, observa que se está diante de uma comissão por omissão não apenas quando o obrigado não adota as medidas de precaução e, por isso, desestabiliza o foco de perigo, mas também quando ele não dá os passos necessários para o controle do foco – que está a seu encargo – mesmo quando a referida desestabilização é promovida por outra pessoa.[513]

3.3. O DOMÍNIO DO GARANTE SOBRE A CAUSA DO RESULTADO (BERND SCHÜNEMANN)

Bernd Schünemann observa que, no âmbito da criminalidade de empresa,[514] se verificam problemas específicos de imputação jurídico-penal. Dentre esses problemas, está a já referida cisão entre res-

---

[512] ORDEIG, 2001, p. 19 e s

[513] ORDEIG, 2001, p. 20.

[514] Por "criminalidade de empresa" ("Unternehmenskriminalität"), o autor designa os delitos econômicos em que, por meio de uma "atuação para uma empresa", se lesam bens jurídicos e interesses externos ou, ainda, dos próprios colaboradores da empresa. Distingue-se, portanto, da "criminalidade na empresa" (*Betriebskriminalität*), quando a lesão é causada por um dos colaboradores à empresa ou a outros colaboradores: SCHÜNEMANN, 2007, p. 530 e s. A diferenciação também é feita por Flávio Oliveira Lucas, para quem a criminalidade de empresa verifica-se quando, "por ação ou omissão praticada por pessoa física ligada, no mais das vezes, à administração da empresa, sejam postos em perigo ou então lesionados bens jurídicos de terceiros, externos àquele quadro empresarial; os casos em que, por meio de tais condutas, sejam expostos a risco de lesão ou lesionados bens jurídicos da própria empresa, de modo a repercutir no interior das pessoas jurídicas, serão denominados de criminalidade na empresa." (LUCAS, Flávio Oliveira. *A responsabilidade penal na criminalidade empresarial: em especial sob a ótica da posição de garante do dirigente da pessoa jurídica*. 2008. Dissertação (Mestrado em Direito) – Universidade do Estado do Rio de Janeiro, Rio de Janeiro, 2008. p. 23 e s.). Percy García Cavero também demonstra preocupação com a diferenciação, referindo os "delitos cometidos dentro da empresa" ("Betriebskriminalität") e os "delitos cometidos desde a empresa" ("Unternehmenskriminalität"): GARCÍA CAVERO, 2006. Por fim, insta dizer que Heloisa Estellita, além de fazer a distinção entre "criminalidade de empresa" e "criminalidade da empresa", trata da "empresa ilícita". A autora observa que cada um dessas categorias ("criminalidade de empresa", "criminalidade na empresa" e "empresa ilícita") deveria receber um tratamento específico do Direito Penal. Salienta, contudo, que, cada vez mais, se identifica "criminalidade de empresa" com "empresa ilícita", "com a imputação automática do crime de quadrilha ou bando sempre que se denunciem mais de três responsáveis (sócios, diretores, gerentes, administradores, etc) por crime praticado na atuação empresarial ("criminalidade de empresa"): ESTELLITA, Eloisa. *Criminalidade de empresa, quadrilha e organização criminosa*. Porto Alegre: Livraria do Advogado Editora, 2009. p. 25 e ss.

ponsabilidade e ação. Segundo o autor, "la verdadera lesión del bien jurídico es llevada a cabo a menudo por una persona física que no es, en este aspecto, verdaderamente responsable o, al menos, no tiene la exclusiva responsabilidad".[515]

Partindo das mesmas premissas,[516] Pedro Albergaria discorre sobre a punição daqueles que não são os "verdadeiros responsáveis", mas que praticaram fisicamente a ação:

> A pura e simples incriminação e punição destas pessoas por delitos comissivos, ainda nos casos em que ajam sem especiais constrangimentos, não contribui em nada para uma eficaz prevenção e repressão da criminalidade econômica, pois que deixa os verdadeiros responsáveis, no profundo sentimento criminológico do termo, impunes, introduzindo no sistema penal um factor de gritante desigualdade de tratamento de comportamentos socialmente danosos, sem falar na circunstância de, acaso as penas em que esses subordinados sejam condenados se reconduzam a penas pecuniárias, as mesmas possam ser tratadas pelos que controlam a empresa como meros custos de produção, conaturais ao "giro comercial", com o que o seu efeito preventivo não passará de um mero "wishfull thinking".[517]

Buscando o fundamento da "responsabilidade"[518] das altas instâncias hierárquicas da empresa, Bernd Schünemann não se atém, não se limita, aos critérios da teoria formal e da teoria das funções e refere que o "dever de garantia" deriva do "domínio do garante sobre o resultado". Tem esse domínio aquele que – apesar de não ter atividade corporal – controla o processo causal que se encaminha à lesão do bem jurídico, seja porque domina a vigilância da fonte de perigo, seja porque domina a proteção do bem jurídico. Nas palavras do autor: "Este dominio bien entendido resulta superior a la mera posibilidad de evitación que puede detentar el transeúnte que por causalidad, 'pasaba por ahí'".[519]

Enfim, para o autor, é preciso conjugar os critérios de Armin Kaufmann com a ideia de domínio.[520] E, no âmbito da criminalidade econômica, o domínio resultará do "domínio fático sobre os elemen-

---

[515] SCHÜNEMANN, 2007, p. 531.

[516] Citando e concordando com Bernd Schünemann: ALBERGARIA, 2009, p. 619.

[517] ALBERGARIA, 2009, p. 620.

[518] Como já se disse, para Bernd Schünemann, o conceito de "responsabilidade" não é necessariamente vinculado ao de "ação". Pelo contrário: em regra, a ação é praticada pelas baixas instâncias hierárquicas da empresa, que, muitas vezes, não se dão conta das consequências dos seus atos. E, não é demais dizer, nesta falta de consciência das consequências dos atos, Bernd Schünemann identifica consequências fatais para o efeito preventivo do direito penal e direito administrativo sancionador (SCHÜNEMANN, 2007, p. 533).

[519] SCHÜNEMANN, 2006, p. 35.

[520] SCHÜNEMANN, 2006, p. 36.

tos perigosos do estabelecimento" e, ainda, do "poder de mando sobre os trabalhadores fundamentado legalmente".[521]

Inicialmente, Bernd Schünemann trata do que denomina de "senhorio sobre as coisas e procedimento materiais". Essa posição de garantia refere-se àquele que é o "titular da custódia" (*Gewahrsamsbegriff*), e cada "co-titular da custódia" é responsável pela sua parte de domínio. O autor compreende que esse domínio supõe um âmbito espacial delimitado para o garante. Saindo deste âmbito de influência, há a extinção do "domínio material", podendo permanecer um "domínio pessoal".[522]

Nas esclarecedoras palavras de Pedro Soares Albergaria,[523] o domínio fático sobre o qual trata Bernd Schünemann:

> [...] supõe um "âmbito espacial" de influência, pelo que cada co-titular da custódia, aquele que está mais próximo da coisa, é numa primeira linha responsável por esconjurar, desenvolvendo as "actividades materiais" que lhe estão adstritas, os perigos que dimanem da mesma ou do procedimento perigoso, segundo a sua quota-parte naquele domínio e no âmbito daquele espaço de influência (os chamados "deveres primários de garante"), domínio que se extingue com a saída da coisa daquele âmbito.

Como já se referiu, mesmo com a finalização desse domínio material, Bernd Schünemann compreende que é possível a existência de um dever de garantia derivado de um "domínio pessoal". Também essa posição de garantia – derivada do "domínio pessoal" – encontra limites, e o autor exemplifica: apesar de o condutor de um caminhão que se encontra em um pátio de uma empresa ter o "domínio material", o chefe do serviço de automóveis tem um superior domínio que o coloca em uma situação de garante para a defesa perante os perigos (deve agir na hipótese de, por exemplo, o caminhão ser utilizado para a prática de atos criminosos). No caso, contudo, de o condutor abandonar o caminhão, o chefe não será mais garantidor: "si bien el jefe del servicio de automóviles mantiene un derecho de mando hacia el conductor, esto no es suficiente para la fundamentación de una posición

---

[521] SCHÜNEMANN, 2007, p. 537.

[522] Nas palavras do autor: "La posición de garante que surge del señorío sobre las cosas y los procedimientos materiales peligrosos recae siempre en primer lugar sobre el titular de la custodia (Gewahrsamsinhaber), con lo cual, especialmente en una empresa, en no pocos casos de dominio material escalonado, cada cotitular de la custodia será responsable según su parte de dominio. Este dominio supone de modo parecido al que figura en el concepto de posesión precaria (Gewahrsamsbegriff) del paragrafo 242 StGB un ámbito espacial de influencia acotado para el garante, en el que se encuentra el objeto peligroso; con la salida de este ámbito de influencia se extingue el dominio material y permanece en todo caso un dominio personal con base en el derecho de dirección remanente [...]" (SCHÜNEMANN, 2007, p. 537).

[523] ALBERGARIA, 2009, p. 624.

de garante que dominio material por la falta de una posibilidad física inmediata de influencia en la cosa misma".[524]

Bernd Schünemann compreende que, no âmbito da empresa, a eliminação do perigo depende da coordenação de ações particulares; e a institucionalização dessa coordenação em um cargo atribui ao titular um "domínio" que o coloca em uma posição de garante. Nas palavras do autor:[525]

> Dado que, como sucede con todos los objetos y procedimientos un poco complicados como consecuencia de la división del trabajo en la empresa, sólo se puede conseguir una eliminación del peligro resultante a través de una coordinación de las acciones particulares, cuya institucionalización en un cargo superior atribuye al titular de este cargo el correspondiente dominio – con lo que aquí el conocimiento se convierte en poder y el poder en deber de garante [...]

Assim sendo, o autor distingue dois tipos diferentes de deveres de garante: os primários e os secundários. Os primários derivam da proximidade da coisa e da necessidade de executar "atividades materiais" para o controle da fonte de perigo; e os secundários, da obrigação de coordenação e controle que cabe aos superiores.[526] E, reitera-se, é em virtude desses "deveres secundários" que o superior hierárquico tem o dever de evitar o uso inapropriado de um procedimento pelos seus subordinados. Se contrariar esse dever, pode ser responsabilizado na condição de garantidor.[527]

O autor ressalta que não é apenas o "poder de mando" que gera o "dever de garantia" do superior hierárquico, mas também as informações que este detém que, muitas vezes, não são compartilhadas com os níveis hierárquicos mais baixos das empresas ou, ainda, são reproduzidas de forma parcial. E esse conhecimento gera, por vezes, uma "fungibilidade" do concreto subordinado e um verdadeiro "domínio pessoal sobre um indivíduo com maioridade penal".[528]

Bernd Schünemann ressalta que o subordinado deve se deixar "motivar realmente" pelas "medidas da autoridade empresarial":

---

[524] SCHÜNEMANN, 2007, p. 537.

[525] SCHÜNEMANN, 2007, p. 538.

[526] Nas palavras do autor: "[...] mientras que el 'más cercano a la cosa' tiene que ejecutar las 'actividades materiales' relativas a su competencia en el establecimiento que estan indicadas para el control de la fuente de peligro ('deberes primarios de garante'); los superiores jerarquicos, cotitulares de la custodia, estan obligados a la coordinación y al control ('deberes secundarios de garante')." (SCHÜNEMANN, 2007, p. 538).

[527] O autor ressalva que a perda da responsabilidade ocorre quando da perda do domínio: SCHÜNEMANN, 2007, p. 538.

[528] SCHÜNEMANN, 2007, p. 540.

> [...] esto es, por las instrucciones y directivas, de modo que el deber de garante del superior nunca pueda implicar otras medidas de dirección que las "especificas de la empresa" y que, por ejemplo, una renuncia a la puesta en marcha de la actividad de la policía, no pueda dar lugar nunca a una responsabilidad por omisión del superior: puesto que su dominio de garante solo alcanza hasta donde el hecho sea expresión de dominio del grupo, y en este sentido sea un "hecho de grupo", éste cae sin reemplazo posible con una "emancipación" del subordinado, del mismo modo que el dominic material en el caso de perdida de la custodia.[529]

Assim sendo, o superior não será responsabilizado pelos "atos excessivos" praticados pelos subordinados. Refere, ainda, que isso não implicará maiores problemas probatórios, devendo-se analisar, em um primeiro momento, se o subordinado agiu em interesse da empresa ou próprio: naquela situação, é provável a falha na direção, controle ou coordenação; nesta, torna-se provável o afastamento das instruções internas do grupo.[530]

Diante desses elementos, o autor conclui que a manutenção das duas formas de dever de garantia em conexão com as relações de poder e de competência de uma empresa significam uma "división de la responsabilidad penal elástica y aplicable sin dificultad en la práctica".[531] Posteriormente, o autor parece explicar essa "elasticidade", diferenciando as duas formas de responsabilidade do garante na empresa. Sobre o "domínio fático", refere:

> El alcance de estos tipos de responsabilidad es con ello diferente hasta tal punto que el dominio material es, en efecto, "permanente ante el exceso" (excessfest), porque una perdida de la custodia de la cosa contraria al cuidado fundamenta la imputación de las consecuencias derivadas de la misma; pero no es "permanente ante la descentralización" (dezentralisierungsfest), porque la simple posición mas alta en la jerarquía de la empresa no da lugar a una responsabilidad de garantía sin que exista un dominio inmediato sobre la cosa, facilitado con tal motivo, al menos en forma de custodia.[532]

Quanto ao "domínio pessoal", dar-se-ia justamente o contrário:

> [...] porque ciertamente no es "permanente ante el exceso" (los hechos de los subordinados en su propio interés caen desde el principio fuera del dominio del grupo), pero

---

[529] SCHÜNEMANN, 2007, p. 540.

[530] Nas palavras do autor: "[...] el superior 'nunca' es responsable por un 'hecho excesivo' de su subordinado, con lo que las dificultades de prueba que aparentemente surgen aquí a primera vista pueden ser en la práctica fácilmente superadas. Así pues, si el comitente actúa 'en interés de la empresa', se podrá suponer, en principio, que se podía haber inducido hacia un comportamiento conforme a las normas a través de una apropiada dirección, controle y coordinación mientras que cuando actúa 'en propio interés' se documenta un distanciamiento de las instrucciones de acción internas del grupo, por lo que tampoco es ya dirigible con los medios normales de control" (SCHÜNEMANN, 2007, p. 540).

[531] SCHÜNEMANN, 2007, p. 540.

[532] SCHÜNEMANN, 2007, p. 540.

si "permanente ante la descentralización", porque solo en el escalón mas alto de la jerarquía, o sea, en la dirección de la empresa, se solapan el poder legal de mando y los diferentes canales de información, de modo que aquí al menos desde un punto de vista teórico – se encuentra incluso la forma mas intensa de dominio.[533]

Por derradeiro, insta lembrar que a noção de "domínio" constou no Congresso de Cairo, em 1984. No referido congresso, afirmou-se que, para a configuração da omissão imprópria, seria necessário, dentre outros requisitos: "[...] a pessoa a ser responsabilizada deve estar na posição do chamado garantidor do interesse legalmente protegido, tendo o poder de dominar algumas condições essenciais da materialização do evento típico; [...]".[534]

4. A posição adotada

Evidencia-se que os critérios formais são absolutamente insuficientes para a identificação do dever de garantia no âmbito do direito penal ambiental. Como já se referiu, falar-se em uma determinada posição, como a de sócio-fundador, ou na previsão de determinadas funções no contrato social não legitima a atribuição do dever de garantia no âmbito empresarial.

Percy García Cavero observa que isso poderia ser suficiente nas primeiras formas empresariais, quando o titular assumia também as funções de gestão. O desenvolvimento do fenômeno societário produziu, contudo, a divisão da propriedade e do controle da empresa, o que fez com que a posição de garantia no âmbito empresarial se vinculasse aos diretores e administradores, e não, necessariamente, à figura do empresário.[535] Nas palavras do autor:[536]

> El modelo de empresa no es más la empresa individual, en la que el empresario dirige efectivamente la empresa, sino una empresa en la que los propietarios son sólo inversionistas que no entran a tallar en la gestión de la misma, como lo muestran las diversas empresas que cotizan en bolsa. La posición de garantía respecto a las actividades de la empresa deberá pasar del empresario a los directivos de la empresa, independientemente de si éstos son también propietarios de la misma.

---

[533] SCHÜNEMANN, 2007, p. 540 e s.

[534] Tradução livre. No original: "[...] a person in order to be considered responsible should be in the position of a so-called guarantor of the legally protected interest, having the power to dominate some essential conditions of the materialization of the typical event; [...]"

[535] GARCÍA CAVERO, 2006. Também: GARCÍA CAVERO, 2005, p. 390.

[536] GARCÍA CAVERO, 2006.

Como já se demonstrou, deve-se buscar algo que transcenda tais elementos (formais). O critério da "expectativa comunitária de proteção" – citado por André Leite e Pedro Marchão Marques – é importante, mas insuficiente. A uma, porque existem problemas para identificar a percepção comunitária em situações bem menos complexas do que aquelas atinentes ao direito penal ambiental. A duas, porque é imprescindível buscar o fundamento que gera essa "expectativa de proteção", compreendendo-se por que se espera que determinados indivíduos evitem o perigo ou o dano ao meio ambiente e às demais pessoas.

O homem, como foi referido no capítulo I, é um sujeito de direitos e, também, de deveres; e o reconhecimento desses direitos e deveres não se manifesta de forma idêntica para todos. E pode-se dizer que essa ideia (diferente manifestação dos direitos e deveres) decorre diretamente do princípio da igualdade.[537]

Arthur Kaufmann observa que o princípio da igualdade afirma que os iguais devem ser tratados igualmente, enquanto os diferentes, de forma "proporcionalmente diferente".[538] Ressalta, contudo, que o princípio "não diz 'o que' é igual ou diferente (o que é importante para a configuração das previsões legais) nem 'como' se deverá tratar o que é igual ou diferente (o que importa sobretudo para a determinação das consequências jurídicas)".[539]

Nesse contexto, é interessante trazer a diferenciação de Jorge Miranda e de Rui Medeiros entre igualdade formal e material. Para os autores, aquela consiste na atribuição da mesma "dignidade social" a todos os cidadãos; esta, por sua vez, no reconhecimento de que há desigualdades fáticas, que fazem com que "o poder público e a sociedade civil criem ou recriem as oportunidades e as condições que a todos permitam usufruir dos mesmos direitos e cumprir os mesmos deveres".[540] Os autores salientam, ainda, que o tratamento desigual deve dar-se em situações desiguais, "mas substancial e objectivamen-

---

[537] Para Chaïm Perelman, a justiça sempre restou vinculada a uma certa ideia de igualdade. Nas palavras do autor: "A noção de justiça sugere a todos, inevitavelmente, a idéia de certa igualdade. Desde Platão e Aristóteles, passando por Santo Tomás, até os juristas, moralistas e filósofos contemporâneos, todos estão de acordo sobre este ponto. A idéia de justiça consiste numa certa aplicação da idéia de igualdade. [...]" (PERELMAN, Chaïm. *Ética e direito*. Tradução de Maria Ermantina Galvão G. Pereira. São Paulo: Martins Fontes, 1996. p. 14).

[538] KAUFMANN, 2004, p. 230.

[539] KAUFMANN, 2004, p. 230.

[540] MIRANDA, Jorge; MEDEIROS, Rui. *Constituição portuguesa anotada*. Coimbra: Coimbra, 2005. t. 1, p. 120.

te desiguais e não criadas ou mantidas artificialmente pelo legislador".[541][542]

Também no âmbito dos deveres de proteção do meio ambiente, essa igualdade – e, consequentemente, a diferença que legitima os diferentes estratos do dever de tutela do meio ambiente – deve ser buscada na "desigualdade fática", no "modo como o homem está no mundo". O mundo é uma totalidade de relações de referências; e o homem está nele sempre referido às suas próprias possibilidades.[543]

Quando do tratamento da posição de garantia, importam os instrumentos – em sentido amplo – com que o homem se relaciona: o sujeito que exerce uma determinada função, que tem acesso a determinadas informações e que tem o "poder de decisão" passa a ter o "domínio do resultado". As demais pessoas da sociedade não têm esse domínio e podem, legitimamente, esperar que aquele que o detém e que goza do "poder de disposição" sobre a fonte de perigo evite o perigo e o dano dela derivados.

É importante observar que o "domínio do resultado" não está, necessariamente, associado aos mais altos cargos, à alta cúpula da empresa. A complexidade das estruturas empresariais demonstra que, cada vez mais, há divisões em departamentos, sendo cada setor responsável por assuntos específicos (com competências diferentes, portanto). Assim sendo, em médias e grandes empresas, é possível (e até provável) que o "domínio do resultado" esteja em uma unidade de

---

[541] MIRANDA; MEDEIROS, 2005, t. 1, p. 121.

[542] Deve-se ter claro, contudo, que as razões que justificam a igualdade ou desigualdade variam conforme a sociedade e a época. Chaïm Perelman traz um duro exemplo da "historicidade" da noção de igualdade, consistente em a Corte Belga ter admitido a restrição da liberdade profissional (exercício da advocacia) das mulheres, em novembro de 1899. Naquela época e naquele local, o legislador "tinha como axioma por demais evidente para que fosse preciso enunciá-lo, que o serviço da justiça fosse reservado aos homens". O autor refere que essa compreensão, atualmente, é, para além de "inaceitável", "ridícula" (PERELMAN, 1996, p. 216). Evidentemente, as alterações no conteúdo do conceito de igualdade não são bruscas e não repercutem imediatamente no ordenamento jurídico. Pelo contrário: trata-se de um lento processo histórico e que pode ser apreendido pelo "processo de aprendizagem do Reconhecimento". Giovani Agostini Saavedra identifica quatro fases nesse processo, quais sejam: "1) Luta por reconhecimento; 2) Gradual mudança ou ampliação das relações de Reconhecimento; 3) Gradual cristalização das novas formas de Reconhecimento em instituições; 4) Novo estágio do processo de aprendizagem do Reconhecimento.". O autor destaca, ainda, que as Instituições devem proteger "relações sociais de Reconhecimento", mormente o "último estágio do processo de aprendizagem de Reconhecimento" atingido pela sociedade. Por tais razões, deve-se concordar com Chaïm Perelman no sentido de, nos dias atuais, ser "inaceitável" e "ridículo" tentar aplicar a restrição feita pela Corte belga ao exercício da advocacia por mulheres. Mais: deve-se reconhecer a impossibilidade de, no futuro, esse problema ser novamente posto (SAAVEDRA, Giovani Agostini. Interpretação e Reconhecimento. Realismo. *Revista Ibero-Americana de Filosofia Política e Filosofia do Direito*, Porto Alegre, v. 2, n. 2, p. 39-58, 2007. p. 56 e s.).

[543] VATTIMO, Gianni. *Introdução a Heidegger*. 10. ed. Lisboa: Instituto Piaget, 1996. p. 28.

comando específica, gerenciada por ocupantes de cargos de nível intermediário, de médio escalão.

Se essa pessoa (do médio ou do alto escalão de uma empresa), além de ter o "domínio do resultado", ainda foi responsável, culposa ou dolosamente, por um perigo penalmente relevante,[544] surge-lhe o dever de cuidado – cuidado consigo, com o outro e com a natureza – da forma mais densa, que legitima a responsabilidade por omissão e, também, a equiparação de uma omissão a uma ação. Em outras palavras: a conjugação dos dois critérios ("responsabilidade pelo perigo penalmente relevante" e "domínio do resultado") "forma" a posição de garantia em delitos ambientais cometidos no âmbito da criminalidade de empresa.

Em situações bastante peculiares, quando se está em um "espaço de responsabilidade" muito próximo do sujeito e diretamente vinculado a ele – como a "responsabilidade por instalações" –, parece legítimo questionar a necessidade de ingerência culposa ou dolosa. Parece que, nessas ocasiões, é possível identificar uma "responsabilidade especial", que impõe ao dirigente agir mesmo quando não é o responsável pelo perigo.

Em outras palavras: no seu "espaço de responsabilidade", parece que o sujeito – tendo o "domínio do resultado" – deve agir para manter os riscos sob controle ou, até mesmo, reconduzi-los a níveis toleráveis. E esse dever, reitera-se, parece existir mesmo quando ele não colabora – nem culposa, nem dolosamente – para o surgimento do perigo. Enfim, nessas específicas situações, parece possível ter o domínio como único fundamento da posição de garantia. Para que não haja uma simples identificação entre o "poder agir" ("domínio") e o "dever de agir",[545] contudo, é imprescindível a busca de critérios suplementares, claros e rigorosos.

É necessário dizer que, ao se trazer a possibilidade de abrir mão da ingerência culposa e dolosa, não se está propondo, de forma alguma, o abandono, de forma impensada e irresponsável, de importantes categorias do direito penal. Propõe-se, apenas, que se pense nos "novos problemas" (deve-se dizer: problemas da atualidade, do

---

[544] Para o aprofundamento do conceito, dos elementos e dos limites do perigo em direito penal: COSTA, 1992. *passim*. DARCIE, Stephan Doering. O perigo no direito penal: uma análise acerca dos elementos constitutivos da noção penal de perigo. *Revista de Estudos Criminais*, Sapucaia do Sul, ano 1C, n. 37, p. 37-65, abr./jun. 2010. passim, e D'AVILA, 2005, p. 90 e ss.

[545] Aplicando-se a construção de Bernd Schünemann isoladamente (levando-se em consideração apenas o "domínio do resultado", portanto), parece que, em algumas situações, pode haver essa identificação entre "poder agir" e "dever agir". É necessário, contudo, que os institutos mantenham-se separados, tendo cada um seus próprios critérios, sob pena de ampliar-se excessivamente a posição de garantia.

"nosso tempo", portanto), dos quais o direito penal não pode restar afastado.

Ainda sobre o domínio, deve-se referir que parecem acertadas as colocações de Bernd Schünemann no sentido de que pode ser material ou pessoal e de que há, portanto, os "deveres primários" e os "deveres secundários" do garante. Aqueles ("primários") vinculam-se ao procedimento perigoso, e estes ("secundários") aos atos de seus subordinados.

Parece que o reconhecimento dos "deveres secundários" é decorrência lógica e necessária a cisão entre responsabilidade e ação no âmbito da "nova criminalidade". Deve-se ter claro, contudo, que não se trata de uma responsabilização indireta do superior pelo ato do seu subordinado. Pelo contrário: a responsabilização é pela própria omissão do superior: a ausência de supervisão, ou de intervenção, no ato do subordinado é o elemento que fundamenta a sua responsabilidade (por comissão por omissão).[546] Para tanto, é imprescindível, reitera-se e destaca-se, que o superior tenha um efetivo domínio sobre a atuação do subordinado (o que, vale dizer, só pode ser analisado no caso concreto, no contexto empresarial, pois o domínio do resultado é umbilicalmente ligado à situação fática).

Deve-se dizer, ainda, que esta categoria jurídica ("domínio do resultado") não é completamente estranha aos tribunais brasileiros. Ainda que sem as diferenciações feitas acima, o instituto já foi lembrado em algumas decisões que versaram sobre crimes ambientais e foi utilizado para afastar o "dever de garantia".

Um importante exemplo é o *Habeas Corpus* n. 94.543,[547] julgado em setembro de 2009, em que o Superior Tribunal de Justiça apreciou o trancamento de processo penal contra acionistas de uma determinada indústria. A denúncia atribuía aos acusados a prática dos delitos previstos no art. 254 do Código Penal brasileiro,[548] art. 54, *caput*, § 2º,

---

[546] Para Kai Ambos, contudo, a responsabilidade primeira do superior é pela ausência de controle e, secundariamente ("en cierto modo como una consecuencia"), pelos delitos do subordinado (AMBOS, Kai. *La parte general del derecho penal internacional*: bases para una elaboración dogmática. Tradução de Ezequiel Malarino. 2. ed. Berlin: Duncker & Humblot, 2004. p. 298).

[547] BRASIL. Superior Tribunal de Justiça. *Habeas Corpus* 94.543. Quinta Turma. Relator: Napoleão Nunes Maia Filho. Relator para acórdão: Arnaldo Esteves Lima. Autoridade coatora: Tribunal Regional Federal da 2 Região. Pacientes: Maria Esmeralda Pia Matarazzo, Victor José Velo Perez e Renato Salles dos Santos Cruz. j. em 17 de setembro de 2009. Acesso em 02 de setembro de 2010. Disponível em www.stj.jus.br

[548] "Art. 254 – Causar inundação, expondo a perigo a vida, a integridade física ou o patrimônio de outrem: Pena – reclusão, de três a seis anos, e multa, no caso de dolo, ou detenção, de seis meses a dois anos, no caso de culpa."

III,[549] e art. 68, *caput*,[550] da Lei 9.605/98, em virtude do rompimento de uma barragem, no município de Cataguazes, em março de 2003. Observou-se, contudo, no curso da instrução, que a indústria havia perdido a propriedade da área há alguns anos.

O relator Napoleão Nunes Maia Filho votou pelo prosseguimento do processo, transcrevendo parte da exordial acusatória, em que se destacava, em síntese, que 1) o reservatório deveria ter sido esvaziado ainda em 1991 e 2) as barragens foram projetadas para serem desativadas em dois anos. Por tais elementos, o ministro concluiu que o nexo causal deveria ser verificado no prosseguir do processo.[551]

O ministro Arnaldo Esteves Lima deu, todavia, outro andamento ao caso penal: opinou pelo trancamento do processo e foi acompanhado pelos demais ministros. Para Arnaldo Esteves Lima, os dirigentes eram garantidores, mas não podiam agir, não podiam interromper o processo causal, não tinham o "domínio do resultado", portanto. Nas suas palavras:

---

[549] "Art. 54. Causar poluição de qualquer natureza em níveis tais que resultem ou possam resultar em danos à saúde humana, ou que provoquem a mortandade de animais ou a destruição significativa da flora: Pena – reclusão, de um a quatro anos, e multa. [...] § 2º Se o crime: [...] III – causar poluição hídrica que torne necessária a interrupção do abastecimento público de água de uma comunidade; [...] Pena – reclusão, de um a cinco anos."

[550] "Art. 68. Deixar, aquele que tiver o dever legal ou contratual de fazê-lo, de cumprir obrigação de relevante interesse ambiental: Pena – detenção, de um a três anos, e multa."

[551] Insta, também aqui, transcrever parte da denúncia, referindo as duas indagações que surgem para o juízo de tipicidade: "[...] A primeira, se a omissão das condutas esperadas, como narrado na primeira parte da denúncia, subsume-se ao disposto na cabeça do artigo 13 do CP, sendo, pois, causa do resultado. A segunda, se os denunciados deviam na qualidade de garantidores do evitamento do resultado, e logo, de suas consequências, ter realizado ou mandado realizar as ações e operações necessárias à manutenção do equilíbrio e integridade da barragem, além do esvaziamento do reservatório, satisfazendo, assim, as exigências típicas previstas no § 2º, e letras, do art. 13 do CPB. A primeira indagação desafia pronta resposta. Da narração dos fatos e das provas colhidas em fase inquisitorial, restou induvidoso que desde junho de 1991 o reservatório deveria ter sido esvaziado, ou, no mínimo, deveria ter sido iniciado um processo de desativação. Esta é a ação esperada, mas omitida pelos denunciados. Sendo certo que pela aplicação da teoria da *conditio* na omissão (CP, 13, cabeça, segunda parte), o não esgotamento do conteúdo dos reservatórios foi causa do resultado inundação das terras e corpos d'água à jusante, bem como da poluição dos Rios Federas, pelo vazamento do licor negro. [...] Pela mesma razão (crime omissivo), é desinfluente à verificação de autoria o fato de que, após o rompimento da barragem, ou às suas vésperas, este ou aquele denunciado já não integrasse o quadro societário. É que, forte no artigo 29 do CP, todos aqueles que, em algum instante, deviam agir e não agiram são autores. Cuidássemos nós de um crime omissivo, de um fazer, e seria relevante o argumento de quem afirmasse não poder a conduta lhe ser imputada, pela singela razão de ter saído depois dela. Mas repito, trata-se de omissão, ou seja, de ação devia e não realizada ao longo do tempo. [...] Mas não é só. Há, neste caso, uma singularidade capaz de ligar, *ab initio*, os diretores ao conhecimento da ação esperada de esvaziamento dos reservatórios. É que, por concepção, as barragens foram projetadas para serem desativadas em dois anos. É dizer, em toda a fase de tratativas contratuais e pré-contratuais, a necessidade de esvaziar o reservatório foi posta em causa (até por determinação do órgão ambiental). Não é por outra razão que o projetista, forte na premissa da provisoriedade, instou a Indústria Matarazzo a cumprir o contratado e desativar os reservatórios [...]"

[...] De fato, na época em que a propriedade encontrava-se sob o domínio das INDÚSTRIAS MATARAZZO S/A não tenho nenhuma dúvida de que caberiam aos diretores a omissão de desativar o reservatório que deu causa à inundação e ao desastre ambiental. Nesse caso, com a não-realização da ação devida ou esperada, os diretores assumiram o risco da ocorrência do resultado (dolo eventual). Entretanto, no caso em exame, na data em que ocorreu a inundação (29/3/03), a propriedade já não pertencia ao grupo MATARAZZO há mais de 9 anos, motivo pelo qual os diretores não detinham mais o poder de agir para interromper o processo causal que levaria ao resultado, ou seja, evitar a ocorrência da inundação. [...][552]

É interessante lembrar, também, o processo nº 2005.02.01.011974-1,[553] julgado pelo Tribunal Regional Federal da 2° Região, em abril de 2008. O processo versou sobre a posição de garantia de ocupantes de cargos públicos[554] e de um empresário, em virtude do "lixão" de uma determinada cidade, que estaria gerando danos à saúde da população.

No acórdão, o relator Abel Gomes observou que – além da situação típica e da não evitação do resultado – o crime omissivo impróprio exige o "poder final de fato de evitar um resultado". Nas suas palavras:[555]

---

[552] Deve-se referir, ainda, o *Habeas Corpus* n. 95.941, julgado em outubro de 2009 pelo Superior Tribunal de Justiça, o qual versou, também, sobre a responsabilização de um acionista da mesma Indústria. Neste feito, ressalvou-se o parecer ministerial e a posição do relator e adotou-se a mesma posição do *Habeas Corpus* n. 94.543 (com o trancamento do processo penal pela ausência de domínio, portanto): BRASIL. Superior Tribunal de Justiça. *Habeas Corpus* n. 95.941. Quinta Turma. Relator Ministro Napoleão Nunes Maia Filho. Autoridade Coatora: Tribunal Regional Federal da 2 Região. Paciente: Luiz Henrique Serra Mazzili. J. em 29 de outubro de 2009. Acesso em 10 de setembro de 2010.

[553] BRASIL. Tribunal Regional Federal da 2 Região. Relator Abel Gomes. Autor: Ministério Público Federal. Acusados: Gothardo Lopes Netto, Antônio Francisco Neto, Cesar Augusto Neves Streva, Marco Antônio dos Reis, José Luiz Saltes, Luís Carlos Rodrigues e Antônio Galvão do Vale Braga. j. em 03 de abril de 2008.

[554] Este trabalho não se ocupa das particularidades da posição de garantia de funcionários públicos, limitando-se ao dever de tutela do meio ambiente no âmbito da criminalidade de empresa. Na decisão ora em análise, contudo, a questão ("dever de garantia de ocupantes de cargos públicos") recebeu destaque. O relator Abel Gomes preocupou-se em verificar a existência de um dever de tutela do meio ambiente dos prefeitos (atual e ex) e dos secretários da cidade. Abordou que, ao assumirem o mandato, assumiram, também, "dever de defender e preservar o bem jurídico meio ambiente." Assim: "Passaram a ser garantidores de tal bem jurídico dada a proximidade que com ele passaram a ter no que diz respeito à questão ambiental em aspecto coletivo do lugar, nos termos do art. 13, § 2°, do CP." O relator preocupou-se, também, em averiguar em que medida os acusados deixaram de observar os deveres decorrentes de seus cargos e inerentes aos de garantidores pela não ocorrência dos resultados, observando que o dever de tais pessoas não advém do dever de solidariedade social, "[...] mas sim do dever de garantir o cumprimento da norma específica do tipo comissivo, todos como administradores ou chefes do governo municipal." (BRASIL. Tribunal Regional Federal da 2 Região. Relator Abel Gomes. Autor: Ministério Público Federal. Acusados: Gothardo Lopes Netto, Antônio Francisco Neto, Cesar Augusto Neves Streva, Marco Antônio dos Reis, José Luiz Saltes, Luís Carlos Rodrigues e Antônio Galvão do Vale Braga. j. em 03 de abril de 2008).

[555] BRASIL. Tribunal Regional Federal da 2 Região. Relator Abel Gomes. Autor: Ministério Público Federal. Acusados: Gothardo Lopes Netto, Antônio Francisco Neto, Cesar Augusto Neves

A dogmática dos crimes omissivos impróprios impõe, para fins de imputação objetiva do resultado de condutas típicas, que nelas se reconheça, além da situação típica que se afere dos tipos penais comissivos que estão na lei penal, e da não execução da ação capaz de evitar o resultado (poluição e dano), o poder final de fato de evitar tal resultado, que por sua vez também contempla a possibilidade de o agente reconhecer a via adequada para isso, incluindo a capacidade de planejar e executar o uso dos meios para evitá-lo. Ou seja, não basta apenas, a existência do dever de agir derivado da ocupação dos cargos, para impedir o resultado, sendo necessário ainda aferir se os agentes assumiram ou não de fato e de forma adequada nas circunstâncias, o planejamento e a execução possível para dar início à solução do passivo ambiental que foi herdado com o denominado Lixão de Volta Redonda.

O relator observou ainda que não havia um local, que não fosse reserva ambiental, para o qual fosse possível deslocar o "lixão". Diante disso, concluiu que havia "responsabilidade política e administrativa" dos administradores, mas não era possível colher responsabilidade criminal. No que concerne ao empresário (cuja responsabilidade estaria em ter celebrado contrato de comodato com o município, mesmo sabendo que a licença ambiental estava vencida), o relator considerou que também ele não teve responsabilidade penal, pelas mesmas razões que os demais (ocupantes de cargos públicos) não a têm. Com essa argumentação, o relator – acompanhado pelos demais desembargadores – afastou a responsabilidade criminal pelos delitos ambientais.

4.1. APONTAMENTOS SOBRE O RECONHECIMENTO DA "RESPONSABILIDADE DO SUPERIOR" EM ÂMBITO INTERNACIONAL

É interessante referir que, em âmbito internacional, se tem reconhecido a "responsabilidade do superior", a "responsabilidade de mando",[556] que apresenta fundamento e contornos semelhantes ao "domínio pessoal". Visando à responsabilização de comandantes por delitos cometidos por subordinados em conflito ou em guerra, pode-se

---

Streva, Marco Antônio dos Reis, José Luiz Saltes, Luís Carlos Rodrigues e Antônio Galvão do Vale Braga. j. em 03 de abril de 2008.

[556] Em que pese os termos "responsabilidade do superior" e "responsabilidade de mando" possam ser utilizados como sinônimos, é interessante a observação de Kai Ambos no sentido de que este termo ("responsabilidade de mando") é, em geral, vinculado ao contexto militar, enquanto que aquele ("responsabilidade do superior") estende-se também aos civis: AMBOS, Kai. La Responsabilidad del Superior en el Derecho Penal Internacional. In: AMBOS, Kai; CARVALHO, Salo de (Org.). *O direito penal no estatuto de Roma*: leituras sobre os fundamentos e a aplicabilidade do Tribunal Penal Internacional. Rio de Janeiro: Lumen Juris, 2005. p. 159-220. p. 159.

lembrar os artigos 86[557] e 87[558] do Protocolo Adicional ao Convênio de Genebra e, também, o art. 28[559] do Estatuto de Roma. Pode-se lembrar, ainda, o art. 56 do "Report of the Secretary General" da Organização das Nações Unidas, que trata da responsabilização pelas violações humanitárias cometidas no Território da ex-Iugoslávia.[560]

---

[557] "Art. 86. Omissões 1. As Altas Partes Contratantes e as Partes em conflito deverão reprimir as infrações graves e adotar as medidas necessárias para fazer com que cessem todas as demais infrações às Convenções ou ao presente Protocolo que sejam resultado do não cumprimento de um dever de agir. 2. O fato de que a infração às Convenções ou ao presente Protocolo tenha sido cometida por um subordinado não exime de responsabilidade penal ou disciplinar, conforme o caso, seus superiores, se estes sabiam ou possuíam informações que lhes permitissem concluir, nas circunstâncias do momento, que esse subordinado estava cometendo ou iria cometer tal infração e se não tomaram todas as medidas visíveis que estiveram a seu alcance para impedir ou reprimir essa infração."

[558] "Art. 87. Deveres dos comandantes 1. As Altas Partes Contratantes e as Partes em conflito exigirão que os comandantes militares, no que concerne aos membros das Forças Armadas que estão sob suas ordens e as demais pessoas que se encontrem sobre sua autoridade, impeçam as infrações às Convenções e ao presente Protocolo e, caso necessário, as reprimam e as denunciem as autoridades competentes. 2. Com o propósito de impedir e reprimir as infrações, as Altas Partes Contratantes e as Partes em conflito exigirão que os comandantes, segundo o seu grau de responsabilidade, tomem medidas para que os membros das Forças Armadas sob suas ordens tenham conhecimento das obrigações que lhes incumbem em virtude do disposto nas Convenções e no presente Protocolo. 3. As Altas Partes Contratantes e as Partes em conflito obrigarão todo comandante que tenha conhecimento de que seus subordinados ou outras pessoas sob sua autoridade irão cometer ou cometeram uma infração contra as Convenções ou contra o presente Protocolo a tomar as medidas necessárias para impedir tais violações às Convenções ou ao presente Protocolo e, caso necessário a promover uma ação disciplinar ou penal contra os autores das violações."

[559] "Art. 28. Para além de outras fontes de responsabilidade criminal previstas no presente Estatuto, por crimes da competência do Tribunal: a) O chefe militar, ou a pessoa que actue efectivamente como chefe militar, será criminalmente responsável por crimes da competência do Tribunal que tenham sido cometidos por forças sob o seu comando e controlo efectivos ou sob a sua autoridade e controlo efectivos, conforme o caso, pelo facto de não exercer um controlo apropriado sobre essas forças, quando: i) Esse chefe militar ou essa pessoa tinha conhecimento ou, em virtude das circunstâncias do momento, deveria ter tido conhecimento de que essas forças estavam a cometer ou preparavam-se para cometer esses crimes; e ii) Esse chefe militar ou essa pessoa não tenha adoptado todas as medidas necessárias e adequadas ao seu alcance para prevenir ou reprimir a sua prática ou para levar o assunto ao conhecimento das autoridades competentes, para efeitos de inquérito e procedimento criminal; b) Nas relações entre superiores hierárquicos e subordinados, não referidos na alínea a), o superior hierárquico será criminalmente responsável pelos crimes da competência do Tribunal que tiverem sido cometidos por subordinados sob à sua autoridade e controlo efectivos, pelo facto de não ter exercido um controlo apropriado sobre esses subordinados, quando: i) O superior hierárquico teve conhecimento ou não teve em consideração a informação que indicava claramente que os subordinados estavam a cometer ou se preparavam para cometer esses crimes; ii) Esses crimes estavam relacionados com actividades sob a sua responsabilidade e controlo efectivos; e iii) O superior hierárquico não adoptou todas as medidas necessárias e adequadas ao seu alcance para prevenir ou reprimir a sua prática ou para levar o assunto ao conhecimento das autoridades competentes, para efeitos de inquérito e procedimento criminal."

[560] "Art. 56 – A pessoa em uma posição de autoridade superior deve, portanto, ser individualmente responsabilizada por dar uma ordem ilegal para o cometimento de um crime deste estatuto. Mas ele deve também ser responsabilizado por não prevenir um crime ou não deter o comportamento ilícito de seus subordinados. Essa imputação de responsabilidade ou negligência criminosa existe se a pessoa, em superior autoridade, sabia, ou tinha razões para saber,

Especificamente no âmbito do direito penal econômico, é importante recordar o art. 13 do "Corpus Iuris", projeto de lei que visa a estabelecer disposições comuns à União Europeia.[561] O dispositivo prevê que, nas infrações definidas no Projeto[562] cometidas por um subordinado, serão também responsáveis os "chefes de empresa, ou qualquer outra pessoa que tenha poder de decisão ou controle no seio da empresa", nas situações em que ordenem, permitam a prática delituosa ou, ainda, se omitam, desde que tenham "conhecimento de causa".[563]

Arthur Pinto de Lemos Júnior constata, com acerto, que o dispositivo seguiu a tendência de alguns países europeus, com a consagração da omissão imprópria e da responsabilidade vinculada à posição de garante. O garantidor é responsável pelo "domínio da própria organização, seja pelos fatos criminosos cometidos por seus subor-

---

que os subordinados estavam a cometer ou cometeram crimes e ainda não tomou as medidas necessárias e razoáveis para prevenir ou reprimir aqueles que os cometeram." Tradução livre. No original: "56. A person in a position of superior authority should, therefore, be held individually responsible for giving the unlawful order to commit a crime under the present statute. But he should also be held responsible for failure to prevent a crime or to deter the unlawful behaviour of his subordinates. This imputed responsibility or criminal negligence is engaged if the person in superior authority knew or had reason to know that his subordinates were about to commit or had committed crimes and yet failed to take the necessary and reasonable steps to prevent or repress the commission of such crimes or to punish those who had committed them." (UNITED NATIONS. Security Council. Report f the the Secretary-General Pursuant to Paragraph 2 of Security Council Resolution (1993). 1993. Disponível em: <http://www.icty.org/x/file/Legal%20Library/ Statute/statute_re808_1993_en.pdf>. Acesso em: 20 maio 2010.

[561] José Antônio Farah Lopes de Lima explica que não se trata de um "Código Penal Europeu" e nem um "Código de Processo Penal Europeu". Segundo o autor, pretensão é bem mais simples: ser um conjunto de regras, limitado à tutela dos interesses financeiros da União Europeia e destinado a uma repressão mais simples e eficaz: LIMA, José Antônio Farah Lopes de. *Direito penal europeu*. São Paulo: J. H. Mizuno, 2007. p. 76.

[562] Os crimes previstos são: fraude ao orçamento comunitário, fraude em matéria de atribuição de um contrato público, corrupção, abuso de função, malversação, revelação de segredos funcionais, lavagem de capitais e receptação e associação criminosa. Sobre os crimes e penalidades, ver: LIMA, 2007, p. 101 e ss.

[563] "Art. 13. Responsabilidade penal do chefe de empresa 1. No caso em que uma das infrações definidas acima (arts 1 a 8) foi cometida por uma pessoa subordinada à empresa, por sua conta, são igualmente responsáveis penalmente os chefes de empresa, ou qualquer outra pessoa que tenha poder de decisão ou de controle no seio da empresa, que, com conhecimento de causa, ordenaram, permitiram o cometimento da infração ou se omitiram quanto ao exercício do controle necessário. 2. Uma delegação de poderes e da responsabilidade penal somente é válida se for parcial, precisa e especial, se ela corresponde a uma organização necessária à empresa e se os delegados estão realmente em condição de cumprir as funções delegadas. Esta delegação não exclui a responsabilidade geral de controle, de supervisão, e de seleção do pessoal, e não concerne os domínios próprios ao chefe de empresa tais como a organização geral do trabalho no seio da empresa." Redação trazida por José Antônio Farah Lopes de Lima: LIMA, 2007, p. 114.

dinados a seu mando, seja pela omissão em seu dever de controle e vigilância".[564]

É interessante lembrar ainda que o tema ("responsabilidade do superior") foi objeto de discussão no Congresso de direito penal ocorrido em Budapeste, em 1999, quando se tratou da criminalidade organizada. Referiu-se a dificuldade em estabelecer a responsabilidade dos superiores e, também, a necessidade dessa responsabilização quando o superior ordena uma conduta criminosa ou, ainda, omite-se "conscientemente" de impedir a sua prática:

> Porque rotineiramente é difícil provar que os líderes e membros de grupos de organização criminosa realmente participaram na perpetração de crimes, as formas tradicionais de perpetração e de responsabilidade acessória podem ser insuficientes para fazer estes indivíduos responsáveis. Enquanto as categorias de direito tradicional de autoria e cumplicidade são consideradas insuficientes, deve-se considerar uma cautelosa modernização baseada no princípio da responsabilidade organizacional. Nas organizações estruturadas hierarquicamente, as pessoas com capacidade de decisão e controle podem ser responsáveis por atos de outros membros se tiverem ordenado o cometimento daqueles atos ou se tiverem omitido conscientemente em prevenir sua prática.[565]

Por derradeiro, é necessário relembrar que apenas o caso concreto demonstrará a existência, ou não, da "responsabilidade do superior" e do "domínio pessoal": muitos elementos devem ser analisados, como a repartição de funções (de competências), a delegação de atribuições, a canalização e distribuição de informações e a forma como as decisões são tomadas. No âmbito da criminalidade de empresa, sendo, por exemplo, uma decisão colegiada, deve-se perquirir a influência de cada um dos dirigentes votantes. Deve-se analisar, também, a conduta daqueles que se ausentaram – e, portanto, não votaram –, verificando-se, dentre outros aspectos, o grau de influência, mesmo que informal, que tiveram em uma determinada decisão.

---

[564] LEMOS JÚNIOR, Arthur Pinto de. O tratamento jurídico-penal da autoria e participação no direito penal europeu. *Revista da Escola Paulista da Magistratura*, São Paulo, ano 5, n. 1, p. 7 – 45, jan./jun. 2004. p. 36.

[565] Tradução livre. No original: "Because it is often difficult to prove that leaders and members of organized criminal groups have actually participated in the perpetration of particular offences, traditional forms of perpetration and accessorial liability can be insufficient to make these individuals accountable. To the extent the traditional law of perpetratorship and complicity is deemed insufficient, one should consider a cautious modernization based on the principle of organizational responsibility. In hierarchically structured organizations, persons with decision and control power can be made responsible for acts of other members under their control if they have ordered these acts to be committed or have consciously omitted to prevent their commission." (INTERNATIONAL LAW CONGRESS OF PENAL LAW, 16., 1999, Budapest. *Resolutions of the Congresses of the International Association of Penal Law (1926-2004)*. Budapest: International Association of Penal Law, 2009. n. 21. p. 175-190. p. 176).

4.2. BREVES CONSIDERAÇÕES SOBRE A "DELEGAÇÃO DE FUNÇÕES"

Apesar de não ser a pretensão desse trabalho abarcar detalhadamente a problemática da delegação de funções, devem ser trazidas algumas breves palavras, uma vez que – no âmbito do direito penal ambiental – a questão assume especial relevância. Isso porque os dirigentes não têm, em regra, os conhecimentos técnicos necessários para aferir se uma determinada conduta pode, ou não, causar algum impacto ambiental. Rotineiramente, buscam-se profissionais com conhecimentos altamente especializados em diversas matérias: não raramente, fazem-se necessários conhecimentos de engenharia, de climatologia, de cartografia, de hidrologia, de ecologia, de geologia, de biologia, dentre outros. Em muitas dessas situações, são esses profissionais – com conhecimentos altamente especializados – que têm responsabilidade sobre o perigo e domínio do resultado, tornando-se os garantidores. Os dirigentes – que desconhecem os aspectos técnicos e delegam as funções – acabam por "transferir" o dever de garantia.

Deve-se ter claro, contudo, que não é qualquer contratação ou acordo que implica a referida "transferência". Percy García Cavero observa que, admitindo-se que o delegante se liberasse da sua responsabilidade penal pelo simples fato de delegar, teria lugar uma "organizada irresponsabilidade". Não se admitindo a liberação da responsabilidade, todavia, o problema seria inverso: a delegação perderia o seu sentido e, ainda, haveria uma excessiva ampliação da competência do dirigente com relação aos delegados.[566]

Deve-se ter claro, também, que essa "transferência" não é absoluta. Pelo contrário: o "dever de garantia do delegante" não é completamente dissolvido, apenas adquire outra conformação, manifestando-se por meio de deveres de supervisão e de controle.

É interessante observar que esses novos deveres (de supervisão e de controle) convivem com a "confiança" que o delegante deposita no delegado: é admitido – e até esperado – que aquele "confie" no regular exercício das atribuições por este. Assim, os deveres de supervisão e de controle não são ilimitados. Pelo contrário: o seu limite parece estar no "princípio da confiança".

E apenas o caso concreto – o contexto empresarial – indicará quando é legítima a incidência desse princípio e o afastamento dos deveres de supervisão e de controle. Evidentemente, quanto mais qualificado for o delegado e quanto mais específico for o assunto para

---
[566] GARCÍA CAVERO, 2006.

o qual ele foi contratado, maior será a confiança que o delegante poderá destinar a ele e menor a exigência de controle e de supervisão sobre ele. Tratando-se, contudo, de pessoa com pouca qualificação e de assunto que não demande conhecimentos técnicos específicos, o dever de vigilância manifesta-se de forma mais intensa.

Ideia semelhante é defendida por Percy García Cavero, quando o autor refere que existe um conjunto de competências que são indelegáveis: certas "delegações de funções" não gerariam efeito na análise da responsabilidade criminal. Para o autor, aquele que delegou mantém competências de organização quando escolhe mal o delegado ("dever de seleção") ou, ainda, quando não lhe fornece meios e instruções que possibilitem o exercício de suas atividades ("dever de dotar de meios e de instrução").[567]

Mais: Percy García Cavero compreende que existe um "dever de intervenção" quando o delegado deixar a organização empresarial, quando estiver sobrecarregado (a expressão utilizada pelo autor é "sobreexigido") ou, ainda, quando se mostre incompetente para o desempenho de determinadas tarefas. A situação muda, contudo, quando se dá o simples incumprimento de deveres de vigilância com relação ao delegado, justificando-se, nessa situação, apenas uma responsabilidade do delegante como partícipe.[568]

Como se mencionou, também o "Corpus Iuris" trouxe requisitos para a delegação no seu art. 13, 2. Estabeleceu que a delegação só será válida se "parcial, precisa e especial" e, ainda, se corresponder a "uma organização necessária à empresa e se os delegados estão realmente em condição de cumprir as funções delegadas." Previu, ainda, que a "delegação não exclui a responsabilidade geral de controle, de supervisão, e de seleção do pessoal, e não concerne os domínios próprios ao chefe de empresa tais como a organização geral do trabalho no seio da empresa."

Parece que restringir a validade da "delegação" – da forma como propõe Percy Garcia Cavero e como está previsto no "Corpus Iuris" – é um caminho adequado. Isso porque, quando há a delegação para outra pessoa da empresa, o delegante é responsável pela apropriada seleção e supervisão dessas pessoas. Há, assim, uma isenção apenas parcial[569] do empresário, que continua com alguns deveres. Parece, ainda, que a validade da "delegação" independe de qualquer docu-

---

[567] GARCÍA CAVERO, 2006.

[568] GARCÍA CAVERO, 2006.

[569] O termo "isenção parcial" é utilizado por Arthur Pinto de Lemos Júnior: LEMOS JÚNIOR, 2004, p. 7 – 45.

mento, sendo importante e imprescindível, apenas, a efetiva transferência do domínio.

Por derradeiro, deve-se observar que, no ordenamento jurídico brasileiro,[570] o legislador reconheceu a possibilidade de delegar fun-

---

[570] Flávio de Oliveira Lucas refere que a noção de delegação é recepcionada pelos tribunais brasileiros, ainda que não seja tratada por essa denominação, mas, de forma equivocada, como "falta de nexo causal". Cita, então, um importante julgado do Supremo Tribunal Federal, qual seja, o *Habeas Corpus* 83.554-PR, quando foi trancado um processo criminal contra o ex-presidente da Petrobrás: LUCAS, 2008, p. 160. Nota de rodapé 323. No referido processo, o dirigente fora denunciado como incurso nas sanções do art. 54 da Lei 9.605/98. Isso porque – juntamente com a empresa Petrobrás e o Superintendente – teria poluído os rios Barigui e Iguaçu e as áreas ribeirinhas, com um vazamento de cerca de quatro milhões de litros de óleo, o que resultou na morte de animais terrestres e da fauna ictológica, bem como na destruição significativa da flora. O ex-presidente teria "colocado em risco o meio ambiente pela exploração e gerenciamento de atividade altamente perigosa" e teria deixado de "adotar medidas administrativas e de impor o manejo de tecnologias apropriadas – dentre as disponíveis – para prevenir ou minimizar os efeitos catastróficos que uma mera falha técnica ou humana poderia provocar em atividades desta natureza." No voto, acompanhado pelos demais ministros, Gilmar Mendes traz considerações de direito material e de direito processual. Observa, inicialmente, a necessidade de conceder tratamento diferenciado à pessoa jurídica e à pessoa física (dirigente) quando da análise da responsabilidade criminal. A seguir, afirma – com acerto – a necessidade de o Ministério Público descrever "de modo consistente" qual a ação ou omissão criminosa praticada pelo então dirigente da Petrobrás. No curso de sua argumentação, questiona se seria o Presidente da empresa a examinar diariamente os quatorze mil quilômetros de oleoduto ou, pelo contrário, se haveria uma equipe que o faria. Aqui, parece que o ministro adotou – como referiu Flávio Oliveira Lucas – o entendimento que está na base da ideia de "delegação", não o desenvolvendo pela deficiência probatória que se evidencia no curso do acórdão. Pela importância do julgado, não é exagero transcrever os principais trechos do voto de Gilmar Mendes: "[...] A responsabilização penal de pessoa física, não podemos esquecer, ainda obedece àqueles parâmetros legais de garantia que tem caracterizado o direito penal moderno, especialmente a partir do pensamento de Beccaria. E aqui não há espaço para o arbítrio. Entre outras inúmeras garantias do acusado, remanesce a perspectiva de que não há crime sem conduta, e também não há crime sem que exista um vínculo entre a conduta e o resultado. Nessa linha, indago: podemos equiparar, sem qualquer restrição, no âmbito penal, a conduta de pessoa jurídica com a conduta de seu dirigente? Podemos tratar, do mesmo modo, o nexo de causalidade entre atos de pessoa jurídica e evento danoso, e atos do dirigente da pessoa jurídica e evento danoso praticado em nome da pessoa jurídica? Não estou excluindo, obviamente, a possibilidade de prática de crimes por parte de dirigentes de pessoas jurídicas justamente na direção de tais entidades. Não é isto! O que quero enfatizar é que não podemos, para fins de responsabilização individual, admitir uma equiparação tosca entre atos de pessoa jurídica e atos de seus dirigentes. No caso em exame, penso que temos, nos autos, os elementos objetivos para o enfrentamento da questão. Não me impressiona o argumento utilizado pelo STJ, no sentido de que a apreciação das alegações exigiriam dilação probatória. Da leitura da denúncia, penso, resta evidente um grosseiro equívoco e uma notória lacuna na tentativa de vincular, com gravíssimos efeitos penais, a conduta do ex-Presidente da Petrobrás e um vazamento de óleo ocorrido em determinado ponto de uma malha mais de 14 mil quilômetros de oleodutos! A par de um julgamento da gestão do Sr. Reichstul à frente da Petrobrás, não há um elemento consistente a vincular o paciente ao vazamento de óleo. Precisamos aqui refletir sobre isso. Houvesse relação de causa e efeito entre uma ação ou omissão do ex-Presidente da Petrobrás, deveria o órgão do Ministério Público explicitá-la de modo consistente. E se houvesse consistência, penso, a cadeia causal dificilmente ocorreria diretamente entre um ato da Presidência de Petrobrás e um oleoduto. Imagino que entre a Presidência da Petrobrás, obviamente um órgão de gestão, e um tubo de óleo, há inúmeras instâncias gerenciais e de operação em campo. Não há uma equipe de engenheiros responsável pela referida tubulação? É o Presidente da Petrobrás que examina, por todos os dias, o estado de conservação dos 14 mil quilômetros de oleodutos? Não há engenheiros de segurança na Petrobrás? Obviamente não estou pressupondo

ções no âmbito do direito penal ambiental, prevendo diversos cargos e funções no art. 2°. Essa constatação, deve-se dizer, já fora feita por Flávio de Oliveira Lucas:[571]

> [...], como se pode ver da leitura do artigo 2 da Lei Ambiental brasileira, o legislador penal, prevendo que as delegações são inevitáveis, eis que permitidas pelo direito, acrescentou no rol dos garantes também o "órgão técnico", assim como o "mandatário da pessoa jurídica", o seu "gerente" e "preposto", além do próprio "auditor". Parte-se da premissa de que cada um dos nominados nesse artigo somente estará vinculado ao dever de impedimento de resultados típicos contra o meio ambiente no âmbito de seu próprio domínio [...].

E o autor observa que se poderia, também, encontrar o fundamento legal para a posição de garantia pela delegação no art. 13, § 2°, "b", do Código Penal brasileiro. Esse dispositivo, como se sabe, admite a responsabilização daquele que, "de outra forma, assumiu a responsabilidade de impedir o resultado".[572] Essa assunção, como já se referiu no capítulo II, não se vincula a um "dever contratual", mas

---

uma responsabilização sequer dos engenheiros de segurança. Também para estes há o estatuto de garantias no âmbito penal. O que quero é evidenciar que, se há um evento danoso e se há uma tentativa de responsabilização individual, um pressuposto básico para isto é a demonstração consistente de uma cadeia causal entre o suposto agente criminoso e o fato. Não vejo, com a devida vênia, como imputar o evento danoso descrito na denúncia ao ora paciente. Caso contrário, sempre que houvesse um vazamento de petróleo em razão de atos da Petrobrás, o seu presidente inevitavelmente seria responsabilizado em termos criminais. Isso é, no mínimo, um exagero. Penso que, no caso, estamos diante de um quadro de evidente irracionalidade e de má compreensão dos limites do direito penal. Considerando apenas as condutas objetivamente imputadas ao paciente, verifica-se que, no fundo, a única motivação para a denúncia seria uma contestação genérica à gestão do Sr. Reichstul à frente da Petrobrás. E mais, a partir de uma confusão entre atos da pessoa jurídica e atos individuais – e essa distinção me parece fundamental quando estamos falando de direito penal! –, busca-se atribuir ao Presidente da instituição qualquer dano ambiental decorrente da atuação da Petrobrás. E, com isto, chega-se ao exagero de buscar conferir ao ex-Presidente da Petrobrás a pecha de criminoso. [...]" Logo depois, citando José Gomes Canotilho, lembra que atividade da Petrobrás se dá na chamado "paradigma da sociedade do risco". Nas palavras do ministro: "[..] A possibilidade de erro em tais domínios não causa espanto, e os erros podem ser atribuídos tanto a agentes da instituição quanto à própria instituição. Há mecanismos de controle e de repressão a ambos. E também há gradações. Ainda que desconsideremos as diversas esferas de controle de atos administrativos, olhando o caso concreto, é inevitável indagar: Qual é o erro imputado objetivamente ao ex-Presidente da Petrobrás?! Ou ainda: o dano ambiental atribuído à Petrobrás pode ser imputado, em qualquer hipótese, a seu Presidente. Com o máximo respeito, acreditar que qualquer dano ambiental atribuível à Petrobrás representa um ato criminoso de seu Presidente afigura-se, no mínimo, um excesso. Lembro-me aqui, na linha de Canotilho, que um dos problemas fundamentais da sociedade de risco é a assinalagmaticidade do risco. Tal observação é bastante pertinente para uma correta compreensão da atividade desempenhada por uma autoridade como o Presidente da Petrobrás, e também para evidenciar a impropriedade em tentar conferir ao indivíduo e à pessoa jurídica os mesmos riscos. Enfim, não tenho como aceitável, sobretudo para fins penais, a tentativa de estabelecer uma equação no sentido de que todo e qualquer ato lesivo ao meio ambiente imputável à Petrobrás implica um ato criminoso de seu dirigente. [...]" (BRASIL, Supremo Tribunal Federal, *Habeas Corpus* 83.554. Pacientes: Henri Philippe Reichstul. Autoridade Coatora: Superior Tribunal de Justiça. Segunda Turma. Relator Gilmar Mendes. J. em 16 de agosto de 2005).

[571] LUCAS, 2008, p. 326.

[572] LUCAS, 2008, p. 162.

a uma efetiva "assunção fática" de responsabilidade. Assim sendo, o delegado – ao assumir a responsabilidade e ao ter domínio do resultado – assume a posição de garantidor.

Considerações finais

À guisa de conclusão, cumpre retomar os principais aspectos do estudo e estabelecer algumas considerações:

Primeira: Existe um direito fundamental ao meio ambiente, que se apresenta em duas dimensões, uma negativa e outra positiva. O direito é negativo (direito de defesa), quando determina a abstenção de ações do Estado e da coletividade que lesem a natureza; e é positivo (direito de prestação), quando os compromete em ações de proteção da natureza. Conexo ao direito fundamental ao meio ambiente, há o dever fundamental de tutelá-lo, que também se apresenta em duas dimensões, uma negativa e outra positiva. O dever é negativo, quando impõe uma privação visando à proteção ambiental; e é positivo, quando determina um agir ao homem.

Segunda: O dever fundamental de tutela do meio ambiente apresenta diversos estratos, e o estrato mais densificado é o "dever de garantia". Isso porque o "dever de garantia", para além de se vincular ao direito penal, é atinente aos crimes omissivos, quando há uma ampliada restrição da liberdade da pessoa. Mais: presente o "dever de garantia", tem-se uma omissão equiparável a uma ação positiva. Assim, à ampliada restrição de liberdade do cidadão, soma-se a gravidade da sanção que pode ser imposta.

Terceira: Evidencia-se a necessidade de que as teorias antropocêntricas sejam substituídas por aquelas que reconhecem uma dimensão ecológica ao objeto de proteção. Essas teorias podem encontrar seu fundamento filosófico na "alteridade", por meio de uma releitura da obra levinasiana, e determinam que o homem tem o dever de tutelar a natureza independentemente do reflexo ou utilidade que isso implique nas suas relações. Dentre as teorias que reconhecem uma dimensão ecológica, parece que a teoria ecológico-antropocêntrica é a mais adequada. Essa concepção reconhece dois momentos, sendo um primeiro vinculado ao antropocentrismo, e um segundo, ao ecocentrismo.

Quarta: Verifica-se uma preocupação crescente da doutrina e da jurisprudência com a tutela das "gerações futuras". O direito penal, contudo, não deve ocupar-se diretamente delas, mas apenas indiretamente, como reflexo dos problemas do presente.

Quinta: A omissão sempre ocupou um papel secundário com relação à ação. E isso implicou sensíveis atrasos doutrinários no estudo dos crimes omissivos que eram, muitas vezes, estudados por meio de estruturas próprias dos crimes comissivos, ora por dedução e ora por inversão. É imprescindível, contudo, que os delitos omissivos sejam compreendidos como um modelo específico de crime, estruturalmente autônomo, portanto. Sobre eles, pode-se afirmar que: I) têm natureza meramente normativa, vinculando-se ao "real construído"; II) estão, invariavelmente, ligados a algo que deveria ter sido feito; III) representam uma restrição maior à liberdade da pessoa do que aquela promovida pelos crimes comissivos e IV) a distinção entre o crime omissivo próprio e o impróprio deve obedecer ao critério do "tipo legal", de Armin Kaufmann.

Sexta: O vínculo de garantia permite a equiparação axiológica do *non facere* ao *facere*. Esse vínculo deve ser jurídico e pressupõe uma "relação de confiança". Mais: são insuficientes "deveres de comunidade", "deveres genéricos", exigindo-se "deveres específicos".

Sétima: Tentam explicar o vínculo de garantia a teoria formal, a das funções e a material-formal. De forma sistemática: I) para aquela (teoria formal), as fontes do "dever de garantia" são a lei, o contrato e a ingerência. O seu mérito foi o de afastar o "dever de garantia" de referências a deveres extrajurídicos e genéricos; e o seu principal defeito consiste em não buscar o "sentido social", o "fundamento material", do instituto; II) para essa (teoria das funções, de Armin Kaufmann), os deveres fundam-se em uma função de guarda do bem jurídico ou, ainda, em uma função de vigilância de uma fonte de perigo. O mérito dessa concepção foi o de buscar o "sentido social" da conduta; e o seu defeito está no perigo de uma excessiva ampliação do dever de proteção; III) esta teoria (teoria material-formal) parece a mais adequada, pois tenta conjugar o "sentido social" do critério material com a segurança jurídica da concepção formal. Trata-se, contudo, de um critério ainda incipiente, que encontra construções doutrinárias bastante díspares.

Oitava: O art. 13, § 2°, do Código Penal consagra os elementos do critério formal, prevendo a lei, a assunção de responsabilidade e a ingerência como fontes do dever de garantia. O rol do dispositivo é taxativo, podendo ser ampliado pelo próprio legislador, quando esse reconhecer novas hipóteses de garantia. Sobre as fontes, pode-se afirmar: I) quanto à lei, apenas a lei em seu sentido estrito e técnico é fonte do dever de garantia, podendo ela ser penal ou extrapenal; II) quanto à assunção de responsabilidade, não se trata de "dever contratual", mas de uma "assunção fática", e III) quanto à ingerência, não é toda e qualquer conduta precedente que determina o dever de agir, sendo necessária a observância de alguns requisitos.

Nona: Os crimes omissivos impróprios são compatíveis com o princípio da legalidade. É necessário, contudo, além da previsão legal da hipótese de garantia, encontrar fundamentos materiais que legitimem a equiparação do *non facere* ao *facere*.

Décima: Em regra, o omitir tem um desvalor menor que o agir. Diante disso, é legítima a atenuação da pena quando se está diante de um delito de omissão imprópria, o que pode ser feito por meio do art. 66 do Código Penal.

Décima primeira: A configuração do ilícito exige o "desvalor do resultado" (ofensividade) e, também, o "desvalor da ação". Há uma primado daquele sobre este, o que é decorrência lógica de o "desvalor do resultado" ser a "pedra angular do ilícito típico".[573] O "dever de garantia" é atinente ao "desvalor da ação"; assim sendo, sua análise pressupõe a ofensividade.

Décima segunda: A "nova criminalidade" vincula-se a uma "estrutura organizativa empresarial", por meio de "organização e delegação, da divisão do trabalho e da hierarquia". E os critérios do direito penal tradicional – moldado para as formas de vida de um "solitário social, de um fora da lei e do proscrito [...]"[574] – mostram-se frágeis e insuficientes.

Décima terceira: No âmbito da criminalidade de empresa, os conceitos de "ação" e de "responsabilidade" parecem se segmentar: em geral, quem tem a verdadeira influência de um acontecimento é um dirigente do médio ou do alto escalão empresarial, e não o executor.

Décima terceira: No âmbito do direito penal ambiental, há uma "expectativa comunitária" de que algumas pessoas devem agir para evitar o resultado lesivo ao meio ambiente. Essa expectativa é um elemento pré-normativo, que serve como "reforço", como elemento agregador, ao dever de garantia, mas é insuficiente para identificação do substrato do dever.

Décima quarta: Os diferentes estratos no dever de proteção do meio ambiente devem ser buscados na "desigualdade fática", no "modo como o homem está no mundo". Importam, assim, os instru-

---
[573] COSTA, 2002, p. 12.
[574] SCHÜNEMANN, 2009, p. 163.

mentos – em sentido amplo – com que o homem se relaciona: aquele que exerce uma determinada função, que tem acesso a determinadas informações e que tem o "poder de decisão" passa a ter o "domínio do resultado". Se além de ter o referido domínio, ainda for – culposa ou dolosamente – responsável pelo perigo, surge-lhe o dever de cuidado – cuidado consigo, com o outro e com a natureza – da forma mais densa, que legitima a responsabilidade por omissão e, também, a equiparação de uma omissão a uma ação.

Décima quinta: Os deveres do garantidor podem ser "primários" ou "secundários". Serão "primários", quando estiverem vinculados ao procedimento perigoso; serão "secundários", quando vinculados a atos de subordinados.

Décima sexta: A responsabilização do superior não significa atribuir a responsabilidade por ato de terceiro. Trata-se de responsabilidade pela própria omissão: a ausência de supervisão, ou de intervenção, no ato do subordinado é o elemento que fundamenta a sua responsabilidade

Décima sétima: Em situações excepcionais, quando se está em um "espaço de responsabilidade" muito próximo do sujeito e diretamente subordinado a ele, parece legítimo questionar a necessidade de ingerência culposa ou dolosa. É imprescindível, contudo, o estabelecimento de critérios suplementares, claros e rigorosos.

Décima oitava: No âmbito do direito penal ambiental, a delegação de funções assume especial relevância, tendo em vista a rotineira necessidade de conhecimentos técnicos para aferir se uma determinada conduta pode implicar perigo ou dano ao meio ambiente. Deve-se ter claro que não é qualquer delegação que implica transferência de deveres e, ainda, que a delegação não implica a extinção dos deveres de garantia. Pelo contrário: esses deveres adquirem nova conformação, manifestando-se por meio de deveres de supervisão e de controle. Esses novos deveres (de supervisão e de controle) encontram seu limite no princípio da confiança.

Referências

ADEDE Y CASTRO, João Marcos. *Crimes ambientais*: comentários à Lei 9.605/98. Porto Alegre: Sergio Fabris, 2004.

ALBERDI, Francisco Orts. *Delitos de Comisión por Omisión*. Buenos Aires: Ghersi, 1978.

ALBERGARIA, Pedro Soares. A posição de garante dos dirigentes de empresa. *Revista Portuguesa de Ciência Criminal*, Lisboa, ano 9, p. 605-626, out./dez. 2009.

AMARAL, Cláudio do Prado. *Bases teóricas da ciência penal contemporânea*: dogmática, missão do direito penal e política criminal na sociedade de risco. São Paulo: IBCCRIM, 2007.

AMBOS, Kai. *La parte general del derecho penal internacional*: bases para una elaboración dogmática. Tradução de Ezequiel Malarino. 2. ed. Berlin: Duncker & Humblot, 2004.

AMBOS, Kai. La Responsabilidad del Superior en el Derecho Penal Internacional. In: Ambos, Kai; Carvalho, Salo de (Org.). *O direito penal no estatuto de Roma. leituras sobre os fundamentos e a aplicabilidade do Tribunal Penal Internacional*. Rio de Janeiro: Lumen Juris, 2005.

ARCHÊRO, Achilles Junior; CONTE, Alberto. *Dicionário de sociologia*. São Paulo: Ed. do Brasil, [1940].

AZEVEDO, Fernando de. *Dicionário de sociologia*. Rio de Janeiro: Globo, 1961.

BACIGALUPO, Enrique. Conducta precedente y posición de garante en el derecho penal. *Anuario de Derecho Penal y Ciencias Penales*, Madrid, v. 33, n. 1, p. 35-48, enero/abr. 1970.

BALDUS, Herbert; WILLEMS, Emilio. *Dicionário de etnologia e sociologia*. São Paulo: Nacional, 1939.

BATISTA, Nilo. *Introdução crítica ao direito penal brasileiro*. 10. ed. Rio de Janeiro: Revan, 2005.

BATISTA, Nilo. Maus tratos, omissão imprópria e princípio da confiança em atividades médico-cirúrgicas. *Revista Brasileira de Ciências Criminais*, São Paulo, ano 9, n. 38, p. 271-291, abr./jun. 2002.

BECK, Ulrich. *La sociedade del riesgo*: acia uma nueva modernidad. Barcelona: Paidós Surco, 2006.

BENJAMIM, Antônio Herman. Direito constitucional ambiental brasileiro. In: Canotilho, José Gomes; Leite, José Rubens Morato (Org.). *Direito constitucional ambiental brasileiro*. São Paulo: Saraiva, 2007. p. 57-130.

BETTIOL, Giuseppe. *Diritto penale*: parte generale. 6. ed. Padova: CEDAM, 1966.

BIERRENBACH, Sheila A. Considerações acerca dos sujeitos ativos dos crimes omissivos impróprios. In: Ciência penal: coletânea de estudos: homenagem a Alcides Munhoz Netto. Curitiba: JM, 1999. p. 331-340.

——. *Crimes omissivos impróprios*: uma análise à luz do Código Penal Brasileiro. 2. ed. Belo Horizonte: Del Rey, 2002.

BITENCOURT, Cezar Robert; PRADO, Luiz Regis. *Código Penal anotado e legislação complementar*. São Paulo: Revista dos Tribunais, 1997.

BITENCOURT, Cezar Roberto. Alguns aspectos do crime omissivo impróprio. *Boletim IBCCRIM*, São Paulo, v. 12, n. 140 (Especial), p. 12-14, jul. 2004.

——. *Tratado de direito penal*: parte geral. 3. ed. São Paulo: Saraiva, 2008. v. 1.

——. *Tratado de direito penal*: parte especial. 3. ed. São Paulo: Saraiva, 2008. v. 4.

BONAVIDES, Paulo. *Ciência Política*. 17.ed. São Paulo: Editora Malheiros, 2010.

BORDIN, Fernando Lusa. Justiça entre gerações e a proteção do meio ambiente: um estudo do conceito de equidade intergeracional em um direito internacional ambiental. *Revista de Direito Ambiental*, São Paulo, ano 13, n. 52, p. 38-61, out./dez. 2008.

BOTREL, Alexandre Carlos. Concurso de pessoas nos delitos omissivos. *De Jure – Revista Jurídica do Ministério Público do Estado de Minas Gerais*, Belo Horizonte, n. 12, p. 152-179, jan./jun. 2009.

BRANDÃO, Cláudio. *Teoria jurídica do crime*. Rio de Janeiro: Forense, 2007.

BRITO, Teresa Quintela de. *A tentativa nos crimes comissivos por omissão*: um problema de delimitação da conduta típica. Coimbra: Coimbra, 2000.

BRUNO, Aníbal. *Direito penal:* parte geral. Rio de Janeiro: Forense, 1967. t. 2.

CADOPPI, Alberto; VENEZIANI, Paolo. *Elementi di diritto penale*: parte generale. 2. ed. Padova: Cedam, 2004.

CALLEGARI, André Luís. *Imputação objetiva*: lavagem de dinheiro e outros temas de Direito Penal. Porto Alegre: Livraria do Advogado, 2001.

——. O princípio da confiança no direito penal. *Boletim IBCCRIM*, São Paulo, v. 7, n. 78, p. 3, maio 1999a.

——. O princípio da confiança no direito penal. *Revista da AJURIS*, Porto Alegre, ano 26, n. 75, p. 159-162, set. 1999b.

CÂMARA, Guilherme Costa. O direito penal secundário e a tutela das gerações futuras. In: D'Avila, Fabio Roberto; Souza, Paulo Vinicius Sporleder de. *Direito penal secundário*: estudos sobre crimes econômicos, ambientais, informáticos e outras questões. São Paulo: Revista dos Tribunais, 2006. p. 215-243.

CANOTILHO, José Joaquim Gomes. *Direito constitucional e teoria da constituição*. 7. ed. Coimbra: Almedina, 2003.

——. Proteção do ambiente e direito de propriedade (crítica de jurisprudência criminal). Coimbra: Coimbra, 1995.

CANOTILHO, José Joaquim Gomes; MOREIRA, Vital. *Constituição da República Portuguesa anotada*. 3. ed. Coimbra: Coimbra, 1993.

CARVALHO, Américo Taipa de. *Comentário conimbricense do código penal:* parte especial. Coordenação Figueiredo Dias. Coimbra: Coimbra, 1999. t. 1.

——. *Direito Penal*: parte geral: questões fundamentais: teoria geral do crime. 2. ed. Coimbra: Coimbra, 2008.

CARVALHO, Délton Winter de. A sociedade do risco global e o meio ambiente como um direito personalíssimo intergeracional. *Revista de Direito Ambiental*, São Paulo, n. 52, p. 27-35, out./dez. 2008.

CARVALHO, Edward Rocha de. *Estudo sistemático dos crimes omissivos*. 2007. Dissertação (Mestrado em Direito) – Universidade Federal do Paraná, Curitiba, 2007.

GARCÍA CAVERO, Percy García. *La imputación jurídico-penal a los miembros de la empresa por delitos de dominio cometidos desde la empresa*. Vina del Mar (Chile), 2006. Conferencia pronunciada en Universidad Andrés Bello.

——. *La posición de garantía del empresario: a propósito del caso utopía*: homenaje al Profesor Dr. Gonzalo Rodríguez Mourullo. Madrid: Civita, 2005. p. 381-400.

COING, Helmut. *Elementos fundamentais da filosofia do direito*. Porto Alegre: S. A. Fabris, 2002.

COSTA JÚNIOR, Paulo José da. *Código Penal comentado*. 8. ed. São Paulo: DJP, 2005.

——. *Direito penal objetivo*: comentários ao Código Penal e ao Código de Propriedade Industrial. Rio de Janeiro: Forense Universitária, 2003.

COSTA, José de Faria. A linha (algumas reflexões sobre a responsabilidade em um tempo de "técnica" e de "bio-ética"). In: *Linhas de direito penal e de filosofia*: alguns cruzamentos reflexivos. Coimbra: Coimbra, 2005a. p. 27-42.

——. Apontamentos para umas reflexões mínimas e tempestivas sobre o direito penal hoje. *Revista Brasileira de Ciências Criminais*, São Paulo, ano 17, n. 81, p. 36-47, nov./dez. 2009.

——. Ilícito-típico, resultado e hermenêutica (ou o retorno à limpidez do essencial). *Revista Portuguesa de Ciência Criminal*, Coimbra, ano 12, n. 1, p. 7-23, jan./ mar. 2002.

COSTA, José de Faria. *Noções fundamentais de direito penal:* fragmenta iuris poenalis. Coimbra: Coimbra, 2007.

――. O direito, a fragmentariedade e o nosso tempo. In: Linhas de direito penal e de filosofia: alguns cruzamentos reflexivos. Coimbra: Coimbra, 2005b. p. 9-26.

――. *O perigo no direito penal (contributo para a sua fundamentação e compreensão dogmáticas).* Coimbra: Coimbra, 1992.

――. Omissão (reflexões em redor da omissão imprópria). *Boletim da Faculdade de Direito,* Coimbra, v. 72, p. 391-402, 1996.

――. Tentativa e dolo eventual. *Boletim da Faculdade de Direito da Universidade,* Coimbra, 1984. Número especial: Estudos em homenagem ao Prof. Doutor Eduardo Correa.

――. Viagem ao Oriente através da dogmática: um passeio pela região da omissão. *Boletim da Faculdade de Direito de Macau,* Macau, ano 1, n. 3, p. 49, 1997.

COSTA, Lauren Loranda Silva. *Os crimes de acumulação no direito penal ambiental.* Porto Alegre: PUCRS, 2009. Disponível em: <http://www.pucrs.br/direito/graduacao/tc/tccII/trabalhos2009_1/lauren_costa.pdf>. Acesso em: 05 jul. 2010.

――. Os crimes de acumulação no direito penal ambiental. *Revista da Graduação*: publicações de TCC, Porto Alegre, v. 2, n. 2, 2009. Disponível em: <http://revistaseletronicas.pucrs.br/ojs/index.php/graduacao/issue/view/230>. Acesso em: 07 jul. 2010.

CUNHA, José M. de Damião. Algumas reflexões críticas sobre a omissão imprópria no sistema penal português. In: Líber discipulorum para Jorge de Figueiredo Dias. Coimbra: Coimbra, 2003. p. 481-539.

D'AVILA, Fabio Roberto. A ação como conceito compreensivo do agir e omitir (linhas críticas ao conceito de Ação como Oberbegriff). In: Fayet, Ney (Org.). *Ensaios em homenagem ao professor Alberto Rufino.* Porto Alegre: Ricardo Lenz, 2003. p. 279-304.

――. Aproximações à teoria da exclusiva proteção de bens jurídicos no direito penal contemporâneo. *Revista Brasileira de Ciências Criminais,* São Paulo, ano 17, n. 80, p. 7-30, set./out. 2009a.

D'AVILA. Fabio Roberto. Bate-bola (João Paulo Orsini Martinelli entrevista Fabio Roberto D'Avila). *Revista Liberdades,* São Paulo, n. 3, p. 128-134, jan./abr. 2010a.

――. Breves notas sobre o Direito Penal Ambiental. *Boletim IBCCRIM,* São Paulo, ano 214, n. 18, p. 15-16, set. 2010b.

――. *Crime culposo e a teoria da imputação objetiva.* São Paulo: Revista dos Tribunais, 2001.

――. Filosofia e direito penal: sobre o contributo crítico de um direito penal de base onto-antropológica. In: D'AVILA, Fabio Roberto. *Ofensividade em direito penal*: escritos sobre a teoria do crime como ofensa a bens jurídicos. Porto Alegre: Livraria do Advogado, 2009b. p. 41-55.

――. Funcionalismo "versus" normativismo no direito penal contemporâneo. In: D'AVILA, Fabio Roberto. *Ofensividade em direito penal*: escritos sobre o crime como ofensa a bens jurídicos. Porto Alegre: Livraria do Advogado, 2009c. p. 15-39.

――. Meias reflexões sobre o estado atual do Direito penal brasileiro. *Boletim IBCCRIM,* São Paulo, ano 15, n. 179, p. 19, out. 2007.

――. O direito e a legislação penal brasileiros no século XXI: entre a normatividade e a política criminal. In: *Criminologia e sistema jurídico-penais contemporâneos.* Porto Alegre: EDIPUCRS, 2008. p. 307-336.

――. *Ofensividade e crimes omissivos próprios*: contributo à compreensão do crime como ofensa a bens jurídicos. Coimbra: Coimbra, 2005. (Stvdia Ivridica; 85).

――. Ofensividade e ilícito penal ambiental. In: D'AVILA, Fabio Roberto. *Ofensividade em direito penal*: escritos sobre a teoria do crime como ofensa a bens jurídicos. Porto Alegre: Livraria do Advogado, 2009d. p. 105-127.

――. Teoria do crime e ofensividade: o modelo de crime como ofensa ao bem jurídico. In: D'AVILA, Fabio Roberto. *Ofensividade em direito penal*: escritos sobre a teoria do crime como ofensa a bens jurídicos. Porto Alegre: Livraria do Advogado, 2009e. p. 57-79.

D'AVILA, Fabio; MACHADO, Tomás Grings. Primeiras linhas sobre o fundamento onto-antropológico do direito penal e sua ressonância em âmbito normativo. *Revista de Estudos Criminais,* Sapucaia do Sul, ano 10, n. 37, p. 83-98, abr./jun. 2010.

DARCIE, Stephan Doering. O perigo no direito penal: uma análise acerca dos elementos constitutivos da noção penal de perigo. *Revista de Estudos Criminais*, Sapucaia do Sul, ano 10, n. 37, p. 37-65, abr./jun. 2010.

DELMANTO, Celso et al. *Código penal comentado*. 7. ed. Rio de Janeiro: Renovar, 2007.

DIAS, Jorge de Figueiredo. *Direito penal*: parte geral. 2. ed. São Paulo: Revista dos Tribunais, 2007. v. 1.

———. O direito penal entre a "sociedade industrial" e a "sociedade do risco". *Revista Brasileira de Ciências Criminais*, São Paulo, v. 9, p. 39-65, jan./mar. 2001a.

———. O papel do direito penal na proteção das gerações futuras. *Boletim da Faculdade de Direito*, Coimbra, v. 75, p. 1123-1138, 2003.

———. *Sobre a tutela jurídico-penal do ambiente*: um quarto de século depois: estudos em homenagem a Cunha Rodrigues. Coimbra: Coimbra, 2001. v. 1, p. 371-392.

———. *Temas básicos da doutrina penal*: sobre os fundamentos da doutrina penal: sobre a doutrina geral do crime. Coimbra: Coimbra, 2001b.

DOLCINI, Emilio; MARINUCCI, Giorgio. Constituição e escolha dos bens jurídicos. *Revista Portuguesa de Ciência Criminal*, Coimbra, v. 4, n. 2, p. 151-198, 1994.

DOTTI, René Ariel. *Curso de direito penal*: parte geral. Rio de Janeiro: Forense, 2005.

DUARTE, Luciana Sperb. A teoria moderna do crime omissivo. *Revista do Tribunal Regional Federal da 1ª Regiao*, Brasília, DF, v. 17, n. 6, p. 41-64, jun. 2005.

ESTELLITA, Eloisa. *Criminalidade de empresa, quadrilha e organização criminosa*. Porto Alegre: Livraria do Advogado Editora, 2009.

FELDENS, Luciano. *A constituição penal*: a dupla face da proporcionalidade no controle de normas penais. Porto Alegre: Livraria do Advogado, 2005.

———. *Direitos fundamentais e direito penal:* garantismo, deveres de proteção, princípio da proporcionalidade; jurisprudência constitucional penal, jurisprudência dos tribunais de direitos humanos. Porto Alegre: Livraria do Advogado, 2008.

FENSTERSEIFER, Tiago. *Direitos fundamentais e proteção do ambiente*: a dimensão ecológica da dignidade humana no marco jurídico constitucional do estado socioambiental de direito. Porto Alegre: Livraria do Advogado, 2008.

FIANDACA, Giovanni. *Il reato comissivo mediante omissione*. Milano: Giuffrè, 1979.

FIANDACA, Giovanni; MUSCO, Enzo. *Diritto penale*: parte generale. 3. ed. Bologna: Zanichelli, 2000.

FIGUEIREDO, Guilherme Gouvêa de. *Crimes ambientais à luz do conceito de bem jurídico-penal*: (des)criminalização, redação típica e (in)ofensividade. São Paulo: IBCCRIM, 2008.

FRAGOSO, Heleno Cláudio. *Crime comissivo por omissão*. Exige o dever jurídico de impedir o resultado. Rio de Janeiro: H. C. Fragoso, 1982. Disponível em: <http://www.fragoso.com.br/cgi-bin/heleno_artigos/arquivo7.pdf>. Acesso em: 31 jul. 2009.

———. Crimes omissivos no direito brasileiro. *Revista de Direito Penal e Criminologia*, Rio de Janeiro, v. 33, p. 41-47, jan./jun. 1982.

———. *Lições de direito penal*: parte geral. 15. ed. rev. por Fernando Fragoso. Rio de Janeiro: Forense, 1995.

FRANCO, Alberto Silva; STOCO, Rui. *Código Penal e sua interpretação jurisprudencial*. São Paulo: Revista dos Tribunais, 2001. v. 1.

GONÇALVES, Pedro Correa. A responsabilidade por comissão por omissão dos administradores e gestores empresariais. *Revista Direito e Justiça*: reflexões sociojurídicas, Porto Alegre, v. 9, n. 12, 2009. Disponível em: <http://srvapp2s.urisan.tche.br/seer/index.php/direito_e_justica/article/view/177>. Acesso em: 15 jul. 2010.

GOMES, Carla Amado. *Risco e modificação do acto autorizativo concretizador de deveres de proteção do ambiente*. Coimbra: Coimbra, 2007.

GRECO, Rogério. *Curso de direito penal*. Rio de Janeiro: Impetus, 2008. v. 1.

HEIDEGGER, Martin. *Serenidade*. Tradução de Maria Madalena Andrade e Olga Santos. Lisboa: Instituto Piaget, 1959.

HESSEN, Johannes. *Filosofia dos valores*. Tradução e prefácios de Cabral de Moncada. Coimbra: Armênio Amado, 1980.

HUERTA TOCILDO, Susana. *Problemas fundamentales de los delitos de omision*. Madrid: Centro de Publicaciones, 1987.

HUNGRIA, Nelson. FRAGOSO, Heleno. *Comentários ao Código Penal*. 5. ed. Rio de Janeiro: Forense, 1978. v. 1.

International Congress of Penal Law, 13. 1984, Cairo. *Resolutions of the Congresses of the International Association of Penal Law (1926-2004)*. Cairo: International Association of Penal Law, 2009. n. 21. p. 111-128.

International Law Congress of Penal Law, 16., 1999, Budapest. *Resolutions of the Congresses of the International Association of Penal Law (1926-2004)*. Budapest: International Association of Penal Law, 2009. n. 21. p. 175-190.

JAKOBS, Günter. *A autoria mediata e sobre o estado da omissão*. Trad: Maurício Antônio Ribeiro Lopes. Barueri: Manole, 2003a.

———. *A imputação penal da ação e da omissão*. Trad: Maurício Antônio Ribeiro Lopes. Barueri: Manole, 2003b.

———. *Derecho penal*: parte general: fundamentos y teoria de la imputación. Traducción: Joaquin Cuello Contreras e Jose Luis Serrano Gonzalez de Murillo. 2. ed. Marid: Marcial Pons, 1997.

JESCHECK, Hans-Heinrich. *Tratado de derecho penal*: parte general. Traducción José Luis Manzanares Samaniego. 4. ed. Granada: Comares, 1993.

KAUFMANN, Armin. *Dogmática de los delitos de omisión*. Trad. da 2. ed. alemana por Joaquín Cuello Contreras e José Luis Serrano González de Murillo. Madrid: Marcial Pons, 2006.

KAUFMANN, Arthur. *Filosofia do direito*. Lisboa: Fundação Calouste Gulbenkian, 2004.

KREBS, Pedro. *Teoria jurídica do delito*: noções introdutórias: tipicidade objetiva e subjetiva. 2. ed. Barueri: Manole, 2006.

Lacoste, Jean-Yves (Dir.). *Dicionário crítico de teologia*. Tradução de Paulo Meneses et al. São Paulo: Paulinas, 2004.

LEITE, André Lamas. *As posições de garantia na omissão impura*: em especial a questão da determinibilidade penal. Coimbra: Coimbra, 2007.

LEMOS JÚNIOR, Arthur Pinto de. O tratamento jurídico-penal da autoria e participação no direito penal europeu. *Revista da Escola Paulista da Magistratura*, São Paulo, ano 5, n. 1, p. 7 – 45, jan./jun. 2004.

LETTERA, Francesco. Lo Stato ambientale. Il nuovo regime delle risorse ambientali. Paris: Giuffre, 1990.

LEVINAS, Emmanuel. *Totalidade e infinito*. 3. ed. Lisboa: Ed. 70, 2008.

LIMA, José Antônio Farah Lopes de. *Direito penal europeu*. São Paulo: J. H. Mizuno, 2007.

LISZT, Franz von. *Tratado de direito penal allemão*. Traduzido e comentado por José Hygino Duarte Pereira. Local: Rio de Janeiro, 1899. t. 1.

LOPES, Fábio Motta. Aspectos polêmicos dos crimes omissivos. *Revista Brasileira de Ciências Criminais*, São Paulo, n. 75, p. 9-38, nov./dez. 2008.

LOPES JUNIOR, Aury. (Des)Velando o risco e o tempo no processo penal. In: GAUER, Ruth M. Chittó (Org.). *A qualidade do tempo*: para além das aparências históricas. Rio de Janeiro: Lumen Juris, 2004. p. 139-177.

LUCAS, Flávio Oliveira. A responsabilidade penal na criminalidade empresarial: em especial sob a ótica da posição de garante do dirigente da pessoa jurídica. 2008. Dissertação (Mestrado em Direito) – Universidade do Estado do Rio de Janeiro, Rio de Janeiro, 2008.

LUISI, Luiz. Os Delitos Omissivos Impróprios e o Princípio da Reserva Legal. In: Araújo Junior, João Marcello de (Org.). *Ciência e política criminal em honra de Heleno Fragoso*. Rio de Janeiro: Forense, 1992. p. 423-438.

———. *Os princípios constitucionais penais*. 2. ed. Porto Alegre: S. A. Fabris, 2003.

MACHADO, Tomás Grings. *Ofensa de cuidado-de-perigo e legitimação dos crimes ambientais*: o princípio da ofensividade como limite à criminalização de condutas. 2008. Dissertação (Mestrado em Ciências Criminais) – Pontifícia Universidade Católica do Rio Grande do Sul, 2008.

MANTOVANI, Ferrando. Causalità, obbligo di garanzia e dolo nei reati omissivi. *Rivista Italiana di Diritto e Procedura Penale*, Milano, p. 984-1010, 2004.

_____. L'obbligo de garanzia ricostruito Alla luce dei principi di legalità, di solidarietà, di liberta e di responsabilità personale. *Rivista Italiana di Diritto e Procedura Penale*, Milano, p. 337-352, 2001.

_____. Principi di diritto penale. Padova: CEDAM, 2002.

MANZINI, Vicenzo. *Trattato di diritto penale italiano*. Torino: Unione Tipografico-Editrice Torinese, 1950. v. 1.

MARCHESAN, Ana Maria Moreira. STEIGLEDER, Annelise Monteiro. CAPELLI, Sílvia. *Direito ambiental*. Porto Alegre: Verbo Jurídico, 2010.

MARQUES, Pedro Marchão. Crimes ambientais e comportamento omissivo. *Revista do Ministério Público*, Lisboa, ano 20, n.77. p. 105-138, jan./mar. 1999.

MAYER, Ernst Max. *Normas jurídicas y normas de cultura*. Traducción del alemãn y prólogo por José Luis Guzmán Dálbora. Buenos Aires: Hammurabi, 2000.

MEDEIROS, Fernanda Luiza Fontoura de. *Meio ambiente*: direito e dever fundamental. Porto Alegre: Livraria do Advogado, 2004.

MILARÉ, Edis. *Direito do ambiente:* doutrina, jurisprudência, glossário. 4. ed. São Paulo: Revista dos Tribunais, 2005.

MILARÉ, Edis; COIMBRA, José de Ávila Aguiar. Antropocentrismo x ecocentrismo na ciência jurídica. *Revista Brasileira de Direito Ambiental*, São Paulo, ano 9, n. 36, p. 9-41, out./dez. 1994.

MILARÉ, Edis; LOURES, Flavia Tavares Rocha. Meio ambiente e os direitos da personalidade. *Revista de Direito Ambiental*, São Paulo, ano 10, v. 37, p. 11-27, jan./mar. 2005.

MIRANDA, Jorge; MEDEIROS, Rui. *Constituição portuguesa anotada*. Coimbra: Coimbra, 2005. t. 1.

MUNHOZ NETTO, Alcidez. Os crimes omissivos no Brasil. *Revista de Direito Penal e Criminologia*, Rio de Janeiro, n. 33, p. 5-29, jun. 1982.

MUNHOZ NETTO, Alcidez. Crimes Omissivos. *Revista da Faculdade de Direito da UFPR*, Curitiba, v. 20, p. 71-103, 1981.

MUÑOZ CONDE, Francisco. *Teoria geral do delito*. Tradução e notas de Juareza Tavares e Luiz Regis Prado. Porto Alegre: Fabris, 1988.

NABAIS, José Casalta. *O dever fundamental de pagar impostos*. Coimbra: Almedina, 1998.

NADER, Paulo. *Introdução ao estudo do direito*. Rio de Janeiro: Forense, 2004.

NEVES, A. Castanheira. Direito hoje e com que sentido? problema actual da autonomia do direito. Lisboa: Instituto Piaget, 2002.

_____. "Entre o 'legislador', a 'sociedade' e o 'juiz' ou entre 'sistema', 'função' e 'problema' – modelos actualmente alternativos da realização jurisdicional do direito". *Boletim da Faculdade de Direito*, Coimbra, v. 74, p. 1-44, 1998.

NOVOA MONREAL, Eduardo. *Fundamentos de los delitos de omisión*. Buenos Aires: Depalma, 1984.

NUNES, Pedro. *Dicionário de tecnologia jurídica*. 13. ed. Rio de Janeiro: Renovar, 1999.

OLIVEIRA, José Luiz de. Delitos omissivos impróprios no novo código penal (projeto 1981). *Julgados do Tribunal de Alçada Criminal de São Paulo*, São Paulo, v. 77, p. 14-20, jan./mar. 1984.

ORDEIG, Enrique Gimbernat. El Delito de Omisión Impropia. *Revista de Derecho Penal y Criminología*. Julio 1999. p. 525 – 553.

_____ La Omisión Impropria en la dogmática alemana. Una exposición. *Anuario de Derecho Penal y Ciencias Penales*, Madrid, v. 50, p. 6-112, 1997.

_____. Omisión imprópria e incremento del riesgo en el Derecho penal de empresa. In: *Anuario de Derecho Penal y Ciencias Penales*, Madrid, v. 54, p. 5-26, 2001.

PAGLIUCA, José Carlos Gobbis. *Imputação objetiva*: a autocolocação sob perigo e o princípio da confiança. São Paulo: IBCCRIM, 2002. Disponível em: <http://www.ibccrim.org.br>. Acesso em: 20 abr. 2010.

PALMA, Maria Fernanda. A teoria do crime como a teoria da decisão penal. *Revista Portuguesa de Ciência Criminal*, Coimbra, ano 9, p. 523-603, out./dez. 1999.

PELIZZOLI, M. L. *A emergência do paradigma ecológico*: reflexões ético-filosóficas para o século XXI. Petrópolis: Vozes, 1999.

PERELMAN, Chaïm. *Ética e direito*. Tradução de Maria Ermantina Galvão G. Pereira. São Paulo: Martins Fontes, 1996.

PIMENTA, Joaquim. *Enciclopédia de cultura (sociologia e ciências correlatas)*. Rio de Janeiro: Freitas Bastos, 1955.

PINTO NETO, Moysés da Fontoura. *O rosto do inimigo*: uma desconstrução do direito penal do inimigo como racionalidade biopolítica. 2007. Dissertação (Mestrado em Direito) – Pontifícia Universidade Católica do Rio Grande do Sul, Porto Alegre, 2007.

PORTUGAL. Supremo Tribunal de Justiça. *Processo n. 03P1677*, relator Leal Henriques, Julgado em 09 de julho de 2003. Lisboa: STJ, 2003. Disponível em: <http://www.stj.pt/?idm=43>. Acesso em: 16 ago. 2009.

POZZEBON, Fabrício Dreyer de Avila. Mídia, direito penal e garantias. In: GAUER, Ruth M. Chittó (Org.). *Criminologia e sistema jurídico-penais contemporâneos*. Porto Alegre: EDIPUCRS, 2008. p. 359-375.

PRADO, Luiz Regis Prado. *Comentários ao Código Penal*: doutrina: jurisprudência selecionada: leitura indicada. São Paulo: Revista dos Tribunais, 2002.

———. *Crimes contra o ambiente*: anotações à Lei 9.605, de 12 de fevereiro de 1998. 2. ed. São Paulo: Revista dos Tribunais, 2001.

———. *Curso de direito penal brasileiro*: parte geral. 8. ed. São Paulo: Revista dos Tribunais, 2008.

REALE, Miguel. *Lições preliminares de direito*. 26. ed. São Paulo: Saraiva, 2002.

REALE JÚNIOR, Miguel. *Instituições de direito penal*. Rio de Janeiro: Renovar, 2002.

REALE JÚNIOR, Miguel. *Parte geral do Código Penal (nova interpretação)*. São Paulo: Revista dos Tribunais, 1988.

———. Miguel. *Teoria do delito*. 2. ed. São Paulo: Revista dos Tribunais, 2000.

RIBEIRO, C. J. de Assis. *Reflexões sôbre a crise do direito*. Rio de Janeiro. Freitas Bastos, 1951.

RODRIGUES, Marta Felinto. *A teoria penal da omissão e a revisão crítica de Jakobs*. Coimbra: Almedina, 2000.

ROXIN, Claus. *La Evolución de la política criminal, el derecho penal y el proceso penal*. Valencia: Tirant lo Blanch, 2001.

RUIZ, M. Angeles Cuadrado. La Posición de Garante. *Revista de Derecho Penal y Criminología*, Buenos Aires, n. 6, p. 11-67, jul. 2000.

SAAVEDRA, Giovani Agostini. Interpretação e Reconhecimento. Realismo. *Revista Ibero-Americana de Filosofia Política e Filosofia do Direito*, Porto Alegre, v. 2, n. 2, p. 39-58, 2007.

SANCHEZ, Jesús-Maria. *La expansión del derecho penal*: aspectos de la política criminal en las sociedades postindustriales. 2. ed. Madrid: Civitas, 2001.

SANTOS, André Teixeira dos. O dever de agir nos crimes omissivos impróprios (breve análise crítica de alguns casos). *Revista da Faculdade de Direito da Universidade de Lisboa*. Coimbra Editora, 2001. p. 1261 – 1328.

SANTOS, Juarez Cirino. *A moderna teoria do fato punível*. Rio de Janeiro: Revan, 2002.

SANTOS, Juarez Cirino. *Direito penal*: parte geral. 3. ed. Curitiba: ICOC, 2008.

SARLET, Ingo Wolfgang. *A eficácia dos direitos fundamentais*. 5.ed. Porto Alegre: Livraria do Advogado, 2005.

SCHÜNEMANN, Bernd. Cuestiones básicas de dogmática jurídico – penal y de política criminal acerca de la criminalidad de empresa, *Anuario de Derecho Penal y Ciencias Penales*, Madrid, v. 41, n. 2, p. 528-558, 2007.

———. Entrevista (João Paulo O. Martinelli, com o auxílio de Luís Greco, entrevista Bernd Shünemann): *Revista Liberdades*, São Paulo, n. 4. p. 9-13, 2010.

———. *Fundamentos y límites de los delitos de omisión impropia*: con una aportación a la mitología del derecho penal. Tradução de Joaquín Cuello Contreras y José Luis Serrano González de Murillo. [S.l.]: Marcial Pons, 2009.

SCHÜNEMANN, Bernd. *Los fundamentos de la responsabilidad penal de los órganos de dirección de las empresas*. Buenos Aires: Rubinzal, 2009. t. 2, p. 163-193. (Colección autores de derecho penal).

_____. Sobre la regulación de los delitos de omisión impropia en los eurodelitos. In: El derecho penal económico en la Unión Europea. México: Instituto Nacional de ciencias Penales, 2006. p. 33-37.

SILVEIRA, Renato de Mello Jorge. *Direito Penal Supra-Individual: interesses difusos*. São Paulo: Editora Revista dos Tribunais, 2003.

SOUZA, Carmo de Antônio de. *Fundamentos dos crimes omissivos impróprios*. Rio de Janeiro: Forense, 2003.

SOUZA, Paulo Vinicius Sporleder de. O médico e o dever legal de cuidar: algumas considerações jurídico-penais. *Revista Bioética*, Brasília, DF, v. 14, n. 2, p. 229-238, 2006a.

_____. *Direito penal médico*. Porto Alegre: Livraria do Advogado, 2009.

_____. O meio ambiente (natural) como sujeito passivo de crimes ambientais. In: D'Avila, Fabio Roberto; Souza, Paulo Vinicius Sporleder de. *Direito penal secundário*: estudos sobre crimes econômicos, ambientais, informáticos e outras questões. São Paulo: Revista dos Tribunais, 2006b. p. 245-280.

SOUZA, Ricardo Timm. *Razões plurais*: itinerários da racionalidade no século XX: Adorno, Bérgson, Derrida, Levinas, Rosenzweig. Porto Alegre: EDIPUCRS, 2004.

_____. Bases filosóficas da bioética e sua categoria fundamental: visão contemporânea. *Revista Bioética*, Juiz de Fora, v. 13, n. 2, 2005. Disponível em: <http://www.portalmedico.org.br/revista/bio13v2/artigos/artigo01.htm>. Acesso em: 10 nov. 2009.

_____. *Sujeito, ética e história*: Lévinas, o traumatismo infinito e a crítica da filosofia ocidental. Porto Alegre: EDIPUCRS, 1999.

_____. *Totalidade e desagregação*: sobre as fronteiras do pensamento e suas alternativas. Porto Alegre: EDIPUCRS, 1996.

STEIN, Ernildo. *Seis estudos sobre "ser e tempo"*. 4. ed. Petrópolis: Vozes, 2008.

TAVARES, Juarez. Alguns aspectos da estrutura dos crimes omissivos. *Revista do Ministério Público*, Rio de Janeiro, n. 1, p. 123-155, jan./jun. 1995.

TAVARES, Juarez. *As controvérsias em torno dos crimes omissivos*. Rio de Janeiro: ILACP, 1996.

_____. *Teoria do crime culposo*. 3. ed. Rio de Janeiro: Lumen Juris, 2009.

TEIXEIRA, Orci Paulino Bretanha. O direito ao meio ambiente ecologicamente equilibrado como direito fundamental. Porto Alegre: Livraria do Advogado, 2006.

TERRAGNI, Marco Antonio. Omisión impropia y posición de garante. *Revista de Derecho Penal y Criminologia*, Madrid, p. 1227-1244, 1996.

THOMAS, Keith. *O homem e o mundo natural*: mudanças de atitude em relação às plantas e aos animais, 1500-1800. Tradução de João Roberto Martins Filho. São Paulo: Companhia das Letras, 1988.

TOCILDO, Susana Huerta. *Problemas fundamentales de los delitos de omision*. Madrid: Centro de Publicaciones, 1987.

TOLEDO, Francisco de Assis. *Princípios básicos de direito penal*. 5. ed. São Paulo: Saraiva, 1994.

UNITED NATIONS. Security Council. *Report f the the Secretary-General Pursuant to Paragraph 2 of Security Council Resolution (1993)*. 1993. Disponível em: <http://www.icty.org/x/file/Legal%20Library/Statute/statute_re808_1993_en.pdf>. Acesso em: 20 maio 2010.

VATTIMO, Gianni. *Introdução a Heidegger*. 10. ed. Lisboa: Instituto Piaget, 1996.

WELZEL, Hans. *Direito penal*. Tradução de Afonso Celso Rezende. Campinas: Romana, 2003.

WESSELS, Johannes. *Direito penal (aspectos fundamentais)*. Tradução do original alemão e notas por Juarez Tavares. Porto Alegre: Fabris, 1976.

ZAFFARONI, Eugênio Raúl. Panorama atual da problemática da omissão. Tradução de José Carlos Fragoso. *Revista de Direito Penal e Criminologia*, Rio de Janeiro, n. 33, p. 30-40, 1982.

ZAFFARONI, Eugênio Raúl; PIERANGELI, José Henrique. *Manual de direito penal brasileiro*. 7. ed. São Paulo: Revista dos Tribunais, 2007. v. 1.

Impressão:
Evangraf
Rua Waldomiro Schapke, 77 - POA/RS
Fone: (51) 3336.2466 - (51) 3336.0422
E-mail: evangraf.adm@terra.com.br